청교도들은 누구인가?

Who are the Puritans?
© Evangelical Press
Faverdale North Industrial Estate,
Darlington, DL3 0PH, England.

Translated and Published in Korea
by permission of Evangelical Press
All rights reserved.

청교도들은 누구인가

그들은 무엇을 가르치는가?

에롤 헐스 지음
이중수 옮김

청교도들은 누구인가?

지은이 **에롤 헐스**
옮긴이 **이중수**
펴낸이 임세일

초판 1쇄 발행 2001년 12월 27일
재판 1쇄 발행 2010년 11월 30일

펴낸곳 **목회자료사**
136-890 서울시 성북구 돈암1동 48-11
전화 02-922-6611 팩스 02-545-7895
등록 제 6-13호
보급처 비전북 전화 031-907-3927 팩스 080-907-9193

값 12,000원
ISBN 978-89-7216-311-4

목회자료사는 복음의 본질을 새롭게 규명함으로써 오늘을 사는 그리스도인들에게 하나님 나라 가치관이 정립된 건전하고 참신한 믿음생활의 원리를 제시하고 있습니다 ✚

차례

역자의 말 • 8

머리말 • 10

소개 : 청교도들은 우리에게 필요한가? • 13

1부 청교도들의 이야기

누가 청교도들이었는가? • 37

청교도의 선구자들 • 39
  윌리엄 틴데일과 성경의 최상권 | 순교자들의 역할과 순교 사가(史家) 존 폭스의 결정적 사역 | 루터교 및 제네바 종교개혁 운동과 존 칼뱅

영적 동지애를 통한 청교도 운동의 발달 • 47
  리처드 그린햄 | 리처드 로저스 | 윌리엄 퍼킨스 | 로렌스 채더턴
  대학과 강의 및 설교의 역할

청교도 전성기 • 57
  제임스 1세의 통치 | 찰스 1세와 로드 대주교 | 시민전쟁과 올리버 크롬웰의 활약 | 청교도 상위 시대 | 군주제의 회복과 청교도의 쇠퇴

청교도들의 이야기에 대한 해명 • 77

청교도들의 유산 • 79

2부 청교도들의 삶

청교도의 전주자들 • 87
존 브래드포드 | 존 후퍼

청교도 1세대 • 93
에드워드 데링 | 헨리 스미스 | 존 도드 | 아서 힐더샘 | 존 로저스

2세대 • 110
로버트 볼턴 | 로버트 해리스 | 리처드 십스 | 제레마이어 버로우즈 | 윌리엄 구지

3세대 • 123
토마스 굿윈 박사 | 윌리엄 브리지 | 토마스 맨턴 | 스티븐 차녹
토마스 왓슨 | 존 오언 | 리처드 백스터 | 존 번연 | 존 플레이블
핸서드 놀리즈 | 헨리 제시 | 존 하우

다른 유명한 청교도들 • 155

청교도 운동의 종식 • 158

3부 청교도들에게서 받는 도움

웨스트민스터 신앙고백과 칭의 • 165

하나님의 주권과 인간의 책임에 대한 청교도들의 균형된 교리 • 181

주일의 회복 • 190

결혼과 가정 • 196

영적 체험에 대한 성경적인 근거 • 201

굳건한 확신의 교리 • 206

교회의 미래에 대한 소망 • 212

믿음의 권한과 믿음의 방편 • 219

설교의 우위성 • 229

창의적 강해 설교 • 237

죄의 실체 • 244

부록

청교도들은 속이 좁은 사람들이었는가? • 261

침례교인들과 청교도들은 어떤 관계인가? • 264

옥스퍼드와 케임브리지 대학교 • 268

스코틀랜드의 종교개혁 • 271

청교도와 웨스트민스터 총회 • 275

청교도의 지속적 영향 • 277

역자의 말

청교도를 알면 2천 년 교회사에서 종교개혁 다음으로 중요한 영적 운동을 알게 되는 셈이다. 청교도가 개신교에 끼친 영향을 모르고 오늘날 교회의 전통을 바르게 이해할 수 없다. 이 놀라운 역사적인 갱신 운동과 새 삶의 능력이 어떤 것인지 아는 것은 우리의 영적 시야를 넓혀 줄 것이다.

이 책은 청교도를 입체적인 편집으로 간명하고, 정확하며, 쉽게 설명하였다. **1부에서는** 청교도 이야기를 통해 청교도의 **기원과 흥망**을 당시의 역사를 중심으로 설명하였고, **2부에서는** 청교도들의 **생애를** 인물 중심으로 3세대까지 포함시켰으며, **3부에서는** 청교도들에게서 받는 도움이 무엇인지를 그들의 **교리와 실천** 생활에서 조명했으며, 부록으로는 **6개의** 관련 주제를 별도로 뽑아서 선명한 해설을 하였다(차례 참조).

본서를 읽고 나면 청교도에 대한 확실한 그림이 그려질 것이다. 청교도에 대한 전반적인 이해를 위해서 한 눈에 들어오도록 본서

보다 더 쉽고 명쾌하게 소개한 책은 아직 나오지 않았다고 생각한다. 이 책이 독자들에게 청교도의 삶과 정신, 그들의 신학과 설교, 그리고 그들의 문제와 투쟁이 어떤 것이었는지를 이해하는 데 긴요한 필독서가 되길 희망한다.

끝으로 본서에 달린 각주(Notes)와 선별된 문헌(Select bibliography)은 모두 전문적인 영문 자료이기 때문에 생략하였다. 학문적 연구를 위해 자료를 원하는 분들은 원문의 목록을 참조하기 바란다.

이중수(Joongsoo Lee)

머리말

역사의 중요성을 잘 인식하고 있는 사람은 경험 많은 여행자와 같다는 말이 있다. 그런 여행자는 지방 풍습의 부정적인 현상들에 시선이 묶이지 않고 멀리 내다볼 수 있듯이, 역사를 잘 아는 사람은 당시의 지혜에 따라 발생된 여러 사건들에 의해 쉽사리 속임을 당하지 않는다.

이것은 크리스천들에게는 더욱 사실이다. 하나님이 역사의 주인이시기 때문이다. 역사는 하나님이 자신의 영광을 전시하고 자신의 지혜를 우리에게 가르치기 위해서 사용하기를 즐겨 하시는 주된 영역의 하나이다. 하나님은 역사 속에서 자기 교회를 건설하신다. 이 교회는 시공간을 점철하는 신실한 남녀들의 집단이다. 이 집단의 지체가 됐다고 말하는 자들이라면 그들이 이 교회 속에 들어오기 이전부터 하나님이 행해 오신 일들에 관해서 무지해서는 안 된다.

그럼 교회사의 어떤 시대를 공부해야 할까? 다해야 한다. 그러나 그리스도의 탄생 이후 3천 년대로 들어서는 크리스천들에게 더 풍성한 교훈을 주는 시대들이 있다. 청교도 시대가 그중 하나임에 틀림없다.

이 시대는 믿음을 위해 투옥되고 죽음을 당한 남녀 성도들의 감동적인 이야기와 함께 그러한 믿음의 생동력과 활력을 역사의 페이지 속에 담고 있다. 이제 이들의 이야기는 소책자, 논문, 설교, 일기, 기도, 교훈집 등과 같은 유산으로 남겨져 있다.

우리는 감히 청교도들을 무시할 수 없다. 그들은 기독교의 진실성을 확고하게 붙잡았고, 그러한 진리들을 지역 교회의 문맥 속에서 적용했으며, 무엇보다도 그들의 영성을 위하여 그리스도 중심의 열정을 가졌었다. 그러므로 우리에게 주는 교훈이 적지 않다.

청교도들은 분명 우리가 베뢰아 사람들의 모범을 따르길 원할 것이다. 베뢰아 사람들은 바울의 말이 과연 진실인지 알아보려고 날마다 성경을 찾아보았다(행 17:11). 한편 청교도들은 그들의 3대 신앙고백서에서 볼 수 있듯이 베뢰아 사람들과 서로 비슷한 점이 있다. 이 고백서들은 웨스트민스터 신앙고백, 사보이 선언, 침례교 신앙고백이다.

    회중교인들은 1658년(사보이 선언)에 웨스트민스터 신앙고백서의 일부를 수정하며 한 장의 내용을 첨가시켰다. 침례교도들은 웨스트민스터 신앙고백서에 나오는 교회에 대한 장을 6개의 단락에서 12개의 단락으로 늘렸고 세례에 관한 장을 변경시켰다(1677년). 그러나 청교도들의 문서들을 검토해 보면 너무도 많은 분량의 황금을 발견하게 되어 마치 남아프리카 개척 당시의 금광 시굴자가 느꼈던 것과 같은 놀라움을 금치 못한다. 말로 다 표현할 수 없는 다량의 보화들이 청교도들의 문서들에 보존되어 있다.

마이클 헤이킨(Michael Haykin)
교회사 교수(Heritage Baptist College and Theological Seminary
London, Ontario)

■ 소개

청교도들은 우리에게 필요한가?

청교도들은 누구인가? 그들은 언제 살았는가? 그들이 이룬 업적은 무엇인가? 그들의 가르침은 무엇인가? 역사는 인기 있는 주제가 아니다. 영국인이라고 해서 자기 나라 역사 교육을 자동적으로 잘 받았다고 볼 수 없다. 잉글랜드의 역사는 다른 나라 사람들이 잘 알지 못한다. 그렇다면 영국이 상속받은 최선의 신학적 유산을 어떻게 국내외의 크리스천들에게 소개할 수 있을까?

> 나는 청교도들에 대한 열정을 불러일으키려고 한다. 그래서 우리가 그들의 실제적인 모범과 독특하게 균형 잡힌 교리와 체험과 실천적 행위들로부터 유익을 얻길 원한다.

나는 청교도들의 이야기를 그냥 서술하는 것 이상을 다루고 싶다. 나는 청교도들에 대한 열정을 불러일으키려고 한다. 그래서 우리가 그들의 실제적인 모범과 독특하게 균형 잡힌 교리와 체험과 실천적 행위들로부터 유익을 얻길 원한다. 청교도들은 깊은 신학적 이해와 비전을 가졌던 사람들이었다. 그리고 그들은 물이 바다를 채우듯이 온 세상이 하나님의 영광의 지식으로 가득 채워지기를 기도하였다.

　오늘날 선교사들은 과거 어느 때보다도 온 세상에 복음을 전파하는 일에 임하고 있다. 성경 중심의 기독교가 이 세상의 240개국 가운데 거의 대부분의 나라에서 점차 확산되고 있다. 신자들의 수가 크게 증가하는데 특히 준(準) 사하라 지역의 아프리카와 극동 아시아 및 남아메리카가 두드러진 성장을 하고 있다. 이러한 시점에서 거룩한 생활과 견고한 바탕을 다지게 하는 가르침이 매우 필요하다. 역사적으로 새로운 시대를 열었던 청교도들이 이 필요를 가장 잘 채워줄 수 있다. 그들은 오늘날의 교회들이 대체로 가장 약한 부분에서 가장 강했기 때문이다.

> 오늘날의 철학과 종교적 경향에서 볼 때 청교도들의 가르침이 확실히 필요하다.

후기 근대주의(Postmodernism – PM)

　서구 세계는 철학적으로 살펴볼 때 1960년대와 1970년대에 서서히 근대주의에서 후기 근대주의로 옮겨갔다. 지난 약 200년 동안 서구 사회는 계몽주의 사상이 지배적이었다. 계몽주의는 인간의 이성을 강조하고, 인간의 능력과 성취에 대해 낙관적이었다. 근대주의는 이 계몽주의 사상에 젖어 교만해진 나머지 하나님과 그의 계시를 무시하였고 도덕의 붕괴를 초래하였다.

그럼 청교도가 현재의 후기 근대주의의 철학적 풍토에서 필요한 것일까? 1997년 가을호인 《파운데이션즈》(Foundations)에 실린 후기 근대주의에 관한 주제에서 브리스톨(Bristol) 켄싱턴 침례교회의 앤드류 패터슨(Andrew Patterson)은 청교도적 접근이 필요하다고 제안하였다. 그는 '참된 영성은 신자들의 삶에서 하나님의 은혜가 응집력이 있고 포괄적인 본질을 가졌다는 점을 재발견하는 것'이라고 말하면서 다음과 같이 논평하였다. "우리는 지난 2세기 동안 일어난 고립과 분열과 세분화 현상을 거절하고 청교도와 경건주의 시대를 뒤돌아보아야 한다. 그 시대의 접근은 훨씬 더 건강하였고, 생동적이었으며, 전인격적이며, 실체적이며, 성경적이며, 하나님을 영화롭게 하는 것이었다."

근대주의(계몽주의 철학)와의 고별로 이제 우리 시대는 하나의 공백을 맞이하였다. 이것은 우리가 기독교 사상의 기초를 재건할 수 있는 좋은 기회가 된다. 우리는 오늘날 하나님의 말씀을 이해하고 적용하라는 도전에 직면해 있다. 이 과업을 실행하기 위해 우리는 청교도의 유산을 살펴보며 배울 수 있다. 우리는 그들의 실수와 약점들을 피해야 한다. 그러나 우리는 그들의 장점들로부터 많은 것을 터득할 수 있다. 본서의 3부에서는 청교도들에게서 유익을 얻을 수 있는 11가지 영역들을 가려내고 긍정적인 도움이 무엇인지를 검토하였다.

후기 근대주의는 맹렬한 반법주의이다. 그들은 사람들이 실수를 한다는 것을 인정하지만 '죄'라는 단어는 좀체 사용하지 않으며 모든 인간이 하나님에 대해서 죄를 짓는다는 사상을 회피한다.

옳고 그른 것은 인간의 감정에 따라 판단된다. 우리가 살고 있는 후기 근대주의의 풍토에서는 하나님이 모든 인간을 불변의 거룩한 도덕법으로 심판한다는 사상은 인기가 없다. 필자는 본서의 마지막 장에서 우리가 왜 성경적인 죄의 교리를 회복시켜야 할 필요가 있는지 설명하고, 청교도의 도움을 받으면서 이 주제를 강론하였다.

> 우리가 살고 있는 후기 근대주의의 풍토에서는 하나님이 모든 인간을 불변의 거룩한 도덕법으로 심판한다는 사상은 인기가 없다.

그럼 오늘날 전세계의 상이한 여러 복음주의자들에게 청교도가 주는 메시지는 무엇일까?

신(新)정통주의(Neo-orthodoxy)

신정통주의자로 불려지는 신학자들 가운데서 칼 바르트(Karl Barth, 1886-1968)는 20세기의 그 어떤 신학자들보다도 중요한 인물이다. 그는 유럽은 물론, 그 이상의 나라들에게까지 개신교 신학에 지대한 영향을 끼쳤다. 그의 영향으로 일부에서 루터와 칼뱅 그리고 16세기 종교개혁에 대한 연구가 촉진되었다. 그러나 바르트는 자유주의 신학에 도전하면서도 성경에 대한 자유주의의 입장을 바로잡지 못하였다. 예를 들어 아담과 하와의 역사성을 믿는 것은 절대적인 일이다. 또한 성경의 기록에 편만한 초자연성을 인정하는 것도 필수적이다. 신정통주의는 이러한 근본적인 기초에 대해서 전혀 확실치가 않았다. 그것은 마치 가라앉는 모래 위를 걷는 것과 같다. 청교도는 사고와 분석을 위해서 이성을 사용해야 한다는 도전을 수용한다. 이 점에서 청교도는 신정통주의의 입장과 다르지 않다. 그러나 청교도의 장점은 성경의 확실성에 관해서 추호의 의심도 하지 않는다는 것이다. 오류가 없는 하나님의 말씀을 믿는 것은 언제나 단단한 바위 위를 걷는 것과 같다.

> 청교도의 장점은 성경의 확실성에 관해서 추호의 의심도 하지 않는다는 것이다. 오류가 없는 하나님의 말씀을 믿는 것은 언제나 단단한 바위 위를 걷는 것과 같다.

근본주의(Fundamentalism)

지상에 있는 예수 그리스도의 교회는 어느 한 교파의 지체보다 언제나 더 넓고 크다. 근본주의로 알려진 복음주의 운동은 훨씬 광범위한 그리스도의 몸의 일부분이다. 근본주의 운동은 1920년대와 1930년대에 박차를 가하였다. 이 운동은 근본주의자들이 근대주의 신학자들을 대항해야 하는 필요성 때문에 하나의 단체성을 지니게 된 것이었다. 근본주의 지도자들은 자유주의자들이 부정하거나 침식시킨 교리들을 보호할 목적에서 기본 진리들의 목록을 작성하였다. 근본주의는 미국에서 왕성한 활동을 벌였는데 다른 나라들에도 파급되었다. 그들은 성경의 신뢰성, 삼위일체, 그리스도의 신성과 같은 기본 진리들을 방어하고 증진시키려는 열정이 강하였다. 이 점은 청교도들도 공감한다.

그러나 유감스럽게도 근본주의자들은 '기본' 진리들에다 전천

년설을 넣었고, 어떤 경우에는 역사를 일련의 구체적인 시기들로 표시하는 세대주의(Dispensationalism) 역사관을 첨가시켰다. 이러한 시기들에 대한 성경적 근거는 한마디로 희박하다. 그럼에도 이 체계는 성경을 인위적으로 해석하는 세대주의 주창자들에 의해서 투입되었다. 청교도들은 극소수의 전천년론자들을 제외하고는 대부분 후천년론자들이었다. 그러나 종말론은 분열의 분기점이 아니었다. 우리는 가지를 줄기로 보지 말아야 한다. 이것이 청교도들에게서 우리가 배울 점이다. 그리스도의 재림과 심판, 세상 종말, 모든 죽은 자들의 육신의 부활, 영원한 천국과 지옥은 모두 줄기에 해당하는 문제들이다. 이것들에는 타협이 있을 수 없다. 그러나 미래에 관한 것은 일반적인 아웃라인을 제외하고는 우리가 지도를 그릴 수 없다. 복음주의 연합은 귀중한 품목이다. 우리는 중심 문제가 아닌 것들을 놓고 이 연합을 손상시키는 일을 피해야 한다.

근본주의자들은 알코올, 카드놀이, 담배, 춤, 영화관 등을 금하는 문제들까지도 그들의 운동에 첨가하려는 경향이 있다. 이것은 끝없는 갈등과 분열의 원인이 되었다. 예를 들어 성경은 전적인 금주가 아닌, 절제를 가르친다. 포도주는 성찬 때에 사용된다. 일부 근본주의자들은 전적 금주에 대한 자기들의 견해를 고수하기 위해 '포도주'라는 단어의 의미까지 바꾸려고 시도한다.

청교도는 성경에다 인간이 만든 규칙들을 첨가시킴으로써 초래되는 해롭고 불필요한 분열에 대한 훌륭한 처방이다. 세속성은 원수이다. 그 치유는 마음속에 있다. 인간은 많은 규칙들을 지키면서도 계속 세속적일 수 있다. 그리고 동시에 바리새인적인 자기 의(義)라는 유독성 정신을 갖게 된다. 청교도는 인간의 영혼에 관한 중요한 문제들에 집중한다. 영혼이 그리스도에게 진정으로 연합되면 인격체의 모든 부분, 곧 생각과 말과 행동이 하나님의 말씀에 복종한다. 그런 사람은 자신을 위한 규칙을 만들지 몰라도 다른 사람들에게 그것을 적용하는 것은 피한다. 청교도들은 웨스트민스터 신앙고백에서 크리스천의 자유와 양심의 자유에 관한 주제를 한 장 넣었다. 청교도 메시지는 자제와 기율이 있는 자유를 외친다. 청교도의 신앙고백서들은(장로교, 회중교회 및 침례교 신앙고백) 성경이 침묵하는 곳에서 입을 닫는다. 예로써, 성경에는 흡연에 관해 침묵한다. 그러나 우리 몸은 성령의 전(殿)이므로 몸을 돌봐야 한다는 구절들이 있다. 해로운 습관에서 해방되는 것은 그리스도가 부여하신 자유를 통해서 온다. 그런데 이 자유는 성령의 내적 설득에 의해서 누려진다.

> 우리 몸은 성령의 전(殿)이므로 몸을 돌봐야 한다는 구절들이 있다.

신(新)복음주의(The New Evangelicalism)

근본주의는 성난 얼굴을 하고 있다. 그래서 그들은 철저한 분리주의자들이며, 다른 사람들을 참지 못하고, 공격적이라는 인상을 준다. 근본주의는 주먹을 불끈 쥔 종교로 간주된다. 그러므로 보다 친선적이며 수용적인 노선이 나오게 된 것은 불가피한 일이었다. 이것은 포괄적이고 학적이며 우호적인 접근을 하는 신복음주의의 형태로 나왔다. 신복음주의는 복음주의 안에서 일어난 운동이다. 그러나 성경의 영감과 권위라는 중심 문제를 타협하였다. 신복음주의는 성경의 무오설 때문에 전통적 복음주의로부터 갈라졌다. 이 점에서도 청교도가 좋은 모델이 된다. 그들은 성경의 무오설에 대한 차후의 복잡한 논쟁을 예견하지 못한 상태에서 웨스트민스터 신앙고백의 첫 장에 성경의 본질과 권위에 관한 단단한 기초를 놓았다. 우리는 이 사실을 감사하지 않을 수 없다.

오순절파(Pentecostalism)

오순절 운동은 무지개처럼 다양한 색깔을 갖고 있다. 그러나 그들의 강조점은 다음 세 가지의 중요한 주제들로 대변될 수 있다. 즉 영적 체험을 갖고, 영적 능력을 드러내며, 공중 예배에서 기쁨을 누리는 것이다. 이것들은 청교도들도 강조하였다.

첫째, 청교도들은 **회심 때에 하나님이 은혜로 거저 주시는 영적 체험**에 큰 강조점을 두었다. 청교도들은 칭의의 기쁨과 신령한 자녀로 입양시키는 하나님의 사랑과 환난을 참고 그리스도를 즐거워하는 주제를 샅샅이 다루었다. 청교도들은 우리가 현재 그리스도 안에서 온전케 되었다고 보았다. 영적 체험은 신자들이 삼위일체 하나님과 갖는 실제적인 연합을 계속적으로 적용하는 것이다. 신약 성경은 회심 이후에 우리가 마치 그리스도 안에서 이미 받은 것 위에다 무엇을 더 추가해야 하는 것과 같은 어떤 구체적인 두 번째 체험을 가져야 한다고 제안하거나 명령하지 않는다. 오순절 운동을 하는 대다수는 그리스도 안에 있는 사람들은 영적으로 그리스도 안으로 들어가는 세례를 받았다는 것을 인정한다(고전 12:12). 그리고 제이의 어떤 구체적인 체험은 필수적인 것도 아니고, 새 체험을 계속 일어나게 하는 판도라의 상자처럼 여겨서도 안 된다는 데 동의한다. 청교도는 영적 능력 혹은 성령의 기름 부음이 설교를 위해서만이 아니고 일상적인 봉사나 환난 때의 인내를 위해서 다 필요하다고 생각한다. 성령은 교정과 인도, 위로와 능력을 주기 위해서 신자들 속에서 항상 활동한다.

> 영적 체험은 신자들이 삼위일체 하나님과 갖는 실제적인 연합을 계속적으로 적용하는 것이다.

둘째, 일부 오순절 교파에서는 표적과 기사와 기적이 계속된다고 강조한다. 청교도들의 입장은 신약의 사도들과 선지자들은 예외적이었다는 것이다. 그들은 교회의 기초를 놓기 위해 특별한 은사를 받았다. 우리는 그들의 사역을 반복할 필요가 없다. 하나님의 말씀을 새로운 표적과 이적들로 증명할 필요가 없다. 이러한 청교도들의 입장은 우리에게 해방감을 준다. 왜냐하면 영적 지도자들이 물위를 걷거나 없는 다리를 생기게 하거나 죽은 자를 살리거나 혹은 생선이나 빵이 생기게 하는 엄청난 기적들을 행하지 않아도 되기 때문이다. 하나님의 말씀은 그 자체로 충분하다. 우리는 초자연적인 예언의 은사나 방언이나 방언의 통역을 할 필요가 없다. 지난 여러 세기 동안과 현재까지의 교회사를 살펴보면 기적들의 부재가 역력하다. 기적들은, 특히 신유의 기적을 약속받고 치유가 없을 때에는 윤리적인 면에서 사람을 퍽 난처하게 만든다. 기적사라고 주장하고서 병든 자들의 희망을 꺾는 것은 얼마나 슬픈 일인가! 그런 약속들이 이루어지지 않으면 깊은 상처를 주는 회의와 실망을 일으킨다. 우리는 이룰 수 없는 약속들을 해서는 안 된다. 차라리 우리는 절대로 실패하지 않는 약속을 바라보게 해야 한다. 이것은 복음의 약속이다. 이 약속은 회개하고 믿는 자들마다 영생을 받는다는 것이다.

> 기적사라고 주장하고서 병든 자들의 희망을 꺾는 것은 얼마나 슬픈 일인가!

셋째, 공중 예배를 **기쁘게** 드릴 수 있어야 한다. 지루하고 생동력 없는 예배는 구원의 기쁨과 모순된다. 그런데 공중 예배에는 구체적인 원칙이 있어야 한다. 이 원칙은 신약에 제시되어 있다. 다시 말해서 우리는 성경에서 구체화된 영적 예배를 드려야 한다. 즉 성경 봉독, 설교, 중보 기도와 찬송이다. 그런데 이러한 예배의 요소들을 어떻게 배열시켜야 하는지에 대한 세부 지시가 없다. 이것은 우리가 이 부분에서 자유를 사용할 수 있음을 시사한다. 우리가 공중 예배를 드릴 때 큰 기쁨을 누리고 영적 교훈을 받지 말아야 할 이유가 없다. 그렇다고 해서 우리는 이 세상을 본받거나 접대적인 프로그램을 도입할 필요도 없다. 우리는 경외로운 분위기 속에서 품위를 손상시키지 않고도 기쁨과 즐거움에 찬 예배를 드릴 수 있다.

> 우리가 공중 예배를 드릴 때 큰 기쁨을 누리고 영적 교훈을 받지 말아야 할 이유가 없다.

스티븐 챠녹(Stephen Charnock)은 요한복음 4장 24절 강해에서 하나님을 예배의 중심으로 삼고 다음과 같은 필수 요소들을 언급하였다.

"하나님은 무한히 즐거운 영이시다. 그러므로 우리도 하나님께 즐겁게 나아가야 한다. 하나님은 무한히 엄위한 영이시다. 그러므로 우리는 하나님께 경외심을 갖고 나아가야 한다. 하나님은 무한히 높은 영이시다. 그러므로 우리는 가장 깊은 겸손으로 우리의 희생을 올려 드려야 한다. 하나님은 무한히 거룩한 영이시다. 그러므로 우리는 하나님께 순결한 마음으로 말씀을 드려야 한다. 하나님은 무한히 영광스런 영이시다. 그러므로 우리는 하나님의 탁월하심을 인정해야 한다… 하나님은 우리가 노엽게 할 수 있는 영이시다. 그러므로 우리는 화평을 좇는 중보자의 이름으로 예배를 드려야 마땅하다."

말할 나위 없이 지루한 예배는 막아야 한다. 설교자가 회중을 지루하게 하지 말아야 하는 문제는 설교 항목에서 별도로 설명하기로 한다.

천박한 전도

현대 교회의 복음주의 안에는 감상적이거나 피상적인 복음의 제시를 하면서 강단 앞으로 나오게 하거나 개인이 잘 알지도 못하면서 분위기에 휩쓸려 예수를 믿겠다고 결단한 자들에게 구원을 받았다고 쉽게 선포하는 사례가 있다. 아마도 이 분야에서 청교도들이 복음주의자들을 가장 크게 도울 수 있다고 본다. 청교도 시대가 남긴 유산의 하나는 하나님의 주권과 인간의 책임에 대한 균형 잡힌 교리이다. 이로써 그들은 한편으로는 알미니안주의의 오류를 막고, 또 다른 편으로는 초(超)칼뱅주의(Hyper-Calvinism)의 오류를 막았다.

구조주의(Reconstructionism)

이 운동은 미국에서 나왔는데 도덕법의 중요성을 강조한다. 그리고 전세계의 시민 정부가 기독교화될 것을 내다보는 후천년설을 주장한다. 구조주의는 성경의 가르침을 사적이나 공적인 삶의 모든 영역에 적용시킬 것을 강조하며, 성경 강해를 통해 정치인들을 훈련시켜 성경의 율법을 시민 생활에 적용토록 시도한다. 청교도들은 십계명을 강조하고 정치인들을 설득해 가르쳐서 이 계명들을 법에 적용하는 일에는 동의할 것이다. 그러나 청교도들은 신정 체제를 추구하는 자들, 즉 모세 오경에 규정된 구약 율법을 그대로 적용하려는 자들과는 의견을 달리 한다. 앞에서 언급한 대로 청교도들은 종말론에 대해서 피차 상이한 견해들을 가졌다. 그들은 대부분 후천년설을 지지했지만 정치 세력에 편중되기보다는 복음의 능력과 교회들을 굳게 함으로써 일어나는 변화를 낙관하였다.

피상적 복음주의 (Broad evangelicalism)

피상적 복음주의는 무해하다. 세상과 죄와 마귀에게 아무 위협이 되지 않는다. 청교도는 영적 능력을 행사하였다. 그들은 대적하는 어둠의 세력을 무너뜨렸다. 잉글랜드의 청교도는 잉글랜드에 기독교 가정과 주일을 주었다. 피상적 복음주의는 체계도 생명도 없는 무력한 신학과 손을 잡고 천박한 전도와 동맹을 맺는다.

> 잉글랜드의 청교도는 잉글랜드에 기독교 가정과 주일을 주었다.

캔트 필폿(Kent Philpott)은 『당신은 정말 거듭났는가?』(Are you Really Born Again)라는 책에서 자신이 어떻게 피상적 복음주의에서 개혁주의와 청교도의 입장으로 전향했는지 증언하였다. 청교도 신학은 실제적인 적용으로 가득 차 있었다. 오늘날 복음주의 신학에서 대체로 적용 분야가 약한 것은 유감스런 일이다.

> 청교도 신학은 실제적인 적용으로 가득 차 있었다.

칼뱅주의적 주권 은혜 교회들 (Calvinistic Sovereign Grace churches)

이 용어는 생소하게 들릴지 모른다. 많은 교회들이 '개혁주의'라는 말을 회피한다. 그들은 청교도 신앙고백들에 나오는 율법과 주일에 대한 가르침에 동의하지 않는다(웨스트민스터 신앙고백 19장과 21장 및 1689년의 침례교 런던 신앙고백 참조).

그러나 개혁주의 교회들은 5대 칼뱅주의로 알려진 것을 믿는다. 이 다섯 가지 요점은 영어의 각 첫 글자를 딴 튤립(TULIP)으로 쉽게 외울 수 있다. 전적 타락(Total depravity), 무조건적 선택(Unconditional election), 제한적 속죄(Limited atonement), 불가항력적 은혜(Irresistible grace), 성도의 인내(Perseverance of the saints). 본 요항은 1618-9년에 네덜란드의 도르트 총회(Synod of Dort)에서 처음 만들어졌다. 이 5대 요항은 우리가 오직 은혜로 구원받았다는 진리를 강조한다. 그런데 칼뱅주의를 다섯 가지 요항으로 단순화시키는 데서 오는 위험들이 있다. 성경에서는 은혜에 의한 구원의 진리를 서술할 때에는 실제적인 적용의 문맥에서 하였다. 영적 적용 없이는 단순히 학적이거나 지적인 선에서 끝나는 위험이 있다. 이것은 대체로 근본주의의 특징이다.

다른 종류의 교회들처럼 주권 은혜(Sovereign Grace) 교회들도 성격이 다양하다. 그중에는 소수이긴 하지만 5대 칼뱅주의를 믿지 않으면 진정으로 거듭난 크리스천이 아니라고 말하는 일종의 종파적 정신에 빠진 경우도 있다. 청교도는 이러한 오류를 그리스도와의 연합을 성경의 중심점으로 봄으로써 교정한다. 그리스도와의 연합은 넘겨진 칭의와 열매로 나타나는 거룩을 동시에 가져온다(롬 6:1-18). 청교도는 이것을 크리스천의 주된 특징으로 삼는다. 청교도들은 오직 믿음에 의한 칭의에 다른 것을 덧붙이지 않도록 조심하였다. 일부 '칼뱅주의 주권 은혜' 교회에서는 참 신자는 5대 칼뱅주의를 바르게 이해해야 한다고 주장함으로써 믿음에 의한 칭의에 다른 것을 첨가하려고 한다. 그러나 오직 믿음만이 신자를 그리스도와 연합시킨다. 여기에는 아무 것도 첨가해서는 안 된다.

> 청교도들은 오직 믿음에 의한 칭의에 다른 것을 덧붙이지 않도록 조심하였다.

초(超)칼뱅주의(Hyper-Calvinism)

초(超)칼뱅주의의 핵심은 하나님의 사랑이 모든 사람에게 내린다는 일반 은총을 부정하는 것이다. 바꾸어 말하면 하나님은 선택받은 자들만 사랑하고 선택받지 못한 자들은 미워하신다고 가르친다. 또한 복음은 모든 사람들에게 거저 주는 것임을 부인한다.

스펄전은 후기 사람이긴 하지만 모든 면에서 청교도였다. 그는 설교에서 5대 칼뱅주의 교리를 복음적으로 탁월하게 강론하였다. 예로써, 그는 모든 사람들이 구원을 받을 수 있다고 말하면서 실제로는 아무도 구원하지 못하는 보편적 구원론을 공격하였다. 스펄전은 제한적 구원을 가장 복음적으로 힘있게 설교하였다. 청교도는 성경적인 가르침으로 오늘날의 교회에 안정을 제공할 수 있다. 즉 그들은 하나님의 사랑의 다양한 측면들을 수용하면서 하나님의 주권과 인간의 책임에 균형을 유지하였다. 그 한 실례로써 존 플레이블(John Flavel)의 『죄인들의 마음을 두드리는 그리스도』(*Christ Knocking at the Door of Sinners' Hearts*)라는 책을 들 수 있다. 이 강해서는 400쪽이나 되는데 요한계시록 3장 20절의 한 본문으로 마음을 사로잡는 강한 메시지를 담고 있다.

21세기의 문턱을 지나는 지상의 그리스도의 교회는 그 어느 때보다도 더 크고 다양하다. 이 장에서 언급된 거대한 현대 교회의 양상들은 부분적이다. 그러나 위에서 서술한 실례들에서 청교도의 유산은 아직도 우리에게 유용한 것임을 확인할 수 있다.

The Story of the Puritans **1부**

청교도들의 이야기

누가 청교도들이었는가?

청교도의 선구자들

영적 동지애를 통한 청교도 운동의 발달

청교도 전성기

청교도들의 이야기에 대한 해명

청교도들의 유산

윌리엄 할러(William Haller)는 1957년 『청교도의 융성』(*The Rise of Puritanism*)이라는 저서에서 "이제는 그들의 글을 읽는 사람들이 거의 없다"라고 썼다. 그의 말은 당시에는 옳았다. 그러나 지금은 틀린 말이다. 1957년 이래로 개혁주의 신학의 부흥이 일어났다. 이것은 청교도들의 책에 뿌리를 둔 것이다. 영국에서는 더 배너 오브 트루스(The Banner of Truth)라는 출판사에서, 미국에서는 솔리 데오 글로리아(Soli Deo Gloria)라는 출판사에서 청교도 서적들을 광범위하게 출판하였다. 그 외에도 청교도들의 출판물을 편집하거나 쉽게 풀어서 내는 출판사들도 있다.

청교도들의 출판물들은 다른 나라의 언어로도 번역되고 있다. 예로써 제레마이어 버로우즈(Jeremiah Burroughs)의 『크리스천 만족의 진귀한 보배』(*The Rare Jewel of Christian Contentment*)이라는 책은 최근에 알바니아어, 아랍어, 불어, 인도네시아어, 한국어, 페르샤어, 포르투갈어, 스페인어로 번역되었다. 그런데 청교도 저자들의 역사적 배경을 일반인이 쉽게 이해할 수 있도록 해야 할 필요성이 있다. 이 장에서는 이러한 역사적 배경을 다루었다. 초보자들은 16세기와 17세기의 잉글랜드 군주들의 이름과 연대를 익히기 바란다. 연대기는 필수적이다. 각 군주마다 자기 시대에 독특한 인장을 남겼다. 오늘날의 왕들과 비교하면 청교도 시대의 왕들은 절대권을 휘둘렀던 것처럼 보인다. 그러나 그들의 권력에 대한 정의는 잘못된 것이다. 군주들은 사실 정규군이 없었고 재정이 부족한 때가 많았다. 그리고 사회의 지도자들로 자연히 인정되는 토지 소유 계급들과 좋은 관계를 유지하면서 나라를 다스려야 했다.

그린(J.R. Green)은 그의 『간추린 잉글랜드 국민사』(*Short History of the English People*)에서 이렇게 말하였다. "엘리자베스 여왕 통치의 중반기에서 장기 의회(The Long Parliament, 1640-60)의 모임이 있기까지의 기간처럼 잉글랜드에 더 큰 도덕적 변화를 일으킨 때가 없었다. 잉글랜드는 한 책의 나라가 되었는데 그 책은 곧 성경책이다."

이것은 좀 과장된 말처럼 들릴지 모른다. 그러나 그린(Green)의 말은 소수파에 속했던 청교도들이 마침내 자신들의 수적 규모와 비교할 수 없이 큰 영적 영향력을 행사하게 됐다는 뜻이다. 당시 잉글랜드의 인구를 감안하면 청교도들의 영향력에 대한 보다 나은 이해를 할 수 있을 것이다. 1500년의 잉글랜드 인구는 약 2백만 명이었다. 그러나 1600년에는 거의 4백만 명으로 증가했다. 종교적인 상황으로 말하면, 교회 출석이 강요되었어도 인구의 4분의 1 이상은 종교를 가졌을 것으로 보이지 않는다. 본서의 집필 기준으로 볼 때, 현재 잉글랜드의 인구는 약 4천 8백만 명이며, 전국이

1만 3천 교구로 나누어져 있고 1만 명의 목회자가 있다. 그중에서 8천 명이 유급 목회자다. 이 대략적인 관찰은 지금 검토 중인 청교도 시대뿐만 아니라 기독교인으로서 신앙 생활을 하는 사람들이 인구의 10퍼센트도 안 되는 현재의 상황에 적지 않은 참고가 된다. 잉글랜드의 에섹스(Essex) 교구에서 섬겼던 랄프 조셀린은 9년 동안 성찬식을 하지 않았다고 한다. 그가 1651년 성찬식을 갖게 됐을 때에는 참석할 수 있는 자격이 있는 사람들은 전체 교구에서 불과 34명이었다! 조셀린은 교구민을 세 가지 종류로 나누었다. 첫째 설교를 거의 듣지 않는 자들, 둘째 졸면서 말씀을 듣는 자들, 셋째 소수의 경건한 무리들이다.

성공회(역주 : 잉글랜드의 국교회)는 언제나 대다수가 명칭만의 크리스천인 것이 특징이다. 당시에도 그랬고 오늘날도 그렇다. 한편 1600년경 청교도 목회자들은 약 10퍼센트가 증가했는데 8천 명의 성공회 목회자 중에서 약 8백 명에 해당하는 것이었다. 1660년경에는 다시 25퍼센트가 증가했다. 1660년과 1662년 사이에 약 2천 명의 청교도 목회자들이 국교회에서 추방되었다.

종교개혁 이전에 잉글랜드는 로마 가톨릭이었다. '이것은 지적으로 교리적 체계를 가졌다기보다는 종교적 입장과 관습의 문제였다.' 잉글랜드가 개신교 국가가 되는 일은 점차적인 과정을 통해서였다. 그러니까 엘리자베스 여왕의 통치 기간에 여기 조금, 저기

조금 식으로 서서히 진행되었다. 그러다가 1600년경 이후로 급속한 성장을 하였다. 헨리 8세가 로마와 결별할 당시만 해도 잉글랜드는 공식적으로 완전히 로마 가톨릭이었다. 그러나 1642년경에 가톨릭은 2퍼센트도 넘지 못한 것으로 추산된다. 한편 귀족의 10퍼센트는 여전히 가톨릭이었다.

당시의 잉글랜드는 단일 사회였다. 백성은 누구나 잉글랜드 국교회(성공회)에 다녀야 했다. 그 결과 청교도의 확신이나 로마 가톨릭 교회에 대한 충성 때문에 국교회에 나가기를 거부하는 사람들이 나오게 되었다. 1570년부터 1791년 사이의 기간에는 이들에게 벌금형이 부과되었고 시민 생활에 여러 가지 불리한 제약들이 있었다. 그래서 이들은 숨죽이고 드러나지 않게 살려고 애썼다. 1640년부터 1660년 사이에는 기독교 교파들이 생기기 시작하였다. 말하자면 장로교도, 회중교도, 침례교도, 퀘이커교도들이다(이들은 다 합해도 전 인구의 5퍼센트에 지나지 않았다). 잉글랜드 국교회가 잉글랜드 백성들을 위한 유일한 교회라는 주장은 1689년의 신교 자유령(The Toleration Act)의 통과로 중지되었다. 그러나 성공회는 계속 법으로 세워진 국교회로 남았다.

잉글랜드 군주들의 약식 차트(1509-1702)

✠ 튜더 왕가

헨리 8세(통치기간. 1509-1547)
    Dv. 첫 번째 아내—아라곤의 캐서린(Catherine of Aragon), 나중에 여왕이 된 메리(Mary)를 낳음
    B. 두 번째 아내—앤 볼린(Anne Boleyn), 1533년 나중에 여왕이 된 엘리자베스(Elizabeth)를 낳음
    D. 세 번째 아내—제인 씨이모어(Jane Seymour), 나중에 왕이 된 에드워드(Edward)를 낳음
    Dv. 네 번째 아내—클리브스의 앤(Anne of Cleves), 신방을 꾸미지 않아 결혼이 성립되지 않았다고 함
    B. 다섯 번째 아내—캐서린 하워드(Catherine Howard)
    S. 여섯 번째 아내—캐서린 파(Catherine Parr)
    부호: Dv=이혼함, B=목이 잘림, D=사망, S=살아남음

에드워드 6세(1547-1553)
불과 16세에 사망함. 그가 통치하는 동안 잉글랜드는 정치적으로 개신교 쪽으로 기울어졌다.

메리 여왕(1553-1558)
그녀의 잔인성 때문에 '피의 메리'(Bloody Mary)라는 별명이 붙었다. 메리 여왕은 약 270명을 신앙적 이유로 화형주에 매달아 죽였다. 그녀는 1554년 찰스 5세 황제의 아들인 로마 가톨릭 신자인 필립 왕자와 결혼했다.

엘리자베스 여왕(1558-1603)
대표적 사건들—1559년 엘리자베스 타결책
                1570년 교황이 엘리자베스 여왕을 출교함
                1588년 스페인 무적함대

✠ 스튜어트 왕가

제임스 1세(1603-1625)
    1604년 햄튼 왕궁 회의
    1611년 킹 제임스 성경 번역 출판
    1618년 도르트 총회에서 알미니안주의를 배격함
    1624년 리처드 몬태규(Richard Montagu)의 반칼뱅주의 논문으로
          알미니안주의 득세함

찰스 1세(1625-1649)
    1629년 11년 간 의회 없이 통치함
    1637년 새 기도서 사용의 강요로 에딘버러에서 폭동이 일어남
    1640-60년 의회에 의한 통치
    1642년 시민전쟁
    1643-7년 웨스트민스터 총회
    1645년 윌리엄 로드 대주교 처형
    1649년 찰스 1세의 처형

1658년 올리버 크롬웰의 사망

찰스 2세(1660-1685)
    1662년 일치령으로 청교도 목회자들이 크게 배척됨

제임스 2세(1685-1688)

윌리엄 3세(1689-1702)

누가 청교도들이었는가?

1568년에 런던에는 재침례파(Anabaptists) 회중들이 많았다. 그들은 스스로 청교도 혹은 흠 없는 주님의 어린양들이라고 불렀다. 청교도란 용어는 이들과 관련해서 처음으로 사용됐다고 보는 것이 중론이다. 청교도들은 엘리자베스 여왕 통치 기간(1558-1603)에 기독교의 중심이 되는 대진리들을 강조하는 목회자들의 구심점이 되었다. 이들의 강조점은 성경 말씀에 충실하기, 강해 설교, 목회적 돌봄, 개인 경건과 생활 전반에 걸친 실제적인 거룩이었다. 청교도라는 말은 이처럼 철저한 삶을 사는 자들에게 쓰여지기 시작했다. 경건한 자들 혹은 명칭만의 교인이 아닌 자들을 청교도라고 불렀다. 또한 복음을 귀히 여기고 복음 전파에 힘쓰는 자들을 청교도라고 칭하였다. 성경의 경고처럼 경건한 자들은 그들의 거룩한 삶 때문에 놀림당할 것을 각오해야 했다. 그래서 당시의 경건한 교인들에게는 '흥을 깨는 사람' 혹은 '청교도'라는 별명이 붙어 다녔다.

그러다가 청교도라는 말에 새로운 의미가 부가되었다. 이것은 알미니안/칼뱅주의 논쟁에서 기인되었다. 그 결과 은혜 교리를 따르는 잉글랜드의 목사들을 청교도라고 불렀다. 그래서 윌리엄 로드(William Laud)라는 대주교가 목회자 승진 인사 목록을 올렸을 때 청교도들의 이름 옆에는 그들의 신앙 노선에 대한 경고로 청교도인 약자로 P자를 적고, 다른 이름들 옆에는 정통이라는 약자인 O자를 적었다. 이로써 대주교의 해석에 따라 결정된 '정통' 목사들은 승진이 가하다는 것이었는데 윌리엄 로드는 사실상 독단적인 알미니안주의자였다.

'청교도'라는 이름은 경멸의 명칭으로 널리 사용되었다. 1641년 헨리 파커는 '교황파들, 감독들, 궁중 간신들, 무대 시인들, 방랑 시인들, 광대들, 술주정꾼들, 불량배들 등등의 사람들을 청교도들'이라고 실컷 놀려 댔다.

> 본 항목에서는 청교도 이야기를 다음 세 부분으로 나누어 소개하기로 한다.
> 첫째 청교도의 선구자들,
> 둘째 영적 동지애를 통한 청교도 운동의 발전(1558-1603),
> 셋째 청교도 전성기(1603-1662).

청교도의 선구자들

윌리엄 틴데일과 성경의 최상권

청교도의 첫 번째 특징은 하나님의 말씀에 대한 사랑이었다. 청교도 운동이 일어나기 전에는 하나님의 말씀에 대한 무지가 편만하였다. 1524년에 윌리엄 틴데일(William Tyndale, 1495?-1536)은 성경 번역을 금지하고 잉글랜드인으로서 허락 없이 나라를 떠나지 못하게 하는 법을 무시하기로 하는 대담한 용단을 내렸다.

틴데일은 글로우세스터샤이어(Gloucestershire) 지역에서 태어났고 옥스퍼드에서 1515년 석사 학위를 받았다. 그 뒤 틴데일은 성경의 가르침보다는 교황과 전통에 충성을 다하겠다고 맹세한 지역 목회자와 충돌하게 되었다. 틴데일은 널리 퍼진 성경에 대한 무지를 보고 개탄하였다. 그는 글로우세스터샤이어 지역의 리틀 쏘드버리에 있는 그의 후원자인 존 월쉬 경의 집에서 한 반대자와 논쟁할 때 이렇게 말하였다. "하나님이 내 목숨을 살려 주시면 머지 않아 소를 모는 아이라도 당신보다 성경을 더 잘 알도록 하겠소."

틴데일은 유럽 대륙에서 가는 곳마다 추적을 당했다. 그러다가 마침내 배신자의 밀고로 잡혀서 투옥되었다. 그는 1536년 브랏셀

근처의 빌보드(Vilvorde)에서 교수형과 화형을 당하였다. 이렇게 하여 잉글랜드의 가장 위대한 영웅의 한 사람이 생명을 잃었다.

윌리엄 틴데일은 유능한 신학자였다. 그의 신학적 글들은 수집된 뒤 1572년에 출판되었다. 틴데일의 논문은 개신교의 발전을 위한 틀을 짜는데 공헌하였다. 특히 개신교의 중심 이슈인 오직 믿음과 은혜에 의한 칭의 문제에 공이 크다. 그의 칭의론은 그를 반대하는 책들을 쓴 잉글랜드의 대법관이었던 토마스 모어(1478-1535)에게 제시한 당당한 답변에 잘 피력되어 있다.

윌리엄 틴데일
(William Tyndale)

그는 성경 번역가와 종교 개혁자로서 독특한 역할을 하였다. 그러나 그는 청교도 시대 직전에 순교를 당했다. 이 초상화는 루이스 룹튼이 그렸다.

틴데일은 신약 성경과 모세 오경 및 요나서를 번역하였는데 이것들은 잉글랜드로 밀수입되었다. 한편 수사(修士) 출신인 마일스 커버데일(Miles Coverdale, 1488-1568)은 틴데일의 동료였다. 그는 스위스로 피신한 뒤 틴데일의 번역을 참고하면서 성경 전체를 번역하였다. 헨리 8세는 이 번역을 인정하였으며 1537년까지 두 판이 잉글랜드에서 출판되었다. 나중에는 1560년에 나온 제네바 성경(Geneva Bible)이 청교도들에게 가장 인기가 있었다. 제네바 성경은 1579년과 1615년 사이에 잉글랜드에서 적어도 39판이 인쇄되었다. 이 제네바 성경에는 장로교의 교리 문답서가 추가되었고 각주가 들어갔다. 예를 들어 요한계시록 9장 3절의 메뚜기(황충)를 감독, 대주교, 수사(修士), 추기경들과 일치시켰다.

순교자들의 역할과 순교 사가(史家) 존 폭스의 결정적 사역

에드워드 5세의 짧은 통치 동안(1547-1553) 개신교의 입지가 강화되었다. 그러나 메리 여왕(1553-1558)이 사망할 즈음에 잉글랜드는 사실상 로마와 다시 손을 잡은 상태였다. '피의 메리'라는 별명을 가진 이 여왕이 다스리는 기간에 270명 이상의 개신교도들이 화형대에서 순교하였다. 자신들의 믿음 때문에 순교한 이들 중에는 기술자들과 일반 평민들과 유명 인사들이 포함되어 있었다. 유명한 지도급의 인물로서는 존 브래드포드(John Bradford)가 있었고, 감독들로서는 존 후퍼(John Hooper), 휴 라티머(Hugh Latimer), 니콜라스 라이들리(Nicholas Ridley), 그리고 캔터버리(Canterbury)의 대주교였던 토마스 크랜머(Thomas Cranmer)가 있었다.

그리하여 메리 여왕 치하에서 잉글랜드의 가장 탁월한 인물들이 생명을 잃었다. 산 사람을 화형주에 묶어 태우는 끔찍한 장면은 사람들의 뇌리에 깊이 박혔을 것이다. 의심할 나위 없이 이러한 사건은 1558년에서 1662년까지와 그 이상을 넘어가는 후속 청교도들의 정신을 형성하는데 하나의 주된 영향을 주었을 것이다.

이 잔인한 박해는 백성들을 로마 가톨릭주의에서 개신교주의로 전향시키는 효과를 일으켰다. 이러한 결과가 낳은 영향은 측정할 수 없을 정도로 심대하다. 메리 여왕의 통치 때에는 그녀가 잉글랜드에 있는 로마의 최대 자산이었다. 그러나 메리 여왕의 사후부터는 그녀에 대한 백성들의 부정적인 기억 때문에 메리 여왕은 잉글랜드에서 가톨릭이 세력을 유지하는 데 가장 큰 저해 요인이 되었다.

순교자들의 증언은 놀랄 만한 것이었다. 그들의 영향은 존 폭스(John Foxe)의 성실한 글들을 통해 크게 증가되었다.

폭스는 1517년 랭커셔(Lancashire)에서 태어났다. 그는 16세에 옥스퍼드 대학에 들어갔다. 이것이 계기가 되어 그가 석사 학위를 받을 즈음에 회심하였다. 그는 개신교의 확신 때문에 가난에 시달려야 했다. 당시의 학자들은 가정 교사가 되어 주는 조건으로 숙식

존 폭스(John Foxe)

그의 순교자들에 대한 광범위한 진술들을 공식적으로 폭스의 '행적과 기념비들'이라고 부른다. 이것은 잉글랜드를 개신교로 전향시키는 데 중요한 영향을 끼쳤다.

제공을 해 줄 수 있는 부유한 후원자들에게 의존하였다. 폭스는 런던에서 그런 후원자를 찾을 수 없어 거의 굶어 죽게 되었다. 하루는 성 바울 대성당 정원에 처량하게 앉아 있을 때였는데 어떤 사람이 나타나서 그의 손에 후한 자선금을 쥐어 주었다. 그는 사흘 뒤에 라이게이트(Reigate)에 있는 써레이의 백작(The Earl of Surrey) 집에 취직이 되어 백작의 자녀들을 가르쳤다.

메리 여왕이 왕위에 앉자 폭스는 유럽 대륙으로 건너가서 프랑크푸르트와 바슬(Basle)을 차례로 다니며 잉글랜드 망명자들과 합류하였다. 그는 순교사(史)를 집필하기 위해서 벌써부터 자료 수집을 시작해 오던 중이었다. 그의 자료는 사도들의 시대부터 메리 여왕의 통치하에서 박해를 당한 사람들까지 포함하였다. 나중에 폭스의 순교 자료는 1,700쪽으로 늘어났다. 그는 원래 문장가였는데 세부 사항까지 면밀한 서술을 하였다. 그의 진술의 정확성에 대한 의문이 제기되기도 했지만 반증되지는 못하였다. 드디어 1570년에 방대한 『순교자들의 책』(Book of Martyers)이 출판되었다. 이 책은 대성당들과 교구 교회들과 공공 회사들의 강단에 진열되었다.

> 『순교자들의 책』은 1570년 출판되었다. 그 어떤 책도 이 책만큼 교황권에 치명타를 준 적이 없었다.

과거에는 이런 규모의 영향을 끼친 책이 영어로 출판된 적이 없었다. 더구나 그처럼 중요한 시기에 이런 책을 능가할 서적이 없었다. 다니엘 닐(Daniel Neal)은 이렇게 평하였다. "이 책만큼 교황권에 치명타를 준 책이 없었다. 폭스의 순교사는 여왕에게 헌정하였다. 이 책은 너무도 평판이 좋아서 교회들마다 다투어 주문하였다. 그래서 사람들이 이 책을 읽고는 그처럼 많은 무죄한 피를 흘린 종교에 대해 경악과 혐오를 느끼게 되었다." 폭스의 순교사는 성경과 함께 많은 가정에서 가족용 필독서로 사용되었다.

폭스의 **행적과 기념비**들(그의 방대한 순교사에 대한 공식 타이틀)은 잉글랜드를 개신교로 전향시키는 데 사용된 실제적이고 주된 방편이었다. 혹독한 죽음을 당한 마리안(Marian) 순교자들에 대한 감동적 증언은 사람들의 심금을 울렸고 그런 믿음을 일어나게 한 원인들에 대해서 생각하게 만들었다. 또한 폭스의 글은 청교도들에게 크리스천 영웅들의 이상적인 모습을 새겨 주었다. 즉 죽음에 이르기까지 그리스도에 대해 신실한 증인이 되는 것이었다. 순교자들이 마지막 원수인 무서운 죽음까지 이겨낼 수 있다는 사실은 청교도들에게 영광스런 일로 간주되었다. 그래서 잘 죽어야 한다는 것이 청교도들의 정신에 박히게 되었다. 우리는 번연(Bunyan)의 『천로역정』에서 여러 종류의 인물들이 죽음의 강을 건너려고 나오는 장면에서 이 점을 확인할 수 있다. 미스터 **낙담**을 기억하는가? 그의 마지막 말은 "밤이여 안녕, 낮이여 어서 오라!"였다.

폭스는 순교자들의 마지막 임종의 말들을 적어 불멸의 교훈이 되게 하였다. 예로써, 함께 화형주에 달렸던 휴 라티머 감독이 라이들리 감독에게 한 말을 들 수 있다. "라이들리 감독이여 염려하지 말고 담대하시오. 우리는 오늘 잉글랜드에 하나님의 은혜로 누구도 끌 수 없는 촛불을 붙이게 될 것이라고 믿소." 지금도 옥스퍼드에 이들을 태웠던 화형주가 세워졌던 장소에 하나의 기념비가 서 있다.

존 폭스는 잉글랜드가 선택된 국가면서, 성별된 국민이며, 하나님의 말씀을 보존하고 전파하기 위해서 특별히 부름을 받은 백성이라는 사상을 고취시켰다.

루터교 및 제네바 종교개혁 운동과 존 칼뱅

잉글랜드의 종교개혁에 전기를 마련한 것은 유럽 대륙의 종교개혁자들의 글과 모범을 통해서였다. 잉글랜드의 개혁 초기에는 마틴 루터(1483-1546)가 압도적인 영향을 주었고 나중에는 존 칼뱅(1509-1564)이 깊은 영향을 주었다. 존 칼뱅의 설교는 성경을 책별로 각 본문들을 강해하는 것이었다. 이러한 설교 스타일과 그가 제네바에서 보인 개혁의 모범은 메리 여왕의 학정을 피해 제네바로 피신했던 약 1백 명의 잉글랜드 망명 교인들에게 좋은 인상을 주었다. 이 망명 교인들에게는 교회 체제와 예배 형태를 완전히

존 칼뱅(John Calvin)

이 모습은 1955년 한 성에서 발견된 초상화이다. 이 초상화 뒤에는 불어로 '홀베인이 그린 칼뱅의 초상화'라고 적혀 있다. 한스 홀베인(Hans Holbein, 1497-1543)은 스위스, 이태리, 프랑스, 네덜란드에서 활동하였다. 그런데 그는 특히 잉글랜드의 헨리 8세의 궁중 화가로 알려진 사람이다.

개혁해야 한다는 비전이 있었다. 이들 중에 여러 명이 엘리자베스 여왕의 즉위식 때 귀국해 국교회의 중책을 맡았다. 그러나 그들은 급진적 개혁이 방해를 받아 뜻대로 이루어질 수 없다는 사실을 알고 실망하였다.

시간이 경과하면서 제네바 교회의 패턴과 터가 잡힌 장로교에 따른 개혁 교회의 비전은 케임브리지 대학의 인기 있는 교수였던 토마스 카트라이트(Thomas Cartwright, 1535-1603)에 의해 불이 붙었다. 1570년에 가르친 그의 사도행전 강의는 매우 큰 영향을 주어 교회 체제의 개혁을 시도하게 하는 촉진제가 되었다. 그의 두 제자였던 존 필드(John Field)와 토마스 윌콕스(Thomas Wilcox)는 1572년 **의회에 보내는 권고**라는 타이틀로 본 주제를 상술하였다. 이 글은 힘있고 비타협적이었지만 의회의 환영을 받지 못하였다. 오히려 필드와 윌콕스는 투옥을 당하였다.

한편 카트라이트는 자신의 가르침에 오류가 있다는 비난을 받고 다음과 같이 본 문제의 핵심을 약술하였다.

1. 대주교와 대집사(감독 체제) 직책은 폐지되어야 한다.
2. 교회의 직책은 신약의 모델에 따라야 한다. 감독 혹은 장로들은 설교를 하고 집사들은 가난한 자들을 돌보아야 한다.
3. 모든 교회는 개교회의 목사와 장로들에 의해 다스려져야 한다.
4. 누구도 교회의 높은 직책을 받으려고 정치를 해서는 안 된다.
5. 교회의 직분은 국가가 아닌 교회에 의해서 수여되어야 한다.

영적 동지애를 통한 청교도 운동의 발달
(1558-1603)

　엘리자베스(Elizabeth)가 1558년 11월 23일 여왕으로서 런던에 들어왔을 때 그녀의 나이는 25세였다. 엘리자베스 여왕은 정치 세력들을 잘 파악하는 탁월한 능력이 있었다. 그녀는 백성들의 감정과 희망 사항들을 정확하게 파악하였다. 그녀는 튜더(Tudor) 왕가의 어떤 군주보다도 더 나은 수완으로 정부와 교회 정책을 통솔하였다. 그녀는 라틴어, 불어, 이탈리아어를 능숙하게 구사하였고 헬라어도 알았다. 엘리자베스 여왕은 하나의 연합된 국교를 가진 강력한 단일 국가를 건설하기로 굳게 결심하였다. 엘리자베스 여왕의 비서실장이었던 윌리엄 쎄슬은 "두 개의 종교를 인정하는 곳에서는 국가의 안정이 있을 수 없다"고 믿었다.

　엘리자베스가 왕위에 오를 즈음에는 백성들의 마음을 얻으려는 가톨릭과 개신교 사이의 경쟁은 승부가 나지 않은 때였다. 백성들은 대부분 어느 한쪽에라도 쏠릴 수 있었다. 엘리자베스의 행정부는 대체로 중용적인 입장을 취하는 개신교였다. 엘리자베스는 로마 가톨릭에 전적으로 투신된 사람들은 등용하지 않았다. 그러나

엘리자베스 1세 (Queen Elizabeth I)
여왕은 장기 통치하면서 잉글랜드를 석권하였다.
루이스 룹톤이 그린 위의 그림은 그녀의 탁월한 통치를 잘 예시해 준다.

제네바파들도 전혀 쓰지 않았다. 엘리자베스는 로마 가톨릭과 개신교 진영 사이의 균형을 유지하였다. 그녀는 자신의 결혼 문제도 신중하여 함부로 입을 열지 않았기 때문에 아무도 알 수 없었다. 외국의 왕자와 결혼하는 것은 정치적으로나 종교적으로 심대한 영향을 주는 문제였다. 결국 엘리자베스 여왕은 독신으로 지냈다. 한편 그녀는 자기의 배다른 형제였던 메리 여왕보다는 덜 난폭했지만 그래도 두 명의 재침례파들을 1575년에 화형시켰다. 그리고 1593년에는 그린우드, 배로우, 펜리 같은 독립교회주의자들을 교수형으로 처벌하였다.

교황은 1570년에 엘리자베스 여왕을 파문시켰다. 이것은 교황에 대한 반대를 강화시켰고 잉글랜드에 개신교 운동을 돕는 결과를 낳았다. 그리고 1588년에는 스페인이 잉글랜드를 침략하려는 대대적인 시도가 있었다. 스페인의 무적 함대는 130척의 군함과 상륙 공격용 지상군 5만 명을 준비하고 전쟁을 도발했으나 대패하였다. 귀국한 무적 함대의 전함들은 절반도 되지 않았다. 이 사건은 잉글랜드에 개신교의 발판을 굳혀 주었고 지금도 마찬가지지만 자국에 대한 긍지를 품게 하였다. 백성들은 가장 악마적이고 잔인한 핍박 체제인 종교 재판으로 악명 높은 로마 가톨릭 국가인 스페인이 잉글랜드를 위협한 사실에 분개했다.

경건한 청교도 목회자들이 동지애를 갖고 어떤 상황에서 수고했는지 이해하려면 1559년 잉글랜드에 부과된 지상권 법령(Acts of Supremacy)과 일치령(Acts of Uniformity)과 새 기도서(Prayer Book)의 중요성을 알아야 한다. 지상권 법령의 의도는 엘리자베스 여왕을 잉글랜드 국교회의 '최고 수장'으로 선포하는 것이었다. 이로써 잉글랜드 국교회(The Church of England)는 1640년까지 왕권 정부의 통제로부터 벗어날 수 없었다.

우리의 예배 방식은 예민한 문제이다. 당시에도 마찬가지였다. 목회자들은 흰 가운을 입어야 한다는 지시를 받고 반발하였다. 그래도 대부분은 평안을 위해 양보했지만 일부에서는 거절하였다. 맨체스터의 한 목회자는 이렇게 설교하였다. "목회자 가운은 교황의 넝마이며 교회 안에 있는 큰 이단이다. 그러므로 이것을 착용하면 구원받지 못한다!" 또한 어느 목사는 1570년 리치필드의 감독에게 찾아가서 경고하였다. "이것은 짐승의 오염과 저주를 받은 표시이다. 그런 적그리스도의 넝마를 사용하기 때문에 백성들은 하나님으로부터 떨어져 나가 처음보다 더 심한 제이의 교황주의에 빠질 것이다."

일치령의 적용은 장소에 따라 달랐다. 많은 감독들은 같은 개신교 목회자들을 박해할 생각이 없었다. 초창기 청교도 운동은 1580년대와 1590년대에 두각을 드러낸 능력 있는 목회자와 설교자들의 영적 교제에서 활기를 띠었다. 이 지도자들 중에서 유명한 인물들은 리처드 그린햄(Richard Greenham), 헨리 스미스(Henry Smith), 리처드 로저스(Richard Rogers), 로렌스 채더턴(Laurence Chaderton), 아서 힐더샘(Arthur Hildersam), 존 도드(John Dod), 존 로저스(John Rogers), 윌리엄 퍼킨스(William Perkins)였다. 이들은 설교뿐만 아니라 영혼의 의사들로서도 유명하였다. 이들의 사역으로 청교도들의 수효가 크게 늘어났다. 그중에서 4명만 간략하게 소개하기로 한다.

리처드 그린햄(Richard Greenham, 1531-1591)

1570년에 그린햄은 강사로 있던 케임브리지의 학적 분위기를 떠나 목회의 길로 들어섰다. 그가 목회한 교회는 케임브리지에서 5마일 떨어진 드라이 드레이톤(Dry Drayton)이라는 작은 마을에 있었다. 그는 이곳에 살면서 어쩌다가 한 번씩 외부 설교를 하였을 뿐 20년을 꾸준히 봉사하였다. 그린햄은 탁월한 목회자였다. 그는 영혼의 깊은 체험들을 이해하는 능력이 있었고, 상담과 격려의 전문가였다. 그는 겨울과 여름을 가리지 않고 날마다 새벽 4시에 일어났다. 그는 사례금이 많은 더 나은 목회지의 청빙을 여러 번 거절했으며 가난한 자들에게 후한 자선을 베풀었다.

젊은이들이 드라이 드레이톤으로 옮겨와서 그들을 위한 '그리스도 성경 학교'(School of Christ)가 세워졌다. 이들은 성경 공부에 전념하면서 자신들과 다른 사람들의 영혼에 하나님의 말씀이 적용되게 하였다. 이것은 매우 고무적인 일이었다. 비록 소촌이었지만 이들의 활동은 잉글랜드의 농촌 지역에 복음의 뿌리를 내리는 보다 큰 사역의 씨앗이 되었기 때문이다. 리처드 그린햄은 예배의 방식이 다르고 국교회의 일치령에 순응하지 않는다는 비난을 받았다. 그는 저항에 피동적이었다. 그는 중요하지 않다고 보는 문제로 인해서 다투고 싶지 않았다. 그린햄은 그리스도와 그의 십자가를 설교하였다. 그는 자신이 그리스도의 신실한 목사로서 계속 봉사하도록 참아 달라고 호소할 뿐이었다. 그린햄은 영향력 있는 사람들과의 친분 관계를 즐겼는데 그들은 항상 그를 위해 좋은 말로 비난자들을 설득시켜 말썽이 나지 않도록 해 주었다.

리처드 로저스(Richard Rogers, 1550-1620)

1574년 리처드 로저스는 에섹스(Essex)의 웨더스필드 마을에서 말씀 사역자가 되었다. 이곳에서 그는 영혼 구원 사역뿐만 아니라 자신의 영혼에 있는 죄를 죽이는 일에 전념하였다. 그는 그린햄(Greenham)처럼 자기 집에서 젊은이들을 위한 성경 학교를 운영

하였다.

그는 자신이 먼저 경건 생활을 철저하게 하면서 실제적인 경건 생활에 대한 글을 자세히 썼다. 이 글은 『일곱 가지 권면』(The Seven Treatises)이라는 제목으로 1630년 전까지 7판이 나왔다. 그의 가까운 이웃이었던 이지키엘 컬버웰은 이 책의 독자들이 자기들의 눈으로 저자의 경건 생활을 보고 로저스의 가르침을 직접 들을 수 있기를 바랐다. 우리는 그의 책에서 경건의 본질이 무엇인지를 볼 수 있다. 로저스는 신앙일지를 남겼는데 이것은 그가 하나님과 얼마나 밀착된 동행을 하였는지를 잘 보여 준다. 그의 말씀 시리즈 중에서 여호수아서 강해는 그의 명성을 세상에 널리 알렸다.

우리는 로저스가 영적 사역에 전념하기 위해서 비서나 시종들을 거느리면서 편하게 살았다고 생각해서는 안 된다. 그는 대가족을 돌봐야 했고 다른 여러 일들에 둘러싸여 있었다. '그는 묵상과 연구와 집필을 자신의 일로 간주했으며, 동시에 가장과 농부로서,

리처드 로저스(Richard Rogers)

그는 자신이 먼저 경건 생활을 철저하게 하면서 실제적인 경건 생활에 대한 글을 자세히 썼다. 이 글은 『일곱가지 권면』(The Seven Treatises)이라는 제목으로 1630년 전까지 7판이 나왔다. 그의 가까운 이웃이었던 이지키엘 컬버웰은 이 책의 독자들이 자기들의 눈으로 저자의 경건 생활을 보고 로저스의 가르침을 직접 들을 수 있기를 바랐다.

설교자와 목회자로서, 개혁자와 사립학교의 교장으로서 쉴 새 없이 봉사하였다.'

윌리엄 퍼킨스 (William Perkins, 1558-1602)

윌리엄 퍼킨스는 케임브리지에서 사역했는데 놀라운 성과가 있었다. 그는 청교도 동지들의 특징인 영적 자질과 행정적 재질이 겸비된 사람이었다. 그는 강단에서도 특출하였고 펜으로도 많은 글을 써서 케임브리지 대학 출판사를 바쁘게 하였다. 그는 자기 시대의 다른 어떤 목회자들보다 더 많은 저술을 했는데 후속 세대의 책꽂이에도 그의 책들이 꽂혀 있었다. 처음으로 그는 설교를 주제로 『프라퍼싸잉의 기법』(The Art of Prophesying)이라는 설교학 저술

윌리엄 퍼킨스(William Perkins)

그는 강단에서도 특출하였고 펜으로도 많은 글을 써서 케임브리지 대학 출판사를 바쁘게 하였다. 그는 자기 시대의 다른 어떤 목회자들보다 더 많은 저술을 했는데 후속 세대의 책꽂이에도 그의 책들이 꽂혀 있었다. 그는 처음으로 설교를 주제로 『프라퍼싸잉의 기법』(The Art of Prophesying)이라는 설교학 저술을 한 사람이기도 하다. 퍼킨스는 기독교 교리를 실제 생활에 확실하게 적용하는 데 역점을 두었다. 이것은 청교도들의 특징이었다.

을 한 사람이기도 하다. 퍼킨스의 설교는 적용에 중점을 둔 것이었다. 이것은 청교도들의 특징이었다. 그는 설교를 준비할 때 청중의 필요를 세세히 고려하였다. 그의 글들은 질과 양에 있어 당시의 다른 모든 청교도들을 능가한다.

윌리엄 퍼킨스는 상아탑의 학자가 아니었다. 예로써 그는 감옥에 있는 죄수들을 돕기 위해서 옥중 사역 허가를 받고 많은 영혼들을 그리스도께로 인도하였다. 물론 그는 세인트 앤드루스(St. Andrew's)와 같은 곳에서도 그의 설교를 들으러 온 대규모의 군중들에게 복음을 전하였다. 사람들은 그의 설교가 모두 율법이고, 동시에 모두 복음이라고 평하였다. 말하자면 죄의 수치를 드러낸다는 점에서는 모두 율법이었고, 잃어버린 죄인들에게 전적인 용서가 거저 주어진다는 점에서는 모두 복음이었다. 그의 사역은 죄인들로 하여금 영벌의 실체를 보게 해서 영혼이 깨어나게 하는 각성 사역이었다. 퍼킨스는 커뮤니케이션에 남다른 은사가 있어 '저주'라는 단어를 발음하는 것으로도 죄인들이 떨었다고 한다.

퍼킨스는 단명하였다. 그의 죽음은 많은 사람들의 가슴에 큰 슬픔을 주었다.

로렌스 채더턴(Laurence Chaderton, 1537-1635)

한편, 퍼킨스에 비해서 로렌스 채더턴은 거의 1백 년을 살았는데 출판된 저술은 거의 없었다. 그는 부유한 로마 가톨릭 가문의 출신이었다. 그래서 그는 '교황주의의 미신에 흠뻑 젖어 있었다.'

그러나 그가 복음을 받아들이고 청교도가 되었기 때문에 유산을 상속받지 못하였다. 그 당시에 이름난 후원자로서 월터 마일드메이 경(卿)이 있었다. 그는 케임브리지의 임마누엘 대학을 세웠는데 채더턴을 학장으로 앉혔다. 채더턴은 40년 간 이 보직에 종사했다. 또한 그는 케임브리지의 클레멘트 교회에서 50년 간 강사로 봉사하였다. 채더턴이 사임하게 되자 40명의 목회자들이 그의 강의 사역을 통해 회심케 되었다면서 강의를 계속해야 된다고 주장하였다. 기록에 의하면 채더턴은 2시간에 걸친 설교를 마치면서 더 이상 청중의 인내를 요구하지 않겠다고 하자 회중은 '제발 계속하십시오!' 라고 외쳤다고 한다.

대학과 강의 및 설교의 역할

청교도의 성장은 위에서 예시했듯이 대중의 적극적인 관심을 끌게 한 경건한 목사들의 모범에 힘입은 것이었다. 한편 윌리엄 퍼킨스나 로렌스 채더턴의 경우처럼 케임브리지 대학의 역할도 청교도의 발전에 지대한 공헌을 하였다. 청교도 학자들로 채워진 케임브리지의 임마누엘 대학이나 서섹스(Sussex)의 시드니(Sidney) 대학은 재능 있는 청교도 목사들과 설교자들을 꾸준히 배출하였다.

청교도의 진전 배경을 거슬러 살피려면 강의의 역할도 인정해야 한다. 마을에서는 시장이 자체 설교자들을 확보하고 평일 공개 설교를 조직하였다. 그리고 예배 때의 기도서(Prayer Book) 사용과 교회 의식의 일치를 위해서 강의를 사용하였다. 에섹스의 웨더스필드(Wethersfield, Essex)에서 사역한 리처드 로저스(Richard Rogers)와 런던의 세인트 클레멘트 데인즈(St. Clement Danes)에서 사역한 헨리 스미스(Henry Smith)는 공적 강사들이었다. 1560년에서 1662년 사이에 적어도 700명의 목회자들이 런던에서 이런 공개 강의에 가담하여 누구나 한두 번 정도의 강의를 하였다. 그런데 이들의 약 60퍼센트가 청교도들이었다.

귀족들과 상류층의 후원도 청교도 운동에 중요한 역할을 하였다. 부유한 후원자들은 청교도 설교자들을 재정적으로 지원하고 보호하였다.

엘리자베스 통치 동안에 '프라퍼싸잉즈'(prophesyings)라는 것이 큰 비중을 차지했다. 이것은 강해 설교와 토론을 하기 위한 모임이었는데 매우 인기가 있었다. 그래서 엘리자베스 여왕은 이 모임이 위험하다고 판단하고 제재를 가할 생각이었다. 그러나 대주교인 에드먼드 그린달이 여왕의 뜻을 받들지 않고 프라퍼싸잉즈를 옹호하는 주장을 하였다. 그 결과 그는 사망하기 전 7년 동안 대주교직에서 정직(停職)되었고 이 기간 동안 대부분 가택 연금을 당했다. 여왕은 1577년 5월에 직접 감독들에게 서한을 보내어 프라퍼싸잉즈 집회를 억압하라는 명령을 내렸다.

청교도 전성기
(1603-1662)

1603년과 1662년 사이의 기간은 격동기였다. 왕권과 의회가 갈라져서 급기야는 시민전쟁으로 비화되었다. 1640년대에는 종교적인 다원화 현상이 고개를 쳐들었다. 청교도 운동은 이 시기에 절정에 이르렀는데 특히 웨스트민스터 총회에서 두드러지게 부각되었다. 이제 서술하려는 다음 다섯 가지 단계의 역사는 청교도 이해에 매우 중요한 것들이다.

첫 단계는 제임스 1세의 통치, 둘째 단계는 찰스 1세와 로드 대주교, 셋째 단계는 시민전쟁과 올리버 크롬웰의 활약, 넷째 단계는 청교도 상위 시대, 다섯째 단계는 군주제의 회복과 청교도의 쇠퇴이다.

제임스 1세의 통치

엘리자베스 1세는 1603년에 사망했다. 그녀는 잉글랜드를 대국으로 만들려고 힘썼는데 상당한 성과를 거두었다. 그녀는 성격이 고르지 못한 편이었다. 때때로 역정을 부리고 기분이 언짢으면 말

제임스 1세 (James I)

이 초상화는 루이스 룹톤이 그린 것이다.

을 하지 않으며 사리에 맞지 않는 행동을 하였다. 그럼에도 그녀의 통치는 정치적으로 안정을 가져왔다. 이것은 곧 이어지는 17세기 후반의 상황에 비추어 보면 적지 않은 업적이다.

앞에서 살폈듯이 17세기 초반의 청교도는 잉글랜드 국교회 목회자들의 약 10퍼센트에 불과했다. 청교도들은 새 왕(스코틀랜드에서는 제임스 6세라 부르고, 잉글랜드에서는 제임스 1세라 칭함)이 장로교가 국교인 스코틀랜드에서 왔기 때문에 교회 개혁에 동조할 것으로 기대하였다. 그러나 그들은 매우 실망하지 않을 수 없었다. 청교도들은 1천 명의 청교도들이 서명한 탄원서(Millenary Petition)를 제임스 1세가 스코틀랜드에서 런던으로 내려오는 길에 제출하였다. 이 탄원서는 교회 개혁을 촉구하였는데, 그 결과 햄튼 왕궁 회의(Hampton Court Conference)를 열게 되었다. 이 회의는 런던에 있던 햄튼 왕궁에서 1604년 1월의 각각 다른 날에 세 번에 걸쳐 모였다. 제임스는 상당히 지적인 왕이었다. 그는 교회 행정의 민감한 부분들을 잘 알고 있었다. 그는 '신수권'(神授權)을 믿었다. 이것은 하나님이 국왕에게 나라를 다스리는 권한을 주었으며 따라서 왕에게 불복하는 것은 하나님께 불순종하는 행동이라는 주장이다. 제임스는 스코틀랜드에서 시비를 걸기 좋아하는 장로교인들에게서 많이 시달렸기 때문에 어떻게 해서라도 절대권을 유지할 생각이었다. 청교도들이 잉글랜드 국교회에 장로교를 소개할 의향인 것은 불을 보듯이 분명하였다. 햄튼 왕궁 회의가 진행될수록 제임스 왕은 점점 더 신경을 곤두세웠다. 그는 "감독이 없으면 왕도 없다"고 하거나 "청교도주의와 군주제는 하나님과 마귀처럼 닮은 데가 없다"는 등의 극언을 하였다. 그리고 그는 청교도 대표자들에게 협박을 하였다. "당신들은 속히 국교의 방침에 따르시오. 그렇지 않으면 나라에서 몰아내겠소!" 회의는 왕의 비위만 잔뜩 거스르고 끝나는 결과가 되었다. 반면 왕은 새로운 성경 번역 사역에 동의했는데, 이것이 1611년에 완성된 흠정역(Authorized Version) 또는 킹제임스역이라고 부르는 역본이다. 왕이 허락한 다른 사항들은 얼마 되지 않으며 별로 중요한 것들도 아니었다.

1604년과 1609년 사이에 약 80명의 목회자들이 국교의 방침에 순응하지 않는다고 파직되었다. 이들은 대부분 1607년 이전에 생계 수단을 박탈당하였다. 감독들은 성공회(역주 : 잉글랜드 국교를 말함)의 방침을 강요하지 말고 설득하라는 지시를 받았다. 한편 의회에서는 경건한 사람들이 보직을 박탈당한 목사들의 복직 운동을 벌였다.

제임스 1세는 도르트(Dort)에 대표를 보냈다. 도르트 총회(The Synod of Dort)는 1618-9년에 네덜란드에서 열렸는데 기독교 역사에서 매우 중요한 회의였다. 여기에서 하나님의 주권에 대한 알미니안주의에 반대하는 정통 칼뱅주의의 입장이 확정되었다. 제임스는 알미니안주의가 아닌 칼뱅주의를 지지하였다. 그러나 나중에는 이 문제에 대해 불분명하였다. 1624년에 리처드 몬태규(Richard Montagu)는 *A New Gagg for an Old Goose*라는 반(反)칼뱅주의 글을 출판했다. 이것은 잉글랜드 국교회가 알미니안주의로 기울어지는 경향을 드러내는 한 단면이었다.

찰스 1세와 로드 대주교

제임스는 1625년에 사망하였다. 그리고 찰스 1세가 왕위에 올랐다. 그는 인물이 잘 생겼고 품위가 있었으며 도덕적이었다. 그러나 찰스 1세는 엘리자베스 여왕이나 그의 부친인 제임스와는 달리 정치적 수완이 없었다. 특히 그는 정치에 필수적인 통제나 균형을 유지할 줄 몰랐다.

찰스는 당시에 프랑스를 다스린 루이 13세의 여형제인 앙리에

따 마리아(Henrietta Maria)와 결혼했다. 앙리에따 마리아는 열렬한 로마 가톨릭 신자였다. 그녀는 국정에 참견하였다. 그래서 의회와 백성들이 항상 왕비를 의심하게 되었다. 이러한 의심은 유럽의 개신교가 하강세를 보이는 위기 의식과 관련해서 더 짙어졌다. 유럽에서의 개신교 위축은 많은 개신교도들을 위험한 처지에 놓이게 하였다.

윌리엄 로드는 찰스가 신망하는 자문관이 되었다. 1625년 찰스가 왕위에 즉위한 때로부터 로드는 세력을 행사하였는데, 이것이 공식화된 것은 그가 1633년 대주교가 된 때였다. 제임스 1세는 찰스 1세에게 로드가 스코틀랜드 사람들을 이해하지 못한다는 뜻으로 이렇게 경고하였다. "그는 스코틀랜드 사람들의 기질을 모른다

찰스 1세(Charles I)

루이스 룹톤이
그린 찰스 1세의 모습.

니까." 이 경고를 찰스는 귀담아듣지 않았다. 로드는 청교도의 가르침을 모든 면에서 적대시하였다. 그가 대주교가 된 뒤에 시행한 첫 번째 일의 하나는 주일날 게임과 기타 놀이를 권장한 것이었다. 이것은 청교도들의 반감을 일으켰다. 그는 자유 의지를 강조하고 예정론을 배척하는 철저한 알미니안주의자였다. 로드는 미신적이었다. 그는 로마 가톨릭의 예배 형식은 수용하면서 교황의 권위는 배격하였다. 그가 생각하는 '아름답고 거룩한 것'은 의식과 예식들로 짜여진 것들이었다. 오늘날까지 성공회 교회들 중에는 교회당 안의 동편 끝에 제단들을 가진 경우가 많다. 교회 법에서는 '거룩한 테이블'(holy table)이라고 했는데도 제단의 아이디어가 끈질기게 존속되어 온 것이다. 제단의 메시지는 희생에 대한 것이다. 로드는 제단이 '지상에 있는 가장 큰 처소이며 강대상보다도 더 큰 곳'이라고 믿었다.

유명한 토마스 맥콜리(Thomas Macaulay) 경(卿)은 청교도의 영성을 이해한 사람이 아니었음에도 윌리엄 로드를 정확하게 파악하고 그에 대한 글을 썼다. "성공회의 모든 고위 성직자들 중에서 로드는 종교개혁의 원칙에서 가장 멀리 이탈되고 로마에 가장 접근된 자이다… 그는 성격이 조급하고 화를 잘 내며 자존심이 강하고 다른 사람의 어려움을 동정할 줄 모른다. 그는 미신적인 사람들의 공통적인 특징인 거짓에 잘 이끌리는 경향이 있고 자신의 까다롭고 고약한 감정을 경건한 열정으로 착각한다. 그의 지시로 나라의 구석구석이 항상 조사를 받아야 한다. 그리고 분리주의자들(separatists)의 소그룹들까지 샅샅이 뒤져서 다 해체시켰다…" 맥콜리의 과장법은 박해자들의 열성을 정확하게 표현한다. 그러나 다행히도 분리주의자들의 회중이 그의 말대로 다 깨어진 것은 아니었다.

로드는 대주교로서 국교의 양식에 따르지 않는 자들을 체포하고 투옥시키는 권력 행사를 하였다. 그는 심문을 하고 박해를 하기 위해서 스타 챔버(Star Chamber)라는 법정을 사용하였다. 로드의 잔인성의 한 실례로서 알렉산더 레이톤(Alexander Leighton) 박사의 경우를 들 수 있다. 그는 잘 알려진 로버트 레이톤(Robert Leighton) 대주교의 부친이었다. 레이톤은 변호나 상소권을 박탈당한 채 뉴게이트 감옥에 투옥되었다. 그는 중재 재판소에 끌려나가 판결을 받았는데 두 귀가 잘리고 양편 코가 찢겨지며 얼굴에 반동분자라는 글자를 문신으로 새기는 형을 받았다. 그뿐만 아니라 그는 두 번의 태형을 받고 사지를 형틀에 끼워 다시 감옥에 보내는 종신형을 받았다. 그러나 로드는 이 천인공노(天人共怒)할 판결이 내리자 하나님께 감사하였다! 윌리엄 프린(William Prynne), 존 배스트윅(John Bastwick), 헨리 버튼(Henry Burten), 존 릴번(John Lillburne)도 이와 유사한 야만적인 취급을 받았다.

윌리엄 로드(William Laud)

성공회의 모든 고위 성직자들 중에서 로드는 종교개혁의 원칙에서 가장 멀리 이탈되고 로마에 가장 접근된 자이다. 그는 채색 창문과 십자가상, 가로대가 있는 제단을 다시 교회에 소개하였다.

청교도들에 대한 무서운 박해가 있었다. 1629년과 1640년 사이에 2만 명의 남녀노소가 미국의 뉴잉글랜드(New England)로 떠났다. 이들 중에는 29명의 목사도 포함되었는데 본국의 형편이 호전되자 28명이 귀국하였다. 박해 때문에 청교도들은 네덜란드를 통해 많이 나라를 떠났다. 뉴잉글랜드에 가서 정착한 가장 유명한 지도자들은 토마스 후커(Thomas Hooker), 존 코튼(John Cotton), 토마스 셰퍼드(Thomas Shepard)였다. 그리고 윌리엄 에임스(William Ames, 1576-1633)는 특기할 만하다. 그는 청교도로서 주로 네덜란드에서 사역하였다. 그의 글들은 뉴잉글랜드에서 매우 인기가 있었다. 『신학의 정수』(精髓, *The Marrow of Theology*)라는 책은 가장 큰 영향을 끼친 그의 대표작이다.

찰스는 1629년부터 1640년까지 의회 없이 나라를 통치하였다. 국가 행정은 지방법원을 통해 처리되었다. 정치 세력은 주로 60명의 귀족 혹은 피어(peer)라고 부르는 대토지 소유가들의 손에 있었다. 이들 밑에는 젠트리(gentry)라는 상류층들이 있었다. 1642년 시민전쟁이 일어났을 때 귀족들과 젠트리들은 왕에 대한 충성도에 있어 절반 정도로 갈라졌다.

시민전쟁과 올리버 크롬웰의 활약

로드(Laud) 대주교는 1638년에 잉글랜드 국교회의 기도서와 의식서를 장로교도들인 스코틀랜드에 강요하려고 시도했었다. 그런데 이것은 화약고에 불을 지르는 것과 같았다! 에딘버러의 세인트 자일스(St Giles) 교회의 유명한 사건에서 이 사실을 확인할 수 있다. 흰 성의(聖衣)를 입고 거드름을 부리면서 한 사제장이 기도서를 읽으려고 복도를 걸어가고 있었다. 이 모습을 보고 분개한 제니 게데스(Jenny Geddes)라는 여성도가 자기가 앉았던 등받이 없

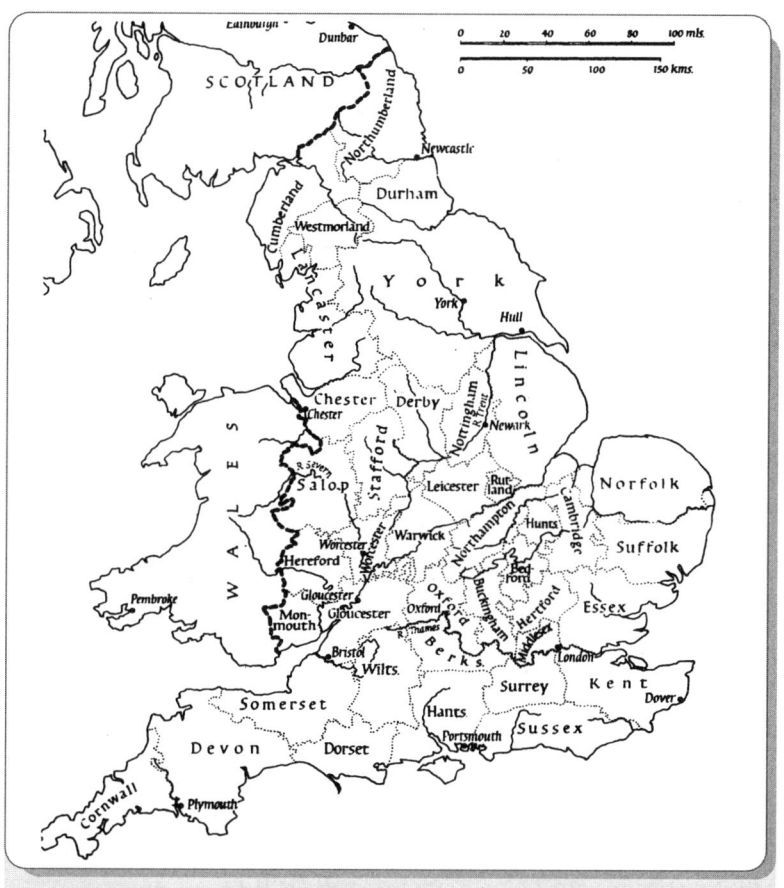

존 우드콕이 그린 시민전쟁 당시의 잉글랜드 지도. 『잉글랜드 시민전쟁 약사』(모리스 애쉴리 지음, 탬즈 앤 허드슨 출판사, 1974)에서 따옴.

1부 청교도들의 이야기

는 의자를 집어던지면서 이렇게 소리쳤다. "이 되먹지 못한 건방진 인간아! 네가 내 귀에 미사를 들려주려고 하느냐?" 제니의 모범은 그토록 증오하던 로마 가톨릭의 의식을 다른 사람들도 분연히 저지하게 하는 촉진제가 되었다.

1638년 찰스는 스코틀랜드를 진압하기 위해서 군대를 동원하였다. 그러나 잉글랜드 군대는 참패를 당하여 1639년에 휴전을 맺었다.

의회와 왕 사이에 긴장이 고조되었다. 런던에서 왕권과 교황권을 반대하는 시위는 금방 진압되었다. 왕은 의회에 자신의 권위를 내세우려고 애썼다. 그는 1642년 무장한 무리들을 데리고 의회의 지도자인 존 핌과 4명의 다른 지도자들을 체포하기 위해서 하원으로 들어갔다. 그러나 이것은 실패하였다. 5명의 지도자들은 이미 귀띔을 받았기 때문에 템즈강의 거룻배를 타고 도망친 뒤 도시에 잠적하였다. 이러한 왕의 행위는 그에 대한 반대를 더 일으키게 하였다. 혁명의 기운이 부글거리고 있었다. 찰스는 자신의 안전을 위해서 런던을 부득불 떠나야 했다. 1642년 5월에 그는 잉글랜드의 요크(York) 시에 자신의 본부를 세웠다.

1642년 10월, 첫 번째 시민전쟁이 에쥐힐(Edgehill)에서 일어났다. 결과는 무승부였다. 처음에는 왕정파(왕당원)와 의회파(원두당) 사이에 세력이 엇비슷한 듯하였다. 그래서 군사적인 교착 상태를 타개하려고 의회가 스코틀랜드와 엄숙 동맹 언약서(The Solemn League and Covenant)에 조인하였다.

1644년 1월에 스코틀랜드 군이 잉글랜드 국경을 넘었고, 같은 해 7월에 마스턴 무어(Marston Moor)에서 왕정파와 접전이 되어 스코틀랜드와 요크셔[Yorkshirer, 토마스 패어팩스(Thomas Fairfax) 경이 거느림]와 이스턴 어소시에이션[The Eastern Association, 올리버 크롬웰(Oliver Cromwell)과 맨체스터(Manchester) 백작이 거느림]의 연합군의 승리로 끝났다. 이 전쟁에서 올리버 크롬웰의 역할과 성공이 드러나서 그의 군사적 능력이 높이 평가되었고 '철기병'이라는 별명이 붙었다.

그러나 승리는 계속되지 못하였다. 의회 지도자들 중에서, 특히 에섹스 백작처럼 유약하고 단호하지 못한 자들이 있었다. 의회는 결단력 있고 한층 더 투철한 지도자의 필요성을 느꼈다. 더 나은 장군들과 군대 재조직 없이는 승전을 거둘 수 없었다. 크롬웰은 적을 공격하지 않고 퇴각한 맨체스터 백작을 나무랐다. 맨체스터 백작의 답변은 만약 의회파가 왕정파에게 질 경우 어떤 중대한 문제가 생기는지를 잘 대변해 준다. "만약 우리가 왕을 아흔아홉 번 이기고서도 그와 그의 후손이 여전히 왕위에 앉아 있으면 우리도 여전히 그의 백성이 되오. 그러나 왕이 우리를 단 한 번만 이겨도 우리 목이 떨어지고 우리 후손들도 망하게 될 것이오."

1645년 군대는 새롭게 재편성되었다. 총사령관은 토마스 패어팩스 경이었는데 그는 불과 33세였다. 그의 기병대 장군은 크롬웰이었다. 이때부터 시민전쟁은 크롬웰의 군기 확립과 전략에 의해 결정적인 승리로 바뀌었다. 맥콜리 경은 올리버 크롬웰에 대해 하나님을 경외하고 백성의 자유를 위해 헌신했다고 기술하였다. "그는 자신의 기병대를 그런 정신을 가진 자들로 채웠다. 그는 군인들에게 잉글랜드에서 일찍이 그 유례를 찾아볼 수 없는 엄격한 기율을 적용시켰다. 그러나 그는 그들의 지적, 도덕적 측면을 개발하여

올리버 크롬웰(Oliver Cromwell, 1599-1658)

크롬웰은 호민관(Lord Protector)이라는 칭호를 받았다. 그의 동기는 개인적 야망이 아닌 크리스천의 믿음에서 나온 것이었다. 이 걸출한 지도자는 기도할 때에 지나치게 감정에 치우치고 성공을 하나님의 인정에 대한 증거로 해석하는 경향이 있다는 비판을 받았다. 그러나 그의 판단력이 건전하다는 것은 존 오언(John Owen), 조셉 카릴(Joseph Caryl), 토마스 굿윈(Thomas Goodwin), 존 하우(John Howe)와 같은 사람들을 그의 군종으로 삼은 데서 확인될 수 있다. 마이클 볼랜드는 크롬웰에 대해 다음과 같은 적절한 요약을 하였다. "올리버 크롬웰의 종교적 품위와 실제적인 지혜가 청교도 혁명을 무익함과 자멸로부터 구원했다. 그는 잉글랜드의 전제 정치와 성직권주의에 영구적인 치명타를 입혔다. 그의 통치는 잉글랜드의 청교도주의를 세상에 알리게 하였고 자기 시대와 후속 세대들에게 존경을 받게 하였다."(『기독교 백과사전』, 제이 그린, 1972)

초상화 : 『버클루와 퀸스베리의 수집품』(모리스 애쉴리 지음, 탬즈 앤 허드슨 출판사, 1974)에서 따옴.

용맹한 잠재력을 발휘할 수 있는 자들로 변화시켰다… 한편 패어팩스는 용감한 군인이었지만 이해심이 적고 결단력이 부족하였다. 그는 명칭만 총사령관이었지 실질적인 대장은 크롬웰이었다. 크롬웰은 자신의 기병대를 조직한 것처럼 전군을 동일한 원칙에서 편성하였다… 크롬웰 군대가 다른 군대와 다른 점은 엄격한 도덕과 하나님에 대한 경외심이 계급을 막론하고 모든 군인들에게 있었다는 것이다. 가장 열렬한 왕정파들도 크롬웰의 군대에서는 맹세를 하거나, 술에 취하거나, 노름을 하는 것을 볼 수 없고 또한 장기간의 군사 장악 기간에도 시민들의 재산이나 여자들이 해를 입지 않았다는 사실을 인정하였다."

크롬웰은 기도하는 사람들로 둘러싸여 있었다. 그는 자기 군인들을 전쟁터로 데려갔다. 그는 군사들의 사기가 어떠한지 정확하게 판단하는 놀라운 능력이 있었다. 그래서 그는 승리를 위해 언제 공격해야 할지 알았다. 크롬웰은 많은 전투를 겪었지만 한 번도 져 본 일이 없는 백전 백승의 장군이었다. 그는 사관학교를 다닌 적이 없었다. 그럼에도 그는 전쟁에 능하였다. 이 점을 고려한다면 그는 가장 위대한 장군들의 한 사람으로 역사에 남아야 할 사람이다. 로마 가톨릭 저자인 안토니아 프레이저(Antonia Praser)는 그녀의 전기에서 크롬웰을 전략가로 평가하였다. "행해야 할 일을 달성하는 것과 그 일을 완전하게 처리하는 것은 규모에 상관없이 탁월한 능력이다. 이 점에서 크롬웰은 당연히 유명 인사의 명단에 올라갈 자격을 가졌다."

청교도 상위 시대

로드 대주교는 1641년 의회에 의해 수감되었다가 반역죄로 1645년 런던 타워(Tower of London)에서 참수형을 당했다. 감독들에 의한 교회 체제도 1646년에 폐지되었다. 시민전쟁에서 의회가 점차 승리를 거두자 새로운 문제도 나타났다. 이것은 의회 내에서 장로교도와 독립교도들 사이에 일어난 분열이었다. 의회의 대다수를 차지하는 장로교인들은 주로 독립교인들이 장악하고 있는 군대를 싫어하고 두려워하였다. 한편 찰스 왕은 스코틀랜드인들과 비밀 조약을 협상함으로써 시민전쟁을 재개시켰다. 찰스 왕의 이러한 이중 정책은 군부로 하여금 그를 재판에 회부케 하였고 1649년 1월에 잉글랜드 공화국의 반역자로 처형되었다.

찰스 2세는 스코틀랜드에서 왕으로 인정되었다. 그러나 찰스 2세를 지지하는 군대가 1650년 던바(Dunbar) 전투에서 크롬웰에게 패하였다. 정확하게 1년 뒤에 찰스 2세를 지원하는 군대들이 워세스터(Worcester)에서 참패를 당하였다. 의회의 최종적 승리로 시민전쟁은 종식되었다. 찰스 2세는 프랑스로 망명하고 크롬웰은 호민관(Lord Protector)이 되어 의회를 통해 국가를 다스렸다. 그는 종교의 자유를 굳게 믿은 사람이었다. 이 점에서 그는 시대를 앞선 사람이었다.

1643년 6월 12일 의회는 잉글랜드 국교회의 운영 체제와 예배 의식에 관한 문제를 결정하기 위해서 학식 있고 경건한 사람들을 회집하는 법령을 통과시켰다. 그래서 같은 해 7월 1일에 웨스트민

하원(The House of Commons)

존 글로버가 새긴 판화(대영 박물관 소장).
시민전쟁 때부터 의회는 영국 정치 체제의 압도적인 세력으로 자리를 잡았다.

스터 총회(The Westminster Assembly)가 열렸다. 이것이 1649년 2월까지 있었던 1,163회의 모임 중에서 첫 번째 회집이었다. 웨스트민스터 총회에 임명된 사람은 151명이었는데, 그중에서 121명이 목사들이고 나머지 30명은 평신도였다. 이 총회는 웨스트민스터 신앙고백(The Confession of Faith)과 대교리 문답 및 소교리 문답(The Larger and Shorter Catechisms), 공공 예배 지침서(The Directory of Public Worship)의 작성을 마쳤다. 이 문서들의 영향은 심대하였다. 특히 신앙고백서는 전세계적으로 후속 세대에게 막대한 영향을 끼쳤다.

한편 회중교회는 1658년에, 침례교는 1677년에 웨스트민스터 신앙고백서의 기본 고백들을 그대로 수용하면서 전체의 약 10퍼센트에 해당하는 부분에서 수정을 가하였다.

17세기 중반의 청교도 목사들의 리더십이 지닌 깊이와 질은 잉글랜드의 교회사에서 독특하다. 이 당시에 잘 알려진 청교도 목사들은 로버트 볼턴(Robert Bolton), 로버트 해리스(Robert Harris), 제레마이어 버로우즈(Jeremiah Burroughs), 윌리엄 구지(William Gouge) 등이다. 1640-60년 사이와 그 이후에 살았던 가장 유명한 청교도들로서 저술이 전집으로 당시나 혹은 현대에 와서 모두 다시 출판된 사람들은 토마스 굿윈(Thomas Goodwin), 토마스 맨턴(Thomas Manton), 스티븐 챠녹(Stephen Charnock), 존 오언(John Owen), 리처드 백스터(Richard Baxter), 존 번연(John Bunyan), 존 플레이블(John Flavel), 윌리엄 브리지(William Bridge), 데이빗 클락슨(David Clarkson), 조지 스윈녹(George Swinnock), 리처드 십스(Richard Sibbes), 존 하우(John Howe)

이다.

웨스트민스터 총회에 관련됐던 지도자로서 가장 유명한 인물 중에 한 명은 윌리엄 구지(William Gouge)였다. 그는 런던의 교회 역사에서 가장 길고 강력한 사역을 한 사람이었다. 에드먼드 캘러미(Edmund Calamy)는 장로교파의 지도자로 인정되는 사람으로서 두드러진 인물이었다. 그는 의회에서 자주 설교하였다. 핸서드 놀리즈(Hanserd Knollys)와 헨리 제시(Henry Jessey)는 침례교인들이었다. 그들의 전기는 최근에 침례교도들에게 커다란 감동을 주었다. 존 번연의 불후의 작품인 『천로역정』(The Pilgrim's Progress)과 『성전』(聖戰, The Holy War)을 비롯한 다른 유명한 저서들은 지금도 계속 출판되고 있다. 예컨대 토마스 왓슨(Thomas Watson)의 『신령한 한 몸』(A Body of Divinity)과 백스터(Baxter)의 『개혁된 목회자』(The Reformed Pastor)를 들 수 있다.

군주제의 회복과 청교도의 쇠퇴

1658년에 크롬웰이 사망하였다. 리처드 크롬웰(Richard Cromwell)이 자기 부친의 자리를 채울 수 있는 리더십이 없다는 것은 금방 드러났다. 그래서 또 다른 시민전쟁을 피하기 위해서 군주제를 회복하기로 하였다. 찰스 2세는 네덜란드의 브레다(Breda)에서 신앙의 자유를 존중하기로 약속했다. 그러나 이러한 기대는 세력을 잡고 있는 성공회 쪽에서 보복을 강력하게 밀고 나옴으로써 좌절되었다. 1643년에서 1654년 사이에 8,600명의 교구 목사들 가운데서 약 34퍼센트가 무능력 혹은 왕정파나 교황을 지지했다는 이유로 퇴출되거나 다른 형태의 고통을 당하였다.

1661년 1월에 토마스 베너(Thomas Venner)는 5차 군주제 운동의 지도자로서 득세하게 되었다. 그는 과거에 크롬웰에 대항하는 반란을 일으키려다가 체포된 자였는데 처형은 면했었다. 베너는 약 50명의 추종자들을 데리고 다니면서 런던을 공포에 질리게 하였다. 22명이 이들의 손에서 죽임을 당하였다. 이와 같은 종류의 폭력과 무질서는 세력을 잡은 성공회가 강력한 대응책을 적용시킬 수 있는 구실을 제공하였다. 그들은 무차별 제재를 가하였다. 난폭한 무질서는 당국이 모든 종류의 비국교도들을 탄압하는 핑계가 되었다. 침례교도들은 베너와 절연했지만 소용없었다. 1661년 1월 10일 왕명으로 재침례파, 퀘이커교도, 5차 군주제 회원들의 집회를 모두 금지하는 선언이 통과되었다. 짧은 시간에 4천 명 이상의 퀘이커교도들이 투옥되었다. 무장 군인들이 침례교도들을 밤에 침대에서 끌어내려 감옥으로 밀어넣었다. 번연이 바로 이때 잡혀서 12년의 옥고를 치루었다. 그는 살아남았지만 많은 사람들은 감옥에서 죽었다.

다음에 클라렌돈 백작의 이름을 딴 클라렌돈 법령(Clarendon Code)이 발표되었는데, 이것은 모든 형태의 비국교도들을 해롭게 하는 법안이었다.

1662년에 잉글랜드 국교회(The Church of England)를 엄격하게 따르게 하는 법령이 통과되었다. 만약 목회자가 감독 체제하에서 안수를 받지 않았으면 국교회의 의식에 따라서 다시 안수를 받아야 했다. 그리고 공동 기도서(The Book of Common Prayer)의 모든 부분에 동의해야 했다. 목사는 누구나 국교회법에 순종할 것을 서약하고 엄숙 동맹 언약서(The Solemn League and Covenant)를 부인해야 했다.

이러한 요구는 청교도들에게 철퇴를 가하는 것과 같은 영향을 주었다. 그들은 신앙 양심상 정부의 요구에 응할 수 없었기 때문이었다. 통계에 따라 차이가 있지만 약 2천 명의 청교도들이 쫓겨난 것으로 추산된다. 이들 중에는 교사들도 포함된다. 우리는 청교도들이 국교의 시책에 순응하라는 압력에도 불구하고 과연 얼마나 국교회에 남아 있기로 했는지는 잘 알 수 없다. 국교회에 남아 있던 자로서는 『전신갑주의 크리스천』(The Christian in Complete Armour)을 저술한 유명한 윌리엄 거널(William Gurnall)이 있었다.

1662년은 잉글랜드의 청교도가 쇠퇴하기 시작된 해이다. 이때 이후의 시대를 '디센트'(Dissent, 국교 반대)라고 부른다. 마지막으로 잘 알려진 청교도는 1705년에 이 세상을 떠난 존 하우(John Howe)와 1707년에 작고한 토마스 둘리틀(Thomas Doolittle)이다.

1662년은 청교도 역사에서 하나의 중요한 전환점이다. 이때부터 그들의 설교 영향은 줄어들었다. 그러나 그들의 집필 사역은 계속되었다. 청교도의 가장 귀중한 글들의 일부가 1662년 이후에 쓰여졌다. 한 예로써 존 오언(John Owen)의 기념비적인 히브리서 주석, 내주하는 죄에 대한 책, 시편 130편 강해는 모두 1662년 이후에 집필되었다. 존 오언은 과연 '청교도의 왕자'라는 타이틀을 받기에 합당한 자이다. 25권에 달하는 그의 전집은 영어권에서 가장 신뢰할 수 있는 최대의 신학 저장고라고 할 수 있다. 그는 청교도 운동의 최대 신학자로 인정된다.

왜 청교도 운동은 1662년 이후에 급격하게 하강했을까? 국교 반대자들에 대한 핍박은 무자비하게 철저한 것이었다. 비국교자들은 대학에 들어갈 수 없었다. 이것은 목회자들의 수준에 부정적 영향을 주었다. 청교도들은 엘리자베스 여왕의 통치 기간에 영적 동지애를 통해 화목한 영적 연합을 이루었고 다음 시기의 청교도 상승 운동에서 절정에 이르렀으나, 1662년 이후로는 그런 연합된 분위기가 식어 버렸다. 왕은 1672년에 종교 자유령(Declaration of Indulgence)을 내려 잠시 동안 비국교자들과 로마 가톨릭 교도들의 억압을 다소 이완시켰다.

청교도 운동의 주된 하강 원인의 하나는 연합의 상실이었다. 로이드 존스 목사는 장로교도들에게 주된 책임을 돌린다. 장로교 지도자들은 요한복음 17장과 같은 말씀에서 선명하게 나와 있는 연합을 단단히 붙잡지 않고 정치적인 편법을 사용했다는 것이다. 그들은 영적 자제를 망각하였다.

17세기 후반의 청교도 운동에 기여한 또 다른 하나의 쇠퇴 요인이 있다. 그것은 우리가 오늘날 즐겨 읽는 저서들을 쓴 유명한 청교도 지도자들이 떠난 뒤에 그들의 자리를 채울 수 있는 비슷한 수준의 인물들이 거의 없었다는 사실이다.

청교도들의 이야기에 대한 해명

1980년 《이반젤리컬 쿼털리》(*Evangelical Quarterly*)에서 짐 패커(Jim Packer)는 청교도를 하나의 부흥 운동으로 보았다. 그는 자신이 말하는 부흥의 의미를 조심스럽게 정의했다. 나는 18세기의 각성 운동과 비교해 볼 때 지금까지 우리가 살펴본 것과 같은 청교도들의 이야기는 '횟필드' 스타일의 극적인 부흥은 아니었다고 주장한다. 물론 뛰어난 설교자들이 있었다. 예를 들면 리처드 백스터, 존 번연, 존 로저스가 있었고 이들보다 덜 알려진 목회자들로서는 케임브리지에서 멀지 않은 캐딩톤(Kedington)의 사무엘 패어클로우(Samuel Fairclough)와 서머셋의 마을인 멜즈(Mells)에서 사역한 그의 아들 리처드 패어클로우(Richard Fairclough)를 들 수 있다. 이들은 모두 강력한 각성 사역을 통해 많은 영혼을 수확하였다. 그렇지만 이것이 모든 청교도들의 특징이었다는 것을 증명하기는 어렵다.

청교도들의 이야기에 대한 해명은 다음과 같이 설명되어야 한다고 생각한다. 즉 청교도들은 설교자 또는 목회자들로서 하나님의 모든 말씀을 힘껏 강해하고 적용하는 것을 믿은 자들이었다는 것이다. 이것은 그들의 노고였는데 이를 위해 말씀과 성령과의 가장 밀착된 연합을 추구하였다. 강약의 차이는 있었지만, 성령은 하나님의 말씀에 생기를 불어넣고 죽은 영혼들에게 새 생명을 일으키는 역사를 하셨다. 청교도들은 새 시대의 기사나 이적이나 표적을 구하지 않았다. 그들은 교회의 성패를 말씀 사역에 달린 것으로 보았다. 그들은 기본적으로 메마른 땅을 기경하는 것을 믿었다. 이것이 청교도들의 보편적 특징이었다. 이 점에서 그들은 본국에서나 혹은 하나님의 말씀을 처음으로 접하는 원주민들이 있는 먼 땅에서 수고하는 목회자들에게 시대를 초월한 모범이 된다.

청교도들의 유산

청교도들의 이야기를 전체적으로 조망하기 위해서 청교도 운동이 절정에 달했을 때에 살았던 3명의 청교도들을 지적하고, 그 다음 청교도가 현대에 어떤 의미가 있는지를 서술하기로 한다.

청교도는 존 오언의 경우에는 깊이 있고 신뢰할 수 있는 신학의 형성이었고, 리처드 백스터에게는 열정적인 전도와 목회였으며, 존 번연에게는 마음을 사로잡는 능력 있는 설교였다. 그런데 이들이 얼마나 서로 달랐는지를 생각해 보라. 이것은 청교도의 주류가 오늘날의 우리 교회들과는 달리 다른 입장들에 대해서 대체로 관용적이었음을 상기시킨다.

잉글랜드 국교회는 1662년의 대축출(The Great Ejection)로부터 완전히 회복되지 못하였다. 그러나 이따금씩 라일(J.C. Ryle, 1816-1900) 감독과 같은 출중한 지도자들이 나왔다. 라일은 청교도들의 강조점을 따라 자신의 스타일대로 글을 썼다. 대표적인 예로써 『거룩』(Holiness)이라는 제목의 그의 저술을 들 수 있다. 이 책에서 라일은 청교도의 점진적 성화론을 강설하였다. 하지만 잉글랜드 국교회에서는 청교도에 대한 열의를 찾아보기 힘들다.

청교도 신학과 헌신의 유산은 때때로 비범한 설교자들과 지도자들을 산출시켰다. 찰스 해든 스펄전(Charles Haddon Spurgeon)은 청교도들의 후계자로 불리운다. 이것은 정확한 표현이다.

청교도의 또 다른 후계자는 마틴 로이드 존스(Dr Martyn Lloyd-Jones)이다. 그는 청교도 서적들을 추천하였고 청교도 신학과 그들의 강해 설교 스타일을 따랐다. 그는 목회자들의 지도자로서 리처드 그린햄, 존 도드, 로렌스 채더턴과 같은 청교도 선구자들을 닮았다. 로이드 존스의 강단 사역은 다른 지도적인 청교도들의 경우처럼 저술의 바탕이 되었는데 그의 강해서는 아직도 전세계적인 영향을 주고 있다.

청교도의 경건과 건전한 교리는 21세기에 들어선 우리에게 그 어느 때보다도 더 필요하다. 잉글랜드 청교도는 잉글랜드에 크리스천 가정과 주일을 주었다. 그들은 균형 잡힌 칼뱅주의자들이었다. 그래서 우리에게 하나님의 주권과 인간의 책임에 대한 건전한 교리의 모범을 남겨 주었다. 또한 그들은 포스트모더니즘의 시대에서 완전히 잃어갈 위기에 처한 성경적인 죄론을 그들의 저술들을 통해 보존하였다. 여기에 덧붙여 그들은 도덕법의 유효성을 인정하였다. 도덕법은 구원을 위해서가 아니고 중생한 사람이 믿음의 순종으로 하나님을 영화롭게 하는 행위의 원칙이었다. 그리고 청교도는 우리에게 깊은 기도와 헌신된 삶을 촉구한다. 그들은 부지런히 마음을 지키는 일과 영적 전쟁의 실체와 깨어 있어야 하는 일의 중요성을 우리에게 상기시킨다.

교회 성장에 대한 청교도의 소망은 하나님 중심이었고 깨어질 수 없는 하나님의 약속에 근거하였다. 종말에 관한 청교도의 교리는 간절한 기도를 하게 하였고, 수고의 동기를 부여했으며, 인내를 일으켜 오래 참게 하였다. 이러한 청교도의 입장을 처음으로 실천한 사람 중의 하나는 존 엘리옷(John Eliot)이었다. 그는 1631년 27세의 나이로 미국의 매사추세츠로 갔다. 그는 보스턴에서 1마일 떨어진 새로 세워진 교회의 목사가 되었다. 그는 인디언 선교에 큰 관심을 갖고 앨곤퀸(Algonquin) 언어를 배우려고 작심하였다. 그는 이 작업을 40세에 시작하여 마침내 앨곤퀸 언어로 전 성경을 모두 번역하였다. 회심자들이 생겼고 교회들이 개척됐으며 인디언 목회자들이 훈련을 받았다. 그리고 그가 84세로 사망할 즈음에는 많은 인디언 교회들이 세워져 있었다.

청교도주의는 교리와 체험과 실제적인 적용에 있어 매우 성경적이며 균형적이다. 그래서 청교도는 경건한 자들의 마음을 끄는 힘이 있다. 앞으로 청교도가 이 세상에서 어떤 자리를 차지할는지 누가 알겠는가? 만약 청교도의 주류가 미래를 낙관한 것이 옳았다면 '물이 바다를 덮음같이'(합 2:14) 온 세상이 그리스도의 영광의 지식으로 채워질 것이다. 말라기 선지자는 이렇게 예언하였다.

"만군의 여호와가 이르노라 해 뜨는 곳에서부터 해 지는 곳까지의 이방 민족 중에서 내 이름이 크게 될 것이라 각처에서 내 이름을 위하여 분향하며 깨끗한 제물을 드리리니 이는 내 이름이 이방 민족 중에서 크게 될 것임이니라"(말 1:11).

The lives of the Puritans

2부

청교도들의 삶

청교도의 전주자들

청교도 1세대

2세대

3세대

다른 유명한 청교도들

청교도 운동의 종식

1부에서 청교도 시대의 역사를 개관한 것을 배경으로 이제부터 인물들에 대한 간략한 전기를 소개하기로 한다. 본 주제를 선택하는 데는 두 가지 요소를 고려하였다. 첫째는 저술들을 통해서 우리가 알고 있는 청교도들과 익숙해지는 것이다. 즉 이러한 설교자들은 누구였으며, 어떤 사람들이었는가 하는 것이다. 둘째는 저술들로서는 알려지지 않았지만 다른 면에서 영향을 준 지도자들을 통해 청교도 운동의 특징을 파악하는 것이다. 벤자민 브룩(Benjamin Brook)은 3권으로 된 저서에서 약 450명의 청교도들의 생애를 다루었다. 나는 여기에서 2명의 종교개혁자들과 5명의 엘리자베스 시대의 청교도들과 1662년 이전의 5명의 청교도들과 1662년의 축출 시기 및 이후에 살았던 12명의 인물들을 소개하기로 한다. 이렇게 하면 앞장에서 이미 서술한 이야기와 연결되면서 청교도의 복음 사역자들이 겪은 투쟁과 그들이 경건한 삶과 강해서들을 통해서 남긴 유산을 더 깊이 이해하게 될 것이다.

청교도 시대

연도	통치자	캔터베리 대주교	주요 청교도 지도자들
1500	헨리 8세	윌리엄 워햄 / 토마스 크랜머 (E, M) / 매튜 파커 (P)	윌리엄 틴데일 / 존 후퍼 / 존 브래드포드 / 존 폭스
1600	엘리자베스 / 제임스 1세 / 찰스 1세 / 찰스 2세 / 제임스 2세 / 윌리엄 로드 / 길버트 셸던 / 윌리엄 생크로프트 (J) / 윌리엄 3세	에드먼드 그린덜 / 존 휫기프트 / 리처드 밴크로프트 / 조지 애보트	리처드 그린햄 / 로렌스 채다턴 / 토마스 카트라이트 / 윌리엄 퍼킨스 / 리처드 로저스 / 리처드 십스 / 윌리엄 구지 / 셰익스피어 비루우즈 / 헨리 제시 / 토마스 굿윈 / 토마스 앤 / 토마스 왓슨 / 리처드 백스터 / 존 오웬 / 존 번연 / 존 하우

범례:
- E = 에드워드 M = 메리 J = 제임스 2세 P = 레지널드 폴 G = 에드먼드 그린덜 B = 리처드 밴크로프트
- = 개혁자들
- = 초기 청교도 지도자들
- = 중기의 유명한 청교도들

(1660년부터 1663년까지 윌리엄 저스스틴이 대주교였으나 여기서는 명기되지 않았음)

청교도의 전주자들

앞에서 보았듯이 청교도 운동의 전신은 종교개혁이었다. 많은 순교자들 가운데에는 휴 라티머(Hugh Latimer), 니콜라스 라이들리(Nicholas Ridley), 토마스 크랜머(Thomas Cranmer) 같은 걸출한 지도자들이 포함되어 있는데 나는 존 브래드포드(John Bradford)와 존 후퍼(John Hooper)를 선택하였다. 이들은 특별한 의미에서 다음에 따를 일들의 전형이기 때문이다. 존 브래드포드는 복음주의 회개의 본질에 대해서 처음으로 상세한 강해를 한 잉글랜드인이었다. 존 후퍼 감독은 자신이 맡은 지역의 교구들을 깊은 목회적 관심으로 돌보았다. 당시 목회자들의 무지한 상태는 나중에 성취될 변화에서 역력히 입증된다. 후퍼는 하나님에 대한 뜨거운 열정을 가졌던 사람이었다. 그는 교구민들을 위해 놀라울 정도로 열심히 수고하였다. 이와 같은 지도자를 화형대에서 태워 죽였다는 사실은 정말 믿을 수 없는 일이다.

"순교자의 피는 교회의 씨앗이다"라는 격언은 청교도들에게 맞는 말이다. 메리가 왕위에 올랐을 때 그녀는 잉글랜드를 로마로 귀속시키려고 결심하였다. 그녀는 미신적이었고 약속을 지키지 않았으며 이중적이었다. 그녀는 자기 길을 막는 자들을 가차없이 박해하였다. 그녀는 왕위에 오르기 전에 서포크(Suffolk)에 있는 신실한 신자들에게 종교는 자기 동생인 에드워드(Edward)의 통치 때와 조금도 다르지 않을 것이라고 약속하였다. 그녀가 이 약속을 어기기 시작하자 서포크에서 온 대표단이 그녀에게 탄원하였다. 그러나 그녀는 대표단의 지도자를 명예 훼손죄로 몰고 그의 양쪽 귀를 잘라 버리라고 명령하였다! 핍박을 예상한 800명의 개신교도들이 유럽 대륙으로 피신한 것은 놀랄 일이 아니다.

공공 장소에서 사람을 태워 죽이는 끔찍한 장면은 백성들의 뇌리에 깊이 새겨졌다. 이것은 로마 가톨릭의 미신과 잔인성에 대한 백성들의 혐오심을 일으키게 하였다. 순교자들의 믿음과 신앙적 절개, 그리고 그들의 불굴의 용기는 나라 전체의 화제거리였다. 우리는 앞에서 존 폭스의 훌륭한 일생과 그가 상세히 기록한 『순교자들의 책』(*Book of Martyrs*)이 나라에 심대한 영향을 끼친 사실을 언급했었다.

이러한 순교자들은 모두 영광스런 증인이 되었다. 존 브래드포드와 존 후퍼는 차후에 발전될 청교도주의의 보편적 특징들을 뚜렷이 예시하였다. 그들과 다른 순교자들은 청교도가 세워질 기초를 제공하였다.

존 브래드포드 (John Bradford, 1510-1555)

브래드포드는 맨체스터의 부유한 부모에게서 태어났다. 그의 부모는 그에게 군대 경험을 시키기 위해 입대하게 하였다. 브래드포드는 법조계에 들어가기를 원했다. 그러나 그는 1547년에 토마스 샘슨(Thomas Sampson)이라는 친구를 통해 극적으로 회심하게 되었다. 한편 그의 친구 샘슨은 메리 여왕의 통치 때 귀양살이를 하였다. 브래드포드는 자신이 가졌던 귀중품들을 팔아 가난한 자들에게 나눠 주고 자신은 목회를 위해 케임브리지에서 준비하기 시작하였다. 그는 경건한 삶에 있어 빠른 성장을 하였다. 그는 케임브리지에 있는 동안 유럽에서 건너와서 가르치던 대륙의 유명한 종교개혁자인 마틴 부서(Martin Bucer)로부터 영향을 받았다.

존 브래드포드(John Bradford)

그의 헌신된 생활과 개인적 회개의 강조와 동료 사역자들을 격려하는 귀한 사역은 후속 목회자들에게 귀감이 되는 청교도의 모체였다.

브래드포드는 1550년에 목사 안수를 받았다. 그는 어린 에드워드 왕(King Edward) 아래에서 복음과 종교개혁의 교리를 강론하는 6명의 순회 목사로 피택되었다. 그는 힘있는 설교자였다. 폭스(Foxe)는 그에 대하여 이런 글을 썼다. "그는 입을 열어 날카롭게 죄를 꾸짖었고, 십자가에 못 박힌 그리스도를 부드럽게 설교했으며, 이단과 오류들을 강하게 질책하고, 경건한 삶을 진지하게 설득하였다."

브래드포드의 글은 설복력이 있었다. 그는 회개에 대한 설교를 자주 하였고 같은 주제로 글도 많이 썼다. 회개의 주제에 대한 브래드포드의 글은 잉글랜드에서는 첫 번째 활자화된 강해였다. 브래드포드는 회개에 관한 청교도의 강조를 시발시킨 사람이었다. 또한 그는 청교도의 끊임없는 기도 행위의 선구자다. 즉 아침에 일어나서 기도하고, 식사 전과 후에 기도하며, 일하기 전에 기도하고, 자기 전에 기도하는 것이다. 브래드포드는 날마다 죄로부터 돌아서는 경건 훈련과 매일의 헌신으로 영적 일기를 쓰는 일에 모범이 되었다.

브래드포드의 서신들을 보면 그가 특출한 영적 기질을 가졌던 지도자였음을 알 수 있다. 그의 편지들은 당시의 지도급 크리스천들이 어떻게 서로를 격려했는지 보여 준다. 또한 엘리자베스 여왕의 통치 때에 청교도 목사들을 하나로 묶어 준 영적 동지애의 전례를 그의 서신들에서 읽을 수 있다.

1555년 존 브래드포드와 함께 화형주에 달렸던 한 젊은 제자가 있었다. 그는 존 리프(John Leaf)라는 18세의 청년이었다. 그들이 함께 불에 타죽을 때 브래드포드는 그 젊은 순교자에게 이렇게 격려하였다. "형제여, 위로를 받으세. 우리는 오늘 밤 주님과 함께 즐거운 저녁 식사를 하게 될 것일세!"

존 후퍼(John Hooper, 1495-1555)

존 후퍼는 부유한 부모의 외아들로 1495년 서머셋(Somerset)에서 태어났다. 그는 옥스퍼드의 머턴 대학(Merton College)에서 공부하였다. 그는 졸업 후에 궁핍과 단순함과 독거(獨居)를 강조하는 씨스터시안(Cistercian) 수도승이 되었다. 그러나 국가의 수도원 폐쇄 명령으로 런던으로 갔다가 다시 옥스퍼드로 돌아갔다. 그는 성경을 열심히 공부하는 사람이었다. 특히 바울 서신들을 연구하면서 로마의 오류들을 보게 되었고 종교개혁의 열렬한 대변자가 되었다. 그는 1546년 잉글랜드를 떠나 스트라스부르와 취리히에서 머물러야 했다. 후퍼는 대륙에 있는 동안 종교개혁의 정신에 흠뻑 젖었다. 존 아 라스코(John a Lasco 혹은 Jan Laski로 알려짐, 1499-1560)는 폴란드의 가장 부강한 귀족 가문의 아들이었는데 후퍼와 절친한 친구였다. 라스코는 에드워드 통치 때 런던에서 외국인 교회를 목회하였다. 이 교회는 철저하게 개혁된 교회였는데 후퍼의 사상에 강한 영향을 주었다.

후퍼는 헨리 8세가 사망한 뒤 잉글랜드로 돌아왔다. 그는 1551년에 글로우세스터(Gloucester)의 감독이 되었다. 그의 감독 안수

존 후퍼(John Hooper)

그는 글로우세스터의 감독으로서 화형주에 달려 순교하였다. 설교자, 목사, 종교개혁자로서 그의 모범은 여러 후속 세대에게 커다란 영감이 되었다. 그의 동지였던 브래드포드처럼 그는 다음 3세대에 걸친 청교도들의 표본이다.

식 때 예배 순서 문제로 말썽이 일어났다. 그는 자신의 원칙과 배치되는 국교의 의식 순서를 거절했기 때문이었다. 후퍼는 탁월하고 박력 있는 인기 설교자였다. 그의 설교를 들으려고 항상 많은 무리가 모여들었다. 그는 목회자들의 무지와 부패를 크게 한탄하였다. 그래서 자기 관할에 있는 목사들을 심방하는 것이 그의 습관이었다.

그는 지역 교회들을 개혁하기 위한 방안의 하나로 자기 관할에 속한 311명의 목회자들에게 9가지 기본 질문이 담긴 설문지를 보냈다. 9가지 질문에는 다음 질문들이 포함되어 있었다. "몇 가지의 계명이 있는가? 어디에서 그것들을 찾을 수 있는가? 주기도문이 어디에 있는지 말할 수 있는가? 주기도문의 저자는 누구인가?" 9명은 몇 가지 계명이 있는지 몰랐다. 39명은 주기도문이 어디에 있는지 몰랐다. 34명은 주기도문의 저자가 누군지 몰랐다! 8명은 한 가지도 대답할 수 없었다. 이것이 잉글랜드 국교회 목회자들의 수준이었다! 이것은 중요하다. 왜냐하면 이처럼 성경을 모르던 상황이 바뀌어 잉글랜드가 '성경의 나라'로 불려질 것이기 때문이다.

후퍼는 전도와 목회에 열정적이었고, 교회 개혁에 심혈을 기울였으며, 의식용 제복을 착용하는 일과 같은 성경에서 보장되지 않은 것은 어떤 일이라도 거부하였다. 이러한 점에서 그는 첫 번째 청교도라고 볼 수 있다. 그의 생애와 모범 그리고 순교는 잉글랜드에 큰 영향을 끼쳤다. 후퍼는 청교도 운동에 강력한 영향을 주었다.

청교도 1세대

우리가 엘리자베스 통치 시기의 청교도들을 1세대라고 본다면 2세대는 17세기 초반에서 중반까지의 사람들로서 1662년의 대숙청 때까지는 살지 못한 청교도들이라고 간주할 수 있다. 이 시기의 중요한 행사는 웨스트민스터 총회(1643-7)였다. 3세대는 숙청 시기와 이후의 사람들로 볼 수 있다. 이 후기에 대부분의 '저술' 청교도들(저서가 재출판된 사람들)이 활동하였다.

우리가 청교도들의 이야기에서 보았듯이 영적 동지애는 1580년대와 1590년대에 형성되었고 다음 세대의 경건한 목회자들을 위한 묘판을 제공하였다. 이 항목에서 나는 리처드 그린햄, 리처드 로저스, 로렌스 채더턴, 윌리엄 퍼킨스의 삶을 서술하였다. 이러한 지도자들의 경건한 영향은 미래의 초석이 되었다. 오늘날 우리는 다음 세대의 목회자들이 견실한 기독교 신앙의 기본 원칙들 위에 든든히 서 있을 것인지 물어봐야 한다. 우리는 앞에서 리처드 그린햄이 드라이 드레이튼(Dry Drayton) 마을에서 '그리스도의 학교'를 세워 젊은이들을 훈련시키고 윌리엄 퍼킨스는 케임브리지에서 많은 젊은이들에게 좋은 영향을 끼쳤음을 보았다. 퍼킨스의 저서들은 매우 인기가 있었고 다음 세대 설교자들의 사상적 틀을 만들어 주는 데 크게 기여하였다. 또 우리는 로렌스 채더턴의 케임브리지에서의 긴 사역을 기억한다. 그가 은퇴하게 되자 그의 사역으로 회심하게 된 40명이 채더턴에게 와서 사역을 계속할 것을 종용하였다. 그리고 우리는 웨더필드의 리처드 로저스의 영향을 보았다. 그는 경건을 생활의 구석구석에 적용해야 할 필요성을 깊이 역설하였다.

그럼 이제 에드워드 데링(Edward Dering)의 짧은 생애를 출발점으로 삼고 간략한 전기를 소개하기로 한다. 데링은 교회를 개혁하려다가 성공하지 못했던 청교도들의 투쟁을 예시해 준다. 우리는 헨리 스미스(Henry Smith)의 생애도 잠시 훑어볼 터인데 그는 설교의 질에 있어 데링을 닮은 사람이었다.

다음은 존 도드(John Dod)가 있다. 그는 청교도의 동지애에 대한 영적 삶의 주된 요소가 무엇인지를 우리에게 상기시켜 준다. 도드는 뛰어난 지도자였다. 그는 장수하면서 능력 있는 설교자와 경건한 목회자로서 또한 그리스도의 복음을 위해서 이웃을 대접한 모범으로 넓고 깊은 영향을 끼쳤다. 장로의 특징으로 행해야 하는 손님 대접은 흔히 잊기 쉬운데 이 점에서 도드는 훌륭한 모범을 보여 준다.

우리는 아서 힐더샘(Arthur Hildersam)의 생애도 살필 것이다. 그는 동료 목회자들을 크게 격려해 주었다. 그의 생애는 당시 로마가톨릭으로부터의 이탈 현상이 두드러졌던 시대였음을 반영해 준다. 이것은 주목할 점이다. 그는 왕족과 관련된 배경이 있었음에도 상속을 박탈당하였다. 그는 자신의 복음 증거로 인해서 많은 고난을 겪었다. 어떤 이들은 부유하고 동정적인 귀족들의 후원으로 보호를 받았지만 힐더샘은 그렇지 못하였다.

끝으로 존 로저스(John Rogers)가 있다. 나는 로저스를 생각할 때마다 설교의 생명력과 능력의 필요성을 절감한다. 어떤 설교자는 우리가 잊을래야 잊을 수 없다. 지금 우리에게는 성령의 기름 부음을 받은 설교가 필요하다. 존 로저스 때에는 그의 설교를 듣기 위해 장거리를 마다하지 않고 여행한 사람들이 있었다. 오늘날의 설교자들은 하늘로부터 '불을 당겨 와야' 한다. 그래야 우리의 설교가 살아 있고, 듣는 자들에게 생명을 전달할 수 있을 것이다.

에드워드 데링 (Edward Dering, 1540-1576)

에드워드 데링은 켄트(Kent)의 명문 집안에서 태어났다. 그는 1572년에 앤 로크(Anne Locke)와 결혼했다. 신부는 존 녹스(John Knox)의 설교를 흠모하였고 제네바에서 살기도 했던 부유한 과부였다. 청교도 학자인 패트릭 콜린슨(Patrick Collinson)은 데링을 이렇게 평가했다. '그는 청교도의 원형이다. 그의 생애와 사역은 그의 뒤를 따를 17세기 후배들에게 삶의 모델이 된다. 그는 청교도 정신의 긍정적인 자질들이 어떤 것인지를 가장 훌륭하게 예시한다.'

데링은 케임브리지의 크라이스트 대학(Christ's College)에서 공부하였다. 이때는 메리 여왕의 통치 초반기였는데 케임브리지가 청교도의 묘판이었다. 데링이 동역자들에게 보낸 서신을 보면 그는 복음주의 신앙에 불타고 있었음을 알 수 있다. 그의 주된 신학적 관심은 죄로부터의 구원이었다. 즉 우리가 어떻게 그리스도 안에 있는 참 신앙을 통해서 대심판날에 구원을 받을 수 있으며, 어떻게 신자가 거룩하신 하나님 앞에서 자신의 신분을 보장 받을 수 있느냐는 것이었다.

데링은 당시의 가장 우수한 헬라어 학자의 한 사람으로 손꼽혔다. 그는 엘리자베스 여왕이 1564년 케임브리지 대학을 방문했을 때 헬라어 연설자로 선정되었다. 그는 대주교와 친분이 있어 중요한 행사에 설교할 수 있는 특권을 누렸다. 1570년은 그의 경력에 하나의 분수령이 되었다. 그는 국교회의 사역 수준이 너무도 저질인 것에 크게 분개하였다. 그의 친구들에 의하면 데링은 이러한 감정을 그의 설교에서 노골적으로 드러내었다.

1570년 2월 25일 그는 엘리자베스 여왕의 채플에서 설교했는데 여왕을 대놓고 면박하였다. 그는 여왕이 무가치한 교회 사역자들을 제거해야 할 의무를 게을리 한다고 꾸짖었다. 그는 그런 자들을 '놀고 먹는 자, 사기꾼, 기회주의자'라고 불렀다. 그리고 그런 목사들은 '눈 먼 길잡이며 짖지 않는 개들'이라고 혹평하였다. 데링의 질책은 여기서 끝나지 않았다. 그는 여왕의 면전에서 책임 추궁을 하였다. "이러한 우상 숭배가 자행되고 있는데도 당신은 가만히 앉아서 방관만 하고 계십니다. 그러므로 하나님이 당신에게 책임을 물으실 것입니다." 휫기프트(Whitgift, 나중에 대주교로 승진됨)라는 사람은 여왕 앞에서 설교할 때가 되면 이를 여왕에게 잘 보이려는 기회로 이용하였다. 그러나 데링은 휫기프트와는 달리 여왕의 큰 권력에는 그에 비례하는 책임이 있음을 상기시키길 주저하지 않았고 그런 지적으로 받게 될 결과에 대해 전혀 개의치 않았다. 아마 그는 자신이 결핵으로 얼마 살지 못할 것을 알았기 때문에 야심이나 자신의 유익을 따르는 유혹에서 자유로웠을지 모른다. 사실상 그는 결핵으로 일찍 죽었다. 엘리자베스 시대의 설교치고 데링이 여왕의 책임에 대해서 견책한 담대한 설교보다 더 많이 인쇄된 메시지가 없다.

에드워드 데링
(Edward Dering)

1570년 2월 25일, 그는 엘리자베스 여왕의 채플에서 설교했는데 여왕을 대놓고 면박하였다. 그는 여왕이 무가치한 교회 사역자들을 제거해야 할 의무를 게을리 한다고 꾸짖었다. 그는 그런 자들을 '놀고 먹는 자, 사기꾼, 기회주의자'라고 불렀다. 그리고 그런 목사들은 '눈 먼 길잡이며 짖지 않는 개들'이라고 혹평하였다. 데링의 질책은 여기서 끝나지 않았다. 그는 여왕의 면전에서 책임 추궁을 하였다. "이러한 우상 숭배가 자행되고 있는데도 당신은 가만히 앉아서 방관만 하고 계십니다. 그러므로 하나님이 당신에게 책임을 물으실 것입니다."

목회자들의 한심한 영적 상태를 노출시킨 이러한 용기 있는 설교들은 캔터베리의 대주교인 파커(Parker)와 엘리자베스 여왕의 대신이었던 세실(Cecil)을 당황하게 만들었다. 그래서 데링의 영향력이 줄어든 것은 놀랄 일이 아니다. 그러나 데링은 런던의 감독인 샌디즈(Sandys)의 신임을 받아 런던의 세인트 폴(St. Paul) 대교회에서 설교할 수 있는 특권을 받았다. 이곳에서 데링은 심도 깊은 감동적인 히브리서 강해 시리즈로 당대의 최대 설교자라는 평가를 받았다.

　1570-2년까지는 카트라이트, 필드, 윌콕스 등의 글로 인해 야기된 교회 정치에 관한 논쟁이 극심하였다. 데링은 소환되어 이들의 주장에 대한 자신의 입장을 밝히라는 요구를 받았다. 데링은 퍼킨스와는 달리 조직적인 신학자가 아니었다. 그리고 그는 교회 정치에 대해서 그다지 투명한 편이 아니었다. 그럼에도 그의 대적자들은 데링이 누리는 특권과 직분을 박탈하려고 결단하였다. 그러나 그는 고관들과 친분이 두텁고 그들의 보호를 받고 있어 제거하기가 어려웠다. 그의 입을 막으려던 모든 시도가 실패로 끝났다. 엘리자베스 여왕은 데링을 침묵시킬 뿐만 아니라 강의도 못하게 막으라고 명령했다. 그러나 이것마저 성공하지 못하였다. 여왕의 대리자들 사이에서 데링을 고발할 죄목을 작성하는 문제를 놓고 의견의 합치를 보지 못했기 때문이다.

　데링의 사역에서 편지 쓰기는 매우 중요한 부분이었다. 그는 높은 신분과 영향력이 큰 귀부인들의 영적 상담을 위한 편지들도 썼다. 청교도 사역을 가장 열심히 지원한 사람들은 흔히 여성들이었는데 이것은 청교도 운동의 한 특징이었다. 그들은 대부분 종교개혁에 깊이 헌신된 자들이었으나 그들의 남편들은 그렇지 못한 경우가 허다하였다. 데링의 서신 수신자의 한 사람으로서 허니우드(Honywood)라는 여자가 있었다. 그녀는 구원의 확신 문제로 몹시 시달렸다.

　그녀는 한때 존 폭스에게 자신이 손에 쥐고 있는 유리잔처럼 확실한 정죄를 받았다고 말하면서 잔을 마룻바닥에 내던졌다. 놀랍

게도 그 유리잔은 깨어지지 않고 그대로 되튕겨졌다고 한다!

데링은 36세로 죽을 때 동료 사역자들이 둘러서서 그의 임종을 지켜보았다. 그리고 그들은 데링의 마지막 말들을 기록하였다. 그는 청교도 운동에 귀중한 공헌을 남기고 이 세상을 떠났다.

헨리 스미스(Henry Smith, 1560-1591)

데링의 직설적인 스타일과 열정적인 설교는 헨리 스미스와 비슷하였다. 헨리 스미스는 런던에서 사역하였는데 다음 세대에 큰 영향을 주었다. 그는 그린힐의 제자였는데 런던의 세인트 클레멘트 데인즈(St. Clement Danes) 교회로 부름을 받았다. 그의 설교를 듣기 위해서 몰려온 사람들은 채소 장사, 열쇠 장사, 소매상 등 각종 직업을 가진 사람들이었다. 그는 훌륭한 설교자였다. 그래서 사람들은 그에게 '은의 혀를 가진 스미스'라는 별명을 붙여 주었다. 그는 설교로 사람들의 마음을 손에 쥐고 자신이 원하는 대로 이끌고 갈 수 있었다. 그러나 그는 오직 하나님의 영광과 청중들의 유익만을 위해 말씀으로 그들을 인도하였다. 그는 구원 사역에 능통하였다. 그는 겨우 31세밖에 살지 못하였다. 그러나 그는 에드워드 데링처럼 '짧은 시간에 길게 살았다.'

존 도드 (John Dod, 1550 - 1645)

그는 체샤이어(Cheshire)에서 태어났다. 그는 케임브리지의 지저스 대학(Jesus College)에서 공부하였다. 도드는 본성에 따른 죄의 상태에 빠져 살던 어느 날 대학 관리인에게 낼 돈을 바치지 않았다는 지적을 받고 화를 벌컥내다가 고열로 인해 거의 쓰러졌다. 이때 '그의 죄들이 무장 군인처럼 도드를 덮치면서 그의 생각과 마음이 바뀌는 변화가 일어났다'고 한다. 그의 회심은 참된 것이었으며 새 생명이 그에게서 시작되었다. 그런데 나중에 대학 관리인은 존 도드에게서 돈을 지불받았음을 기억했다고 한다.

도드는 인기 있는 설교가여서 부르는 곳이 많았다. 그는 옥스퍼드셔(Oxfordshire)에서 20년 동안 목회하였다. 그의 설교는 수백 명의 영혼들을 회심케 하는 도구로 쓰여졌다. 그는 4명의 다른 설교자들과 함께 밴버리(Banbury)에서 공개 강해실을 세우고 사람들을 가르쳤다. 그는 힐더샘처럼 1604년부터 계속 심한 박해를 받았다.

윌리엄 할러(William Haller)는 『청교도의 상승』(*The Rise of Puritanism*)이라는 저서에서 도드를 영적 동지애의 대표적인 경건한 인물이라고 말하면서 이렇게 덧붙였다. "그는 잉글랜드인의 유머를 가졌고 재치 있게 메시지를 전달하는 은사가 있었다." 카트라이트(Cartwright)는 도드에 대해서 "목회적 기능 면에서 그는 어떤 사람의 수준에서도 메시지를 전할 수 있는 가장 뛰어난 인물"이라고 평하였다. 다음은 그의 한 제자의 말이다. "그의 말은 모두 하나의 설교였다. 그의 말은 마치 누구나 먹을 수 있는 맛들인 음식과 같았다. 그는 재치와 흥미로 내용 있는 메시지를 골고루 섞어 전하였다. 만약 그의 말들을 모두 수집했다면 헬라어로 된 플루타르크 영웅전이나 혹은 라틴어로 된 다른 어떤 작품들보다 더 많았을 것이다." 또한 이런 이야기도 있다. "복음이 무엇인지 모르는 단순하고 평범한 사람들이 그의 설교를 듣고 오면 대화의 주제가 항상 도드의 메시지가 되었다. 도드는 일반 서민들이 복음의 신비를 알아들을 수 있도록 그들의 어휘와 언어 스타일을 사용하였기 때문에 큰 효과가 있었다."

도드의 말 가운데 한 가지를 골라 소개한다. "나는 준비하지 않은 새 설교를 하기보다는 준비된 옛 설교를 열 번이라도 반복하겠다."

존 도드는 주일에는 두 번, 주중에는 한 번 설교하였다. 설교가 끝날 때마다 그의 아내는 목사관의 문을 열고 사람들을 환영하였다. 그는 여러 사람들을 식사에 초대하였다. 그중에는 집사들처럼 그를 도운 6명의 과부들도 포함되어 있었다. 그의 아내가 음식이 부족할 것을 걱정하면 그는 이렇게 대답하곤 하였다. "좋은 벗들이 없는 것보다 고기가 없는 것이 더 낫소. 이 집은 추워도 무엇인가 줄 것이 있소." 도드 자신은 조금만 먹고 손님들에게는 많이 권하였다. 그리고 계속 이야기를 해 주었다. 그는 할말이 많았다. 그가 피곤해지면 맥주를 섞은 작은 포도주 한잔을 마셨다. 그리고는 밤이 늦도록 말씀을 나누어 주었다.

많은 사람들이 조언을 받으려고 도드를 찾았다. 잘 알려진 청교도들이었던 좁 스록모톤(Job Throckmorton)과 존 프레스톤(John Preston)은 자신들의 여생이 얼마 남지 않은 것을 알고는 도드의 지역으로 이사하였다. 가까이에서 도드의 영적 자문을 받을 수 있기 때문이었다. 좁 스록모톤은 청교도 목사로서 의외로 자신의 구원의 확신에 관한 문제를 갖고 있었다. 그는 죽기 직전에 도드에게 물었다. "이 세상을 떠나 가면서 아무런 위로를 찾지 못하는 사람에게 당신은 무엇이라고 말하겠습니까?" 도드는 이렇게 반문하였다. "당신은 이 세상을 떠나가면서 '나의 하나님, 나의 하나님, 어찌하여 나를 버리셨나이까?'라고 부르짖으신 예수 그리스도에 대해서 당신은 무엇이라고 말하겠습니까?" 이 말은 스록모톤 목사의 시달린 영혼에게 위로를 주었다. 그는 곧 죽었지만 주님 안에서 기뻐하며 이 세상을 떠날 수 있었다.

도드는 95세까지 장수하였다. 그래서 그가 목회 사역뿐만 아니라 잉글랜드를 떠나 새 생활을 위해 미국으로 건너가는 사람들에게 자신이 거쳐온 긴 인생살이의 여러 경험들과 성경 말씀을 토대로 지혜로운 상담을 해 줄 수 있었다.

아서 힐더샘(Arthur Hildersam, 1563-1631)

힐더샘은 왕족과 연관이 있었다. 그의 부모는 로마 가톨릭이었다. 그는 로마의 교리들로 머리가 가득 채워져 있었다. 그는 라틴어로 기도를 되풀이하라는 가르침을 받으면서 자랐다. 그는 케임브리지에서 공부하기로 결정했고 거기서 회심하였다. 그의 부친은 크게 화가 나서 그를 가톨릭으로 복귀시키기 위해 로마로 보내기로 작정하였다. 그러나 힐더샘은 이를 거절했기 때문에 유산 상속권을 박탈당하였다. 그런데 부유한 친척들 중에서 힐더샘의 곤경을 동정한 헌팅돈의 백작이 후한 후원자가 되어 그를 다시 케임브리지로 보내 주었다.

1588년 힐더샘은 공적으로 안수를 받기 전에 설교했다고 해서 고발되었다. 그는 공적으로 회개를 고백하라는 명령을 받았다. 현재까지 활자화된 비굴한 참회문이 보존되어 있지만 이것을 힐더샘이 실제로 공적 사과문으로 읽었을 것 같지는 않다.

이러한 공적 수치의 그늘 아래 있는 동안 그는 레세스터셔(Leicestershire)의 애쉬비 드 라 주크(Ashby-de-la-Zouch)에서 초빙을 받았다. 그는 이곳에서 죽을 때까지 43년 동안 목회하였다. 힐더샘은 목회하면서 자주 핍박을 받았지만 그의 설교는 널리 커다란 영향을 끼쳤다. 그러나 이것이 그의 메시지를 배척하는 자들에게는 그에게 가장 많은 증오심을 일으키게 하는 이유였다. 제임스 왕이 등극했을 때 힐더샘은 가장 유력한 청교도 지도자의 한 사람으로 존경받았다. 그는 1천 명이 넘는 목사들이 서명한 청원서(Millenary Petition)를 왕에게 전달하는 대표 중의 한 사람으로 임명되었다. 이 청원서는 교회 개혁을 위한 것이었다.

힐더샘은 1590년에 결혼하였는데 매우 복된 결합이었다. 그의 아내는 그가 박해를 받는 동안 끊임없는 위로와 힘이 되었다.

힐더샘은 사역하면서 여러 번 침묵을 강요당하였다. 예를 들면 1616년 그는 파문을 당하였고 사역의 직분에서 면직되었으며 감옥에 갇혔다. 그것은 단지 그가 국교 의식을 따르지 않는다는 이유에서였다. 더구나 그에게는 말도 되지 않는 2천 파운드라는 거액의 벌금이 부과되었다. 이것은 당시로서는 엄청난 액수였다. 힐더샘의 형편에서 지불할 수 있는 금액이 아니었음은 두말할 나위도 없다.

힐더샘은 음주나 간음이나 혹은 그와 유사한 부도덕으로 고발된 것이 아니었다. 그는 잉글랜드 국교회의 의식과 절차들을 따르기를 거부했기 때문에 그처럼 극심한 처벌을 받았다. 그는 넓은 지역에 영적 영향력을 끼쳤기 때문에 시기를 받았고 '그 지역에서 일어나는 일체의 분열을 조장하는 사람들의 우두머리'라는 비난을 받았다.

힐더샘이 그를 파멸시키려던 재판에 어떻게 대처했는지를 아는 것은 우리도 유사한 시련을 겪을 때에 좋은 참고가 될 것이다. 그는 한 가지씩 기도하면서 당면 문제를 해결해 나갔다. 제일 먼저 그가 힘쓴 것은 감옥에서 풀려나는 것이었다. 이 목적을 위해서 그는 관계 당국의 영향력 있는 친구들에게 편지를 썼다. 1년 전에도 국교에 순응하지 않는다는 이유로 그가 투옥됐을 때 그의 친구는 대주교에게 서신을 보내 주었다. 그때 대주교는 힐더샘이 말을 듣지 않으면 옥사할 것이라고 응답했었다. 그는 이번 일에 출옥은 되었지만 지불 능력이 없는 벌금은 면제되지 않았다. 힐더샘은 필딩 부인에게 편지를 써서 벌금을 줄여 주도록 당국과 교섭해 달라고 부탁하였다. 그는 또 비슷한 청탁을 서포크 백작에게도 하였다. 나중에 벌금은 줄어들었지만 여전히 엄청난 돈을 지불해야 했다.

힐더샘은 병으로 죽음을 기다리고 있었을 때 영적이고 거룩하며 천상적인 대화를 한 것으로 유명하다. 그는 자기 아들에게 양떼들을 잘 돌보라는 엄숙한 분부를 내렸다. 그는 자기 아들과 함께 기도하는 동안에 주님과 영원한 기쁨을 누릴 본향으로 돌아갔다.

벤자민 브룩(Benjamin Brook)은 『청교도들의 생애』(*Lives of the Puritans*)라는 저서에서 힐더샘에게 12쪽을 할애하였다. 힐더샘은 유난히 온순하였다. 그는 국교 의식을 반대했지만 극단적이거나 공격적이 아니었다. 그러나 그는 자신의 입장에서 흔들리지 않았고 인내하였다. 그의 겸손의 정도는 자신이 항상 다른 설교자의 메시지에서 영적 유익을 받으려고 애썼다는 그의 진술에서 확인될 수 있다. 그는 신실한 설교라면 비록 설교자가 자연적인 은사가 없더라도 언제나 교훈을 받을 수 있었다고 말하였다.

힐더샘이 존경한 설교자들 중에는 윌리엄 구지, 존 프레스톤 그리고 존 코튼이 있었다. 그의 제자들은 그들의 이상적인 영적 의사가 '무지한 자를 기꺼이 가르치며, 의심하는 자에게 만족을 주며, 흔들리는 자에게 안정을 주고, 배척받은 자에게 위로를 주며, 누구에게나 복음 생활을 잘하도록 격려하는 것'을 보았다. 우리는 힐더샘에게서 평생을 한 목회지에서 보내면서 엄청난 핍박과 방해를 견디고 살아남는 모습을 본다. 그는 항상 인내하였고 견실했으며 경건의 빛나는 모델이 되었다. 그는 요한복음 4장과 시편 51편에 대한 상당한 분량의 저술을 제외하고는 달리 남긴 글이 없다.

존 로저스(John Rogers, 1566-1636)

에섹스 데드햄(Dedham, Essex)의 존 로저스는 우리가 앞에서 개괄한 청교도 시대 항목에서 이미 언급한 에섹스 웨더스필드의 리처드 로저스와 가까운 인척이었다. 리처드는 존 로저스가 케임브리지에서 공부할 때 후원을 해 주었다. 그는 존 로저스가 세속적인 쾌락을 위해서 자기 책들을 팔아도 참아 주었다. 그런데 결국 존은 리처드 로저스를 너무도 실망시켜 리처드가 그를 포기하려는 지경에까지 이르렀다. 그러나 리처드의 아내가 한 번 더 기회를 줄 것을 사정하였는데 이것은 무화과나무의 비유를 연상시킨다. "포도원지기에게 이르되 내가 삼 년을 와서 이 무화과나무에서 열매를 구하되 얻지 못하니 찍어 버리라 어찌 땅만 버리게 하겠느냐 대답하여 이르되 주인이여 금년에도 그대로 두소서 내가 두루 파고 거름을 주리니 이후에 만일 열매가 열면 좋거니와 그렇지 않으면 찍어 버리소서 하였다 하시니라"(눅 13: 7-9). 리처드 로저스의 아내가 존 로저스에 대해 인내한 것은 보상 있는 일이었다. 존이 회심하게 되었고 나중에 청교도 설교자들 중에서 가장 능력 있는 설교자의 한 사람이 되었기 때문이다.

존 로저스(John Rogers)

당시에 그는 영혼을 일깨우는 가장 영적인 설교자의 한 사람으로 간주되었다. 많은 사람들이 그의 설교를 듣고 회심하였다. 신자들은 로저스가 목회한 데드햄(Dedham)에서 '불을 붙여 가려고' 먼 거리을 여행하였다. '불을 붙인다' 는 말은 매우 시사적이다. 이 표현은 영적 생동력의 필요성을 지적하고 성령께서 능력 있는 설교를 통해 영적 생동력을 부여해 주심을 상기케 한다.

존 로저스에게 내린 설교의 은사는 너무도 커서 사람들이 그의 설교를 떨지 않고 들을 수 없었다고 한다. 많은 영혼들이 그의 메시지를 듣고 예수님을 믿었다. 그는 자기 시대에서 영혼을 일깨워 주는 가장 훌륭한 설교자의 한 사람이었다. 브라운리그(Brownrigg) 감독은 이렇게 말하곤 하였다. "존 로저스는 몇 자 적지 않은 급히 쓴 노트 하나만 가지고도, 우리 감독들이 잘 준비된 음악 순서의 지원을 받으면서 할 수 있는 설교보다 훨씬 나은 말씀을 전할 수 있다!" 멀리서도 그의 설교를 듣기 위해 사람들이 몰려들었다. 그런데 교회에 자리가 없어 들어가지 못해 실망하는 사람들도 많았다. 잘 알려진 청교도 목사인 자일스 퍼민(Giles Firmin)은 자신이 존 로저스의 첫 마디를 듣고 회심케 되었다고 술회하였다. 어느 날 젊은이들이 존 로저스의 설교를 들으려고 막 문안으로 들어서고 있었다. 그때 로저스가 그들을 보고 말하였다. "여기 젊은이들이 그리스도를 위해 들어왔소. 그리스도를 영접하지 않으면 아무 것도 당신들에게 유익할 것이 없소. 그렇다면 그리스도를 믿으시오!" 자일스 퍼민은 이 첫 말에 당장 마음이 붙잡혀서 즉석에서 회심하였다.

존 로저스의 설교 능력은 유명한 청교도인 토마스 굿윈(Thomas Goodwin)의 체험에서 잘 예시되었다. 토마스 굿윈은 당시에 젊은 청년이었다. 그는 존 로저스의 설교를 듣고 속절 없는 회개의 눈물을 흘리면서 하나님께 감사하였다. 다음은 굿윈 자신이 나중에 저명한 존 하우(John Howe)에게 들려준 이야기이다.

로저스는 성경 주제로 말씀을 전하였다. 그는 청중들에게 성경을 등한시한다고 지적하면서 하나님을 1인칭으로 표현해 교훈하였다.

"나는 오랫동안 너희에게 나의 성경을 맡겨 주었다. 그러나 너희는 성경을 경시하였다. 성경은 먼지와 거미줄에 덮여 있다. 나의 성경을 그렇게 사용한단 말인가? 그렇다면 내 성경을 이제 더 이상 갖지 못할 것이다."

로저스는 자기 자리에서 성경책을 들고 퇴장하려는 듯이 일어섰다. 그는 등을 돌리고 나가려고 하더니 곧 돌아서면서 이번에는 회중이 하나님께 올리는 탄원을 무릎 꿇고 간절하게 부르짖었다.

"주님, 우리에게 무슨 일을 하셔도 좋으니 성경책만은 가져가지 마십시오. 우리의 자녀들을 죽이십시오, 우리의 집을 불태우십시오, 우리의 재산을 몰수하십시오. 다만 우리의 성경책만은 남겨 두십시오. 제발 성경책은 거두어 가지 마십시오."

로저스는 다시 하나님의 음성으로 돌아갔다.

"정말 그러기를 바라는가? 그렇다면 조금 더 기회를 주마. 여기 너희를 위한 나의 성경이 있다. 나는 너희가 내 성경을 어떻게 사용하는지 볼 것이다. 너희가 과연 성경을 더 사랑하고, 그 말씀에 따라 더욱더 순종하며 살 것인지 지켜보겠노라."

하우는 이 말씀의 효과에 대해서 굿윗이 그에게 알려준 대로 계속 말하였다.

"로저스의 이와 같은 메시지를 들은 회중은 내가 어떤 곳에서도 보지 못했던 매우 기이한 상태에 빠졌다. 그들은 거의 다 자신들이 흘린 눈물 바다에 잠긴 듯하였다. 집회장은 그야말로 보김(역주 : 삿 2:1-5, 이스라엘 백성이 하나님의 교훈을 받고 크게 운 곳)이었다. 나는 집회가 끝난 뒤에 밖으로 나와 말을 타려고 했으나 몸을 가눌 수 없어 말의 목에 얼굴을 파묻고 15분 동안 매달려 흐느꼈다. 그 뒤에야 겨우 말 위에 올라탈 수 있었다. 성경을 등한시한 일로 받은 메시지의 능력은 이처럼 놀라운 것이었다."

우리 시대에 가장 필요한 것은 죄인들을 구원할 수 있는 성령의 기름 부음을 받은 설교의 회복이다. 존 로저스의 강단에서의 열정과 능력과 감동적인 표현은 청교도 설교의 특징이었다.

2세대

나는 '청교도들의 이야기' 부터 시민전쟁에 이르는 사건들을 서술하였다. 이 시기에, 정확히 말해서 1643년 6월 12일에 의회는 '잉글랜드 국교회의 정치와 예배 의식 결정을 위한 학식과 경건을 겸한 인물들의 총회' 를 소집하는 법안을 통과시켰다. 그래서 7월 1일에 웨스트민스터 총회가 소집되었다.

의회는 이들에 의해 작성된 신앙고백(The Confession of Faith)과 교리 문답(Catechisms)을 비준하였는데 후속 기독교 역사에 지대한 영향을 끼쳤다. 웨스트민스터 총회는 너무도 중요한 행사이기에 이 한 가지 사건만을 다룬 책들도 굉장히 많다. 이 총회에 참석하는 목회자들은 여러 가지 회의와 토론에 자유롭게 참여하기 위해서 런던에서 비교적 가까운 곳에 머물러야 했다. 다음에 소개하는 5명의 목사들인 로버트 해리스(Robert Harris), 제레마이어 버로우즈(Jeremiah Burroughs), 윌리엄 구지(William Gouge), 리처드 십스(Richard Sibbes), 로버트 볼턴(Robert Bolton)은 이 총회에 참여했던 인물들이었다. 리처드 십스는 그의 저술로 매우 잘 알려졌는데 1635년에 사망하였고, 로버트 볼턴은 특별히 '영혼의 의사' 로 알려졌던 인물이었다. 그는 이 당시의 역사적 시기에 많이 등장했던 청교도들의 대표적인 실례이다. 웨스트민스터 총회에 참여할 수 있는 수준의 뛰어난 목회자들이 많았다는 사실에서 증명되듯이 당시의 청교도 목사들의 수도 날로 늘어났다.

로버트 볼턴(Robert Bolton, 1572-1631)

로버트 볼턴은 널리 알려진 청교도이다. 1626년에 처음 출판된 『상한 양심의 위로서』(*A Treatise on Comforting Afflicted Consciences*)라는 유명한 저술이 다시 출판됨으로써 오늘날까지 그의 명성이 남아 있다. 존 맥아더(John MacArthur Jr)는 이 책이 '죄책을 실제적으로 어떻게 다뤄야 하는지를 가르치는 결정판'이라고 평하였다. 맥아더는 솔리 데오 글로리아(Soli Deo Gloria)가 다시 낸 출판 서문에서 "지난 20년 동안 이 책보다 더 낫게 상한 양심에 대해서 성경적으로 깊이 있게 다룬 책을 한 권도 보지 못하였다"고 지적하였다. 볼턴이 쓴 다른 무게 있는 저서들은 다음과 같다. 『하나님과의 편안한 동행』(*A Comfortable Walking with God*), 『네 가지 영원한 것들 : 죽음, 심판, 지옥, 천국』(*Four Last Things: Death, Judgement, Hell and Heaven*).

로버트 볼턴은 1572년 랭커셔의 블랙번(Blackburn)에서 태어났다. 그의 부모는 볼턴에게 특별한 은사가 있음을 알았다. 그래서 그들은 가난했지만 경제적인 희생을 하면서 그의 교육에 힘썼다. 볼턴은 중고등학교에서 우등을 하였고 20세에 옥스퍼드의 링컨 대학(Lincoln College)에 들어갔다. 그는 대학에서도 우수한 성적을 올렸다. 그는 헬라어에 능통해서 헬라어 교사로 학비와 생활비를 벌다가 나중에 30세에 대학 교수가 되었다.

그러나 볼턴은 복음으로 회심한 자가 아니었다. 그는 현 세상의 악을 사랑하였고 케임브리지에 있는 잘 알려진 청교도 교사인 윌리엄 퍼킨스에 대해 적대적이었다. 그러던 볼턴이 깊은 죄의 확신을 체험하였다. 이 죄의 확신은 여러 달 동안 계속되었는데 너무 강렬하고 고통스러워서 마르틴 루터의 체험과 비교될 정도였다. 마침내 그는 그리스도를 믿고 하나님의 선물인 의(義)에만 의지하여 평안을 얻었다. 그는 35세에 복음 사역자로서 안수를 받았다. 그는 40세가 되어 결혼하였고 그의 아내로 인해 큰 복을 누렸다. 볼턴의 아내는 그의 사역을 적극적으로 도왔다. 볼턴은 사역의 자질과 정열이 탁월하였다. 그의 설교는 영혼 구원이라는 한 가지에 초점이 맞춰졌다. 하나님의 축복으로 수백 명이 그의 사역을 통해 회심하였다. 그는 노트햄턴셔의 브라우턴(Broughton) 교구에서 20년 동안 열정적인 사역을 하였다.

그는 과거에 세상 열락의 노예가 되었기 때문에 죄의 기만성과 파괴성과 유독성의 능력이 어떤 것인지를 속속들이 파헤칠 수 있었다. 볼턴의 설교 스타일은 담대하였고 타협을 몰랐다. 그는 공적

로버트 볼턴(Robert Bolton)

그는 캐터링에서 준 강의에 기초한 『상한 양심을 위한 올바른 위로의 지침서』(Instructions for a Right Comforting of Afflicted Consciences)를 집필하였다. 이 책은 목회적이고 실천적인 내용을 주로 담았는데 청교도들이 양심의 역할을 중시했음을 반영해 준다. 390쪽에 달하는 이 유명한 저서는 솔리 데오 글로리아(Soli Deo Gloria)에서 다시 출판하였다.

으로 설교하기 전에 혼자 사적으로 설교를 연습해 보면서 준비하였다. 세례 요한과 주님처럼 그는 신실한 사역으로 초래될 수 있는 반대파의 적개심에 대해 조금도 염려하지 않았다. 그는 예외 없이 모든 사람들에게 거저 주는 복음을 있는 그대로 온전히 전하였다. 그는 기도에 철저히 투신된 자였다. 그는 하루에 여섯 번씩 기도하는 습관이 있었다. 그는 겸비와 기도의 날들을 정해 놓고 지켰는데 특히 성찬식을 인도하기 전에 주 앞에서 오랫동안 엎드려 있었다.

볼턴은 60세의 나이로 그의 마지막 병상에 있을 때 가족과 다른 교우들에게 영광스런 증인이 되었다. 그는 주위의 모든 사람들을 위해 간절히 기도하였고 한 사람 한 사람에게 구원을 확신시키면서 각자를 기도로 주님께 의탁하였다. 그는 하나님이 자기를 받으셨다는 구원의 확신에 차 있었다. 그리고 그리스도와 함께 있는 더 나은 삶을 위하여 이 세상을 떠나길 열망하였다.

로버트 해리스(Robert Harris, 1578-1658)

로버트 해리스는 글로우세스터셔의 브로드 캠든(Broad Camden)에서 태어났다. 그는 치핑 캠든 스쿨과 워세스터를 거쳐 옥스퍼드에 있는 맥덜린 홀(Magdalen Hall)에 등록하였다. 여기서 그는 청교도였던 고프(Goffe)에게서 가르침을 받았다. 해리스는 신자가 아니었다. 그러나 그는 성경과 신학 서적들을 사서 읽고는 크리스천이 되었다. 그는 지도 교수 밑에서 헬라어, 히브리어, 칼뱅의 기독교 강요를 배웠다.

그는 치핑 캠든에서부터 설교 부탁을 받았다. 그런데 그곳에서는 강단에서 사용할 성경책조차 없는 한심한 상황이었다. 담임 목회자는 성경책을 잃어버렸는데 가까스로 찾아서 해리스는 로마서 10장 1절의 말씀으로 설교하였다. "형제들아 내 마음에 원하는 바와 하나님께 구하는 바는 이스라엘을 위함이니 곧 그들로 구원을 받게 함이라." 해리스는 이 시기에 부친에게 자신이 옥스퍼드에서 학업을 더 계속할 수 있도록 도움을 구하였다. 그 뒤 얼마 가지 않아 전염병이 발생하였다. 당시에는 전염병이 생기면 인구의 절반 가량이 죽었다.

해리스는 옥스퍼드에서 약 5마일 떨어진 곳에서 하숙하였는데 설교할 기회가 열렸다. 1604-5년은 심한 박해의 시기였다. 약 3백 명의 목사들이 해직되었다. 이중에는 한웰(Hanwell)에서 목회하던 존 도드(John Dod)도 있었다. 로버트 해리스는 탁월한 재능과 학문 때문에 그가 한웰에서 안수 받는 일을 한웰의 감독이 허락하였다. 해리스는 이 즈음에 결혼하였고 존 도드와의 친밀한 교분이 있게 되었다. 이들 사이의 관계에서 우리는 청교도들이 복음과 개혁을 위해서 단합과 비전으로 서로를 격려했음을 알 수 있다.

해리스는 한웰에서 약 40년 간 목회하였다. 많은 사람들이 존 도드에게 찾아와서 영적 자문을 구하였듯이, 많은 젊은 설교자들이 로버트 해리스의 지혜와 리더십을 구하였다. 해리스는 자녀들도 많이 두었는데 모두 의의 길을 따랐고 각자의 소명에서 그리스도를 영화롭게 하였다. 해리스는 자기 단련이 강한 자였다. 그는 식사 때에 술을 입 속으로 넣기보다는 자기 장화 속에 부어 버리겠다고 말하였다! 그는 토요일의 반나절을 운동에 사용하였다. 그는 영혼을 회심시키는 일에 도구로 쓰임 받은 자들은 교만한 대학자들이기보다는 가장 겸손한 설교자들임을 발견하였다. 그럼에도 그는 열심히 연구하였다. 그의 학문과 설교는 옥스퍼드 대학교 전체의 여러 기독교 단체에서 높이 평가되었다. 그의 은사는 런던에서도 인정을 받아 자주 의회에서 설교했으며 웨스트민스터 총회의 사역에 참여하였다.

1644년 시민전쟁으로 그는 모든 소유를 잃었다. 해리스를 극구 반대하던 군인들이 한웰에 살고 있었다. 그들의 악한 욕설 때문에 해리스는 '도무지 맹세하지 말라!' (역주 : 영어로는 '맹세'가 '욕'이라는 뜻도 됨)는 야고보서 말씀으로 설교하였다. 이것이 군인들의 기분을 매우 거슬리게 하여 해리스 목사가 같은 본문으로 다시 설교하면 총으로 쏘아 죽이겠다고 맹세하였다. 해리스 목사는 군인들의 위협에도 아랑곳없이 다음 주일에 역시 같은 본문으로 설교하였다. 해리스는 설교하는 동안 한 군인이 총을 쏘려는 듯이 장전하는 모습을 보았다. 그럼에도 그는 설교를 끝까지 마쳤다.

로버트 해리스는 마지막 병상에서 이렇게 증언하였다. "내 평생에 그리스도의 보배로움이나 하나님의 따뜻한 사랑을 지금처럼 깊이 깨닫고 느낀 적이 없다."

리처드 십스 (Richard Sibbes, 1577-1635)

리처드 십스는 케임브리지의 세인트 존스 대학(St. John's

리처드 십스
(Richard Sibbes)

그는 영혼의 의사였다. 다음과 같은 강해서들에서 그의 영혼 치유 사역이 잘 반영되고 있다. 『상한 갈대와 꺼져가는 심지』(The Bruised Reed and The Smoking Flax), 『돌아오는 탕자』(The Returning Backslider), 『영혼의 갈등』(The Soul's Conflict). 십스는 가장 유명한 청교도의 한 사람이다. 그의 영향은 청교도 운동의 구석구석에 퍼졌다.

College)에서 교육을 받았다. 그는 트리니티 대학(Trinity College)에서 강의를 맡았는데 그의 설교로 많은 사람들이 구원을 받았다. 이중에는 나중에 미국의 뉴잉글랜드(New England)로 건너가서 유명한 지도자가 된 존 코튼(John Cotton)도 있었다. 설교자와 교사로서 십스의 평판은 자자해서 런던의 그레이즈 인(Gray's Inn)에 정규적인 사역을 인도하게 되었다. 당시의 그레이즈 인은 지금도 그렇지만 법률 공부와 법무에 관해서 법조계의 중심부였다. 벤자민 브룩(Benjamin Brook)은 이렇게 말하였다. "해박한 법률가들 외에도 많은 귀족과 상류층이 일반 시민과 함께 십스의 메시지를 들으려고 몰려들었다. 십스의 사역에서 받는 영적 유익으로 사람들은 하나님을 크게 찬양하지 않을 수 없었다." 십스는 청중의 머리와 가슴에 단단한 기초를 놓으려고 항상 주의를 기울였다. 그는 사생활에서는 가난한 사람들에게 자선을 베풀었고 목회자로서는 매우 훌륭한 목회를 하였다.

1626년에 십스는 케임브리지의 세인트 캐서린 대학(St. Catherine's College)의 학장이 되었다. 그의 런던 교회 사역 조건에 의하면 다른 성직을 겸할 수 없었다. 그러나 그는 그레이즈 인 교회의 부목이었고 결혼을 하지 않았기 때문에 주중에 대학이 있는 케임브리지로 여행하는 일이 무리가 되지 않았다. 캐서린 대학은 십스가 학장이 되었을 때 장기간의 침체를 겪고 있었다. 재정은 거의 바닥이었고 학생들도 몇 명밖에 없었다. 십스는 이러한 상태를 완전히 바꾸어 캐서린 대학 역사에서 가장 빛나는 시기로 일신시켰다.

케임브리지에서 십스가 목회자를 훈련시킨 일의 영향은 윌리엄 퍼킨스(William Perkins)를 제외하고는 따를 자가 없었다. 십스는 퍼킨스가 사역했던 세인트 메리 교회에서도 설교하였는데 그 영향은 런던의 그레이즈 인 교회에서의 사역 효과와 같은 것이었다.

리처드 십스는 심령을 치유하는 의사였다. 그는 영혼의 갈등을 말씀으로 풀어 주면서 심령을 치유하였는데 1세기 이후에 『신앙정서』(*The Religious Affections*)라는 가장 유명한 저술을 한 조나단 에드워즈(Jonathan Edwards, 1703-1758)의 사역을 가리키는 화살표가 되었다. 십스는 『상한 갈대와 꺼져가는 심지』(*The Bruised Reed and The Smoking Flax*), 『돌아오는 탕자』(*The Returning Backslider*), 『영혼의 갈등』(*The Soul's Conflict*)과 같은 대표작들을 남겼다. 십스는 가장 유명한 청교도의 한 사람이다. 그의 영향은 청교도 운동의 구석구석에 퍼졌다.

제레마이어 버로우즈(Jeremiah Burroughs, 1599-1646)

버로우즈는 3권으로 된 『청교도들의 생애』(*The Lives of the Puritans*)를 쓴 벤자민 브룩에 의하면 '매우 온화한 성직자'(혹은 신학자)였다고 한다. 그는 케임브리지의 임마누엘 대학에서 교육을 받았다. 그러나 국교에 따를 수 없어 도중에 그만두고 잉글랜드를 떠나야 했다. 그는 세인트 에드먼즈(St. Edmunds) 교회에서 에

제레마이어 버로우즈(Jeremiah Burroughs)

그는 뛰어난 설교자, 탁월한 저술가, 활동적인 사역자였다. 그는 다작가였지만 어떤 글에서도 예리하고 영적인 특징을 잃지 않았다. 그는 47세밖에 살지 못했음에도 영향력이 오래 지속되는 좋은 글들을 많이 남겼다.

드먼드 캘러미(Edmund Calamy) 목사를 도왔고 다음에 5년 동안 노폭의 티벳샬(Tivetshall, Norfolk)에서 강의했다. 박해가 심해지자 그는 생계 수단을 박탈당하고 1636년 네덜란드로 망명하였다. 거기서 그는 노틀담에서 목회하던 윌리엄 브리지(William Bridge)를 도왔다.

시민전쟁의 시작으로 감독들의 박해 세력이 줄어들었다. 버로우즈는 귀국하여 잉글랜드의 최대 회중을 가졌다는 런던의 크립플게이트(Cripplegate)와 스테프니(Stepney)에서 사역하였다. 그는 스테프니에서 오전 7시 예배를 인도하였고, 오후 3시 예배는 윌리엄 그린힐(William Greenhill)이 설교하였다. 사람들은 스테프니 교회의 '아침 별'은 버로우즈이고 '저녁 별'은 그린힐이라고 하였다.

버로우즈는 웨스트민스터 총회에 참여할 대표자의 한 사람으로 뽑혔다. 그는 평화의 사람이었다. 리처드 백스터(Richard Baxter)는 버로우즈의 인품을 잘 아는 사람으로서 이렇게 평하였다. "만약 감독교회 교인들이 모두 어셔(Ussher) 주교와 같고, 장로교인들이 모두 스티븐 마샬(Stephen Marshall)과 같고, 독립교인들이 모두 제레마이어 버로우즈와 같다면 교회의 분열은 벌써 치유되었을 것이다."

버로우즈는 뛰어난 설교자면서 탁월한 저술가며 활동적인 사역자였다. 그는 다작가였지만 어떤 글에서도 예리하고 영적인 특징을 잃지 않았다. 그는 47세밖에 살지 못했음에도 영향력이 오래 지속되는 좋은 글들을 많이 남겼다. 그의 가장 인기 있는 책은 『크리스천 만족의 진귀한 보배』(*The Rare Jewel of Christian Contentment*)

이다. 최근에는 다음과 같은 그의 저서들이 다시 출판되었다. 『죄론』(A Treatise on the Evil of Evils), 『은혜로운 성령의 탁월성』(The Excellency of a Gracious Spirit), 『세속적인 마음에 관한 강해』(A Treatise on Earthly-Mindedness), 『복음과의 대화』(Gospel Conversation), 『성도들의 행복/산상설교』(The Saints' Happiness), 『성도들의 보고』(The Saints' Treasury).

버로우즈가 쓴 400쪽에 달하는 화평에 대한 논문은 당시와 마찬가지로 오늘날에도 적실한 글이다. 제목은 *Irenicum, to Lovers of Truth and Peace. Heart-divisions opened, in the causes and evils of them; With cautions that we may be hurt by them, and endeavours to heal them*이라는 긴 타이틀이다. 또한 버로우즈의 4권으로 된 호세아 강해서에 대해서 스펄전은 "빼어난 작품이다. 체험적 강해의 보물 창고다"라고 평하였다.

윌리엄 구지(William Gouge, 1575-1653)

윌리엄 구지는 미들섹스(Middlesex)에서 태어났다. 그는 이튼 스쿨(Eton School)을 마친 뒤 케임브리지의 세인트 캐서린 대학(St. Catherine's College)에 입학했다. 그는 지성적인 은사가 있었고 학업에 충실하였다. 그는 병이 났을 경우를 제외하고는 9년간 새벽 5시 30분에 시작하는 대학 기도회에 빠짐없이 출석하였다. 그는 하루에 성경을 15장씩 읽는 것을 습관적인 일과로 삼았다. 그는 대학에서 논리학과 철학 강사로 선택되었다. 그를 부러워

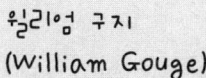

윌리엄 구지
(William Gouge)

그는 45년 동안 런던의 한 대형 교회에서 설교를 통해 영혼 구원 사역을 효과적으로 수행하였다. 35년 간 그는 히브리서를 강해하였다. 이 설교의 내용을 보면 교리와 적용이 적절한 균형을 이룬다. 그는 다른 교회들로부터 더 나은 청빙을 여러 번 받았다. 그럴 때마다 하는 말이 있었다. "블랙프라이어에서 천국으로 가는 것이 나의 가장 큰 야망이다!" 그의 사역으로 수천 명이 회심하였고 양육을 받았다.

하는 자들은 그를 '대청교도'라는 별명으로 불렀다.

그는 1608년 런던의 블랙프라이어즈 교회(Blackfriars Church) 담임이 되었다. 그는 1653년 사망할 때까지 46년 동안 이 교회를 섬겼다. 그는 다른 교회들로부터 더 나은 청빙을 여러 번 받았다. 그럴 때마다 하는 말이 있었다. "블랙프라이어에서 천국으로 가는 것이 나의 가장 큰 야망이다!" 구지는 35년 간 수요일 아침 강해를 계속하였다. 벤자민 브룩은 말한다. "그의 명망이 어찌나 높았던지 다른 지방에서 신자들이 런던으로 일을 보러 올 때 블랙프라이어의 수요일 강해를 듣지 않으면 비즈니스가 끝나지 않은 것으로 보았다. 구지의 사역은 큰 열매를 맺었다. 그의 사역으로 수천 명이 회심하였고 양육을 받았다." 당시의 회심에 대한 평가는 요즘과 많이 달랐다. 회심자는 자신의 삶에서 자기가 그리스도 안에서 새사람이 됐다는 것을 드러내 보여야 했다. 반면 오늘날은 결단만 하면 신자가 된 것으로 간주한다. 그러나 결단이 참된 회심과 반드시 동일한 것은 아니다.

구지는 평화로운 사람이었다. 사람들은 그가 온순하고 조용한 성격을 가졌다고 해서 모세의 모습을 연상하였다. 그는 가족들이나 측근자들의 눈에 한 번도 아내에게 화를 낸 목소리로 말하는 모습을 보인 적이 없었다. 그럼에도 그는 9주 동안 감옥에 갇혔다. 그 이유는 단지 그가 유태인들을 하나님이 부르신다는 내용의 책을 재쇄했기 때문이었다. 또 그는 로드(Laud) 대주교의 알미니안주의와 의식주의를 반대했기 때문에 핍박을 받았다.

구지는 매일 일찍 일어났다. 그는 자신보다 다른 사람이 먼저 일자리에 나와 있으면 퍽 당황하였다. 그는 주일을 철저히 지키는 사람이었다. 그래서 목사관에서 일하는 사람들도 주일의 모든 유익을 받도록 하였다. 그는 다른 나라 교회들의 복지에 관해서 큰 관심이 있었다. 그는 타국의 신자들이 고난당한다는 나쁜 소식을 받으면 울면서 금식하고 기도하였다.

윌리엄 구지는 웨스트민스터 총회의 회원이었고 총회장이 자리를 비울 때는 대신 자리를 채웠다. 그의 가장 유명한 설교 시리즈는 1,100쪽에 달하는 히브리서 강해이다.

3세대

청교도 운동은 1640-60년에 절정을 이루었다. 그 다음부터는 은사가 많은 청교도 목사들은 줄어들었다. 이 절정기의 가장 큰 특징은 유명한 청교도들의 저술 활동이다. 그들 중에는 지금까지 알려진 사람들이 적지 않다. 이제 그들 중에서 1965년 이래로 전집이 다시 출판된 굿윈(Goodwin), 브리지(Bridge), 맨턴(Manton), 챠녹(Charnock), 오언(Owen), 백스터(Baxter), 번연(Buyan), 플레이블(Flavel), 하우(Howe)의 전기를 간략하게 소개하기로 한다.

토마스 왓슨은 문장이 읽기 쉽고 화려하며 교리 설명이 간결해서 매우 인기 있다. 그의 글들은 하나의 일정한 표준 전집으로는 아직 모아지지 않았다. 그러나 왓슨의 책들은 그의 사역을 이해하는데 도움이 되므로 그의 주요 저서들에 대한 상술을 하게 될 것이다.

번연, 오언, 백스터는 가장 유명한 청교도들이다. 제시(Jessey)와 놀리즈(Knollys)는 침례교도인데 덜 알려진 편이다. 그러나 나는 청교도들의 배경이 다양하다는 것을 예시하기 위해서 이들을 포함시켰다. 제시는 사역에 헌신하기 위해서 결혼하지 않았다. 그는 가난한 사람들을 돕는 일에 솔선 수범했고 유태인들을 실제적인 면에서 많이 도와주었다. 놀리즈를 포함시킨 이유는 그의 사역이 유달리 다각적일 뿐만 아니라 1·2차 런던 침례교 신앙고백 (The First and Second London Baptist Confessions of Faith)에 관련됐기 때문이다.

토마스 굿윈 박사(Dr Thomas Goodwin, 1600-1679)

토마스 굿윈을 여기서 박사라고 구태여 밝힌 까닭은 에섹스에서 사역한 청교도로 유명한 또 한 사람의 동명이인(同名異人)과 구별하기 위해서이다. 토마스 굿윈 박사는 경건한 부모를 둔 덕택으로 대학으로 가기 전에 최선의 교육을 받을 수 있었다. 그래서 그는 13세의 생일을 맞기 전에 케임브리지의 크라이스트 대학(Christ's College)에 입학하였다. 당시의 케임브리지 대학은 온통 윌리엄 퍼킨스의 강력한 사역의 영향 아래 있었다. 굿윈은 그때를 회상하면서 자신이 성찬식에도 참여하고 종교적이었지만 영적 문제에서는 율법적이었고 회심하지 않았다고 말하였다.

그는 20세에 예수님이 예루살렘을 내려다보시면서 흘리시는 주님의 눈물에 대한 설교(눅 19:41-42)를 듣고 깊은 죄의 확신을 체험하였다. 그는 성령께서 시선의 초점을 자기 자신만을 위한 삶에서 오직 그리스도만 바라보도록 인도하셨다고 간증하였다. 이것으로 7년 동안의 속박이 끝났다. 그가 설교자가 된 것은 주로 자신의 죄에 대한 고통스런 확신의 체험에서 발단이 된 것이었다. 굿윈의 이러한 체험은 죄인들의 회심과 상담자들을 인도하는 일에 유익한 거름이 되었다.

토마스 굿윈 박사
(Dr Thomas Goodwin)

"한 세대에서 교회사에 남을 만한 큰 신학자 1명이라도 나온다면 이것은 매우 경이로운 일이다. 그럼에도 오언을 낳은 세대가 굿윈도 낳았다. 굿윈은 신학의 장엄성을 붙잡고 이를 기이한 은혜가 주는 따뜻함과 비전이 있는 기쁨에 연결시켰다. 그는 우리가 가진 가장 '직관적인' 신학자의 한 사람이다."(피터 루이스)

굿윈은 회심한 이후에 청교도 노선을 따랐고 나중에 리처드 십스의 후임으로 케임브리지의 세인트 캐서린 대학의 학장이 되었다. 그런데 이때 박해가 격증하여 1634년 학장직을 사임하였다. 굿윈은 한동안 암스테르담에 살면서 나이(Nye), 버로우즈(Burroughs), 브리지(Bridge), 심슨(Sympson)과 교제하였다. 이들은 장로교도들이 아닌 독립교도들이었으므로 나중에 웨스트민스터 총회에서 '비국교도 형제들'(dissenting brethren)로 불렸다. 본 총회에서 나이는 힘있는 발언자였고, 버로우즈는 예리한 토론가였고, 브리지는 설득력 있는 탄원자였다. 그러나 굿윈은 그 모임의 힘이었다. 굿윈의 성품은 은혜롭고 부드러웠다. 그래서 의견이 다른 반대파들도 그를 존경하였다. 그는 올리버 크롬웰과 각별한 사이였으며 크롬웰의 임종 때 곁에 함께 있었다.

1649년에 굿윈은 옥스퍼드의 맥덜린 대학(Magdalen College)의 학장이 되었다. 그는 암흑 시기에 케임브리지 대학을 떠나야 했기에 다시 현재의 중책을 맡게 될 줄은 몰랐다고 고백하였다. 그는 사역을 준비하는 젊은 신학생들을 즐겨 도왔다. 그런데 군주제로 다시 복귀되면서 정치적 상황이 바뀌어 굿윈은 1660년 런던으로 옮겨가서 신실하게 사역하였다. 그는 런던의 대역병이 발생했던 1665년에도 꾸준히 목회하였다. 다음해에는 런던 대화재가 발생했는데 자기 서재의 절반이 화염에 타 버렸다. 이때 쓴 글이『갑작스런 아픔의 시련 속에서의 인내와 온전케 하는 역사(役事)』(*Patience and its perfect work under sudden and sore trials*)라는 것이었다. 나는 1960년대에 서섹스(Sussex)의 휫필드 동지회(Whitefield Fraternal)에서 받았던 잊을 수 없는 감동을 지금도 생생히 기억한다. 약 40명의 목회자들이 페렐 그리스월드(Ferrell Griswold)가 강론하는 그리스도의 육체적, 영적 고난들에 대해 듣고 깊은 감동을 받았다. 그리스월드 목사는 청교도들의 글에 흠뻑 젖은 자였다. 그는 그러한 감동적인 강해 능력을 토마스 굿윈이 저술한 저서의 덕분이라고 알려주었다.

굿윈의 글은 그의 설교처럼 직관적이었다. 그는 자신이 느끼는 대로 글을 썼다. 그의 직관적 강해서로 많이 추천하는 책은『기도의 복귀』(*The Return of Prayers*)이다.

윌리엄 브리지(William Bridge, 1600-1670)

브리지는 케임브리지의 임마누엘 대학에 들어가서 교육을 받았다. 그는 학문 연구에 은사가 있어 대학에서 26세가 될 때까지 연구원으로 있었다. 그는 에섹스(Essex)에서 목회를 하다가 놀위치(Norwich)의 세인트 피터스(St. Peter's) 교회 담임으로 봉사하였다. 그런데 여기서 그는 국교에 순응하지 않는다는 이유로 렌(Wren) 감독에 의해 해직되고 출교당하였다. 하는 수 없이 그는 망명 길에 올랐다. 그가 피신한 곳은 노틀담이었는데 거기서 잉글랜드인들을 위한 국교회의 목사가 되었고 제레마이어 버로우즈와 교제하였다. 그는 잉글랜드 국교회에서 받은 목사 안수를 철회하고 사무엘 워드(Samuel Ward, 1577-1639)에게서 독립교회 양식으로 다시 안수를 받았다. 사무엘 워드는 잉글랜드의 서포크(Suffolk)에서 잘 알려진 청교도로 자신의 신앙 때문에 투옥당했던 자였다.

윌리엄 브리지는 1642년 잉글랜드로 귀국하였다. 그는 의회 앞에서 자주 설교하였고 웨스트민스터 총회의 회원으로 선택되었다. 그는 야머스(Yarmouth)의 한 교회에서 사역하던 중 1662년에 강제로 축출당하였다. 그의 글들은 1845년에 5권의 모음집으로 나왔는데, 1989년에 재판되었다. 다른 많은 청교도들처럼 그도 설교를 먼저 하고 나중에 메시지를 책으로 썼다. 그의 스타일은 매우 직관적이었고 실제적이었다. 그리고 그의 메시지는 대체로 부드러운 목회적 관심에 젖어 있었다. 이러한 특징은 그가 쓴 『좌절한 자를 위한 격려』(A Lifting up for the Downcast)라는 가장 유명한 한 편의 글에서 두드러지게 나타난다.

토마스 맨턴(Thomas Manton, 1620-1677)

토마스 맨턴은 아버지를 비롯해서 조부와 외조부가 모두 목회자들이었다. 그는 타고난 재능이 많아서 14세에 대학에 들어갈 준비가 되었다. 그러나 맨턴의 부모가 그를 옥스퍼드의 워드햄 대학(Wadham College)에 보내기 전에 1년 간 더 집에 있길 원하였다. 그는 기본 교육을 마친 뒤에 신학을 공부하고 엑스터(Exeter)의 감독이었던 유명한 조셉 홀(Joseph Hall)에게서 안수를 받았다. 그는 데본(Devon)에서 3년 동안 목회한 뒤에 런던의 스톡 뉴잉턴(Stoke Newington)에 있는 한 교회로 옮겼다. 7년 뒤 그는 1677년에 사망할 때까지 코벤트 가든(Covent Garden)에서 사역하던

토마스 맨턴
(Thomas Manton)

스펄전은 시편 119편-130편의 설교를 한 맨턴에 대해서 말하였다. "그의 전집에서 하나도 질이 낮은 설교가 없다. 그의 메시지는 언제나 은혜가 되고 그의 탁월성은 꾸준하다." 스펄전이 언급한 이 메시지들은 맨턴의 전집에서 6-9권에 해당한다. 그런데 이러한 평가는 맨턴의 전집 22권에 모두 해당된다. 그는 과연 모범적인 강해자였다!

연로한 오바다이어 세지윅 목사의 뒤를 이었다.

맨턴은 크리스토퍼 러브(Christopher Love, 1618-1651)라는 젊은 목사를 존경하였다. 이 목사는 왕정파와 음모를 꾸몄다는 죄목으로 1651년에 교수형을 당하였다. 맨턴은 교수대에서 이 젊은 목회자의 마지막을 돌보았다. 맨턴은 군인들의 사살 위협을 받으면서도 크리스토퍼 러브 목사의 장례식 설교를 할 만큼 담대하였다. 그는 1662년 이후로 박해를 받았고 투옥도 되었다.

맨턴이 코벤트 가든에서 사역하는 동안 고관들도 그의 설교를 들으려고 많이 참석하였고 때때로 의회에서 설교하기도 하였다. 그는 올리버 크롬웰의 군종 목회자의 한 사람이기도 하였다. 그에게는 하나의 에피소드가 있는데 훌륭한 하나님의 사람들도 실족할 때가 있음을 보여 준다. 맨턴은 시장 앞에서 설교한 적이 있었다. 그는 자신의 학식을 드러낼 수 있는 어려운 주제를 택하였다. 그래서 주님은 이 일로 한 사람의 입을 통하여 그를 꾸짖으셨다. 모임이 끝난 뒤에 어떤 사람이 그에게 나타나서 자기는 영혼의 양식을 위해서 집회에 왔는데 매우 실망했다고 불평하였다. 그러자 맨턴 박사는 진심으로 죄송하게 여기면서 말했다. "성도님, 제가 당신에게 메시지를 드리지 못하였다면 당신이 지금 저에게 주었습니다. 하나님의 은혜로 제가 다시는 시장 앞에서 오늘처럼 어리석은 짓을 하지 않겠습니다!"

맨턴은 가정 예배를 크게 중시하였다. 그는 아침과 저녁에 짧은 기도를 올리고 다음에 성경을 한 장 읽고 나서 자녀들에게 읽은 본문의 일부를 외우게 하였다. 그리고 나서 본문에 대한 간략한 설명을 한 뒤에 긴 기도로 마쳤다. 그는 주일에는 공적 예배나 가정 예배를 정성껏 드렸다. 그는 성찬식을 생동력 있고 사랑이 넘치는 방식으로 집전한 것으로 유명하다. 그는 월요일에는 휴식하면서 방문자들을 맞이하였다.

1871년에 맨턴의 전집 22권이 다시 출판되었다. 라일(J.C. Ryle) 감독은 추천 서문에서 맨턴을 비롯한 청교도들의 공헌을 극찬하였다. "청교도들은 하나의 집단으로 지금까지 살았던 잉글랜드인들의 어떤 계층보다도 국가의 품위를 더 고양시킨 사람들이다." 1백 년이 지난 1970년대에 맨턴의 저서들이 미국에서 1천 부의 한정판으로 출판되었다. 맨턴은 그의 야고보서 주석이 출판됐을 때 불과 30세였다. 그의 데살로니가후서 2장 1-12절, 야고보서, 유다서, 시편 119편의 주석들은 퍽 유익하다.

스티븐 챠녹(Stephen Charnock, 1628-1680)

그는 런던에서 태어나서 케임브리지의 임마누엘 대학에서 공부하였다. 챠녹은 대학 시절에 은혜에 의한 구원의 변화를 체험하였다. 그의 첫 목회지는 런던의 사우스워크(Southwark)였다.

얼마 지나지 않아 그는 24세의 나이에 옥스퍼드의 뉴 칼리지(New College) 교수가 되었다. 그 다음 더블린(Dublin)의 고관 가정에서 봉사하였다.

찰스 2세가 왕위를 확보함에 따라 챠녹의 앞길은 어둡기 그지없었다. 그는 15년 동안 런던에서 사역지 없이 살아야 했다. 그는 52

스티븐 챠녹 (Stephen Charnock)

그의 명성은 탁월한 저서들로 인한 것이다. 배너 오브 트루스 출판사는 3권의 설교집을 출판했는데 불신이 가장 큰 죄라는 것을 힘있게 증거하는 죄의 주제에 대한 226쪽의 메시지가 포함되어 있다. 이 책의 내용 중에서 신생에 대한 챠녹의 강해 시리즈는 많은 추천을 받고 있다. 그의 가장 유명한 글은 하나님의 속성을 강해한 장편의 시리즈다.

세로 사망하기 전에 잠시 회중교회를 섬겼다. 그의 개인 생활에 대해서는 거의 알려진 것이 없다. 그의 높은 명망은 탁월한 저술이 있었기 때문이다. 배너 오브 트루스(The Banner of Truth)는 중생에 대한 훌륭한 시리즈를 포함해서 그의 메시지를 3권으로 출판하였다. 챠녹의 가장 유명한 저서는 4권으로 된 『하나님의 존재와 속성』(*The Existence and Attributes of God*)이라는 시리즈 강해이다.

챠녹의 전집은 1815년과 1866년에 수집되어 출판되었고, 1997년에 5권으로 다시 세상에 나왔다. 다음은 편집자의 말이다. "경건은 그의 생애의 장식이었고, 유용성은 그의 사역의 특징이었으며, 그가 그처럼 자주 설교했던 복음은 그가 죽음을 맞이하는 시간에 위로였다."

토마스 왓슨(Thomas Watson, 1620-1686추정)

왓슨의 출생과 사망 시기는 확실치 않다. 우리는 그가 케임브리지의 임마누엘 대학에서 1639년에 학사 학위를 받고 1942년에 석사 학위를 받았다는 사실을 안다. 그는 성적이 좋은 학생으로 인정받았다. 그는 1646년에 런던의 월브룩(Walbrook)에 있는 세인트 스티븐스 교회의 담임이 되었다. 그는 앞에서 언급한 크리스토퍼 러브(Christopher Love)의 모의 사건에 연루되어 1651년 6개월 간 옥살이를 하다가 풀려 났다. 그는 1662년에 있었던 잔혹한 대축출(The Great Ejection)때 고난을 당한 목사들 가운데 한 사람이다.

그가 섬겼던 교회는 1666년의 런던 대화재 때에 타 버렸다. 대숙청 이후에 왓슨은 가능한 곳이라면 어디서든지 설교하였다. 그의 설교를 좋아하는 사람들은 생명의 말씀을 듣기 위해 헛간이나 부엌 혹은 뒷방이나 숲속으로 찾아왔다. 그와 스티븐 챠녹은 1675년에 집회를 위해 크로스비 홀의 사용 허가를 받았다. 1686년에 왓슨은 그의 아내인 아비게일과 함께 장인이 목회하는 에섹스의 반스톤(Barnston)으로 은퇴하였다. 지금도 옛 집회소 스타일로 지어진 장인의 교회가 아직 서 있는데 여기에 왓슨이 묻혀 있다. 그는 그 해 말에 기도하는 중에 소천하였다.

왓슨은 청교도 저자들 가운데서 가장 읽기 쉽게 책을 쓴 자로 인정된다. 그는 독창적이고, 간결하며, 깊이 있고, 심금을 울리며, 신선하며, 풍성하고, 예시적인 스타일로 글을 썼다. 성품은 마음에서 나온다. 왓슨의 글에서 우리는 최선의 성품을 가진 목회자의 모습을 읽을 수 있다.

**토마스 왓슨
(Thomas Watson)**

청교도들 중에서 가장 읽기 쉬운 책들을 썼다. 청교도 저자들에 익숙하지 않은 사람들은 왓슨의 『신령한 한 몸』(A Body of Divinity)으로 시작하는 것이 좋다. 이것은 삶을 완전히 바뀌게 하는 책이다. 왓슨은 이 책에서 선명하고 예시적인 스타일로 크리스천의 믿음을 교리적이고 체험적인 진리로 설명한다. 소교리 문답에 대한 왓슨의 강해는 원래 한 권이었으나 배너 오브 트루스사에서 『십계명』과 『주기도문』으로 각각 출판하였다.

왓슨의 가장 인기 있는 책은 『신령한 한 몸』(A Body of Divinity), 『주기도문』(The Lord's Prayer), 『십계명』(The Ten Commandments)이다. 이 책들은 웨스트민스터 소교리 문답에 기반한 것이다. 또 다른 애독서들은 『모든 것이 합력하여 선이 된다』(All Things for Good 혹은 A Divine Cordial이라고 부름)와 『회개의 교리』(The Doctrine of Repentance) 등이다.

존 오언 (John Owen, 1616-1683)

존 오언은 '청교도의 왕자'라고 불린다. 맞는 말이다. 그의 전집(Works)은 건전한 가르침을 추구하는 자들이라면 제일 먼저 택해야 할 책들이다. 현재 그의 글들은 25권으로 나와 있다. 그의 전집은 영어로 된 신학서의 최대 보고(寶庫)이다. 오언은 '청교도들의 다윗 왕'이라고도 불린다. 이것은 우리가 그의 가르침을 전반적으로 신뢰할 수 있다는 뜻으로 생각할 수 있다. 그는 당시의 도전과 압력에 대응하기 위해서 책을 썼다. 그러나 그의 모든 글에는 힘과 일관된 사상이 있고 항상 성경의 권위에 충실하다. 오언의 가르침의 균형과 예리한 통찰에 있어 맞설 자가 없다는 것은 여러 실례로 증명될 수 있다. 예로써 『성령의 인격과 사역』(The Person and Work of the Holy Spirit-Works, vol. 3), 『그리스도의 영광』(The Glory of Christ, vol. 1), 『죄의 억제』(The Mortification of Sin, vol. 6) 등이다. 그의 『양심의 자유』(Liberty of Conscience, vol. 13)는 당시처럼 오늘날에도 적실성이 있는 저서이다.

오언은 웨일즈의 좋은 가문에서 태어났다. 그는 너무도 머리가 좋아서 12세에 옥스퍼드 대학에 입학하여 10년 간 공부하였다. 그는 투창 경기를 즐겼으며 롱 점프 선수였다. 또 그는 플루트도 불었다. 그는 학자의 기질이 있어 밤에 4시간의 수면만 취하는 때가 종종 있었다. 그러나 이런 식의 일과는 올림픽 챔피언을 만들지는 않는다!

오언은 친구들과 함께 런던을 방문하는 동안 유명한 에드먼드 캘러미(Edmund Calamy) 목사의 설교를 들으러 갔다. 그런데 캘러미 목사가 오지 않고 한 시골 목사가 대신하여 실망하였다. 그러나 성령께서 이 방문 목사를 사용하여 오언이 구원의 확신을 갖도록 역사하셨다.

오언의 첫 목회지는 에섹스의 포드햄(Fordham)이라는 마을이었다. 그때 그는 메리 루크(Mary Rooke)라는 여자와 결혼했다. 그러나 이들의 가정 생활의 슬픔은 현대 의학의 혜택을 입고 사는 우리로서는 도저히 헤아릴 수 없는 비극이었다. 그들은 11명의 자녀를 두었는데 딸아이 하나만 성인이 될 때까지 살았고 나머지는 모두 일찍 죽었다. 그나마 살아남은 딸의 결혼도 깨어져서 친정에 돌아와서 산 지 얼마 안 되어 결핵으로 사망했다.

오언은 1646년 주일에 출석 교인이 2천 명인 런던의 한 교회에 초빙되었다. 1648년 6월에 페어팩스(Fairfax) 장군은 콜체스터(Colchester)를 포위하였다. 그때 오언은 군인들을 위한 설교 초청을 받았다. 그는 많은 장교들과 친분을 맺었는데 그중에는 올리버 크롬웰의 사위인 헨리 아이어턴(Henry Ireton)도 있었다. 오언의 은사는 곧 소문이 퍼져 의회에 초청을 받았고 의회에서 가장 선호하는 설교자가 되었다. 그는 올리버 크롬웰의 군종으로도 임명되었다.

1652년 그는 옥스퍼드 대학교의 부총장이 되었다. 이 직책은 각종 행정을 책임지는 자리였다. 그는 6년 간의 재직 기간에 신학, 설교, 교리 문답, 기도를 중심으로 삼았다. 옥스퍼드의 질서는 약한 편이었다. 오언은 관대하면서도 확고했기 때문에 효과적인 행정을 할 수 있었다. 하나의 에피소드가 있다. 토론 때 한 학생이 상스런 말을 하였다. 그는 경고를 받았다. 그래도 말을 듣지 않자 오언 자신이 그 학생을 힘으로 강의실에서 밖으로 내쫓았다고 한다!

1658년 오언은 회중교회의 목회자 모임에 나갔다. 이 모임은 런던의 사보이 팰리스(Savoy Palace)에서 열렸다. 그는 웨스트민스

존 오언
(John Owen)

오언은 잉글랜드 역사에서 정치적으로나 종교적으로 결정적인 시기에 매우 활동적인 삶을 살았다. 그는 당시의 문제들에 답하기 위해서 논문을 쓰고 또 썼다. 이러한 과정으로 인해서 그는 영어로 된 가장 신뢰할 수 있는 최고의 신학 자료들을 후손에게 남겼다. 이 초상화는 브리스톨 침례교 대학(Bristol Baptist College)의 허락을 받아 실었다.

터 신앙고백에 기초한 고백서를 준비하기 위해서 토마스 굿윈, 필립 나이, 윌리엄 브리지, 윌리엄 그린힐, 조셉 카릴과 함께 대표로 임명되었다(이들은 모두 웨스트민스터 총회의 회원들이었다). 이것이 나중에 알려진 사보이 선언(The Savoy Declaration)이다.

오언은 1676년 훌륭한 그의 아내를 잃었다. 18개월 뒤에 그는 부유한 여자와 재혼하였다. 그런데 이때쯤 해서 그의 건강이 악화되었다. 그러나 그는 좋은 마차를 타고 여행을 다니는 편의를 돈 많은 아내 덕분에 제공받았다.

오언의 글은 그가 분석적이고 조형적이며 통이 큰 두뇌를 가졌음을 보여 준다. 그의 글은 모두 그가 심오하게 이해한 은혜의 교리를 바탕으로 삼고 있다. 그러나 오언의 문장 스타일은 현대인들에게는 쉽지 않다. 다행히도 로(R. J. K. Law)의 수고에 의해서 오언의 대표작들에 속하는 『성령론』(*The Holy Spirit*), 『하나님과의 교제』(*Communion with God*), 『복음으로부터의 배도와 그리스도의 영광』(*Apostasy from the Gospel and The Glory of Christ*)이 요약되거나 현대어로 고쳐져서 나왔다.

리처드 백스터 (Richard Baxter, 1615-1691)

백스터는 케임브리지나 옥스퍼드와 같은 명문 대학에서 교육받은 대부분의 청교도 지도자들이 누린 특권이 없었다. 그는 자기 혼자의 힘으로 교육의 길을 찾아야 했다. 그는 자기 단련의 힘으로 배움을 터득하여 최고의 청교도 저자들과 어깨를 겨룰 수 있는 수준에 이르렀다.

그는 잉글랜드 국교회에서 안수를 받고 키더민스터(Kidderminster)의 목사로 부름을 받았다. 이곳은 그가 도착했을 때에는 영적 황무지였다. 백스터는 뜨거운 열정으로 심방과 전도 사역을 시작하였다. 이것은 키더민스터에 놀라운 변화를 일으키고 회중의 규모를 크게 확대시켰다. 청교도들은 '부흥'(revival)이라는 말을 쓰지 않았다. 이와 같은 하나님의 성령 사역은 '성령의 방문'(A visitation of the Spirit)이라고 부르는 편이 더 나을지 모른다. 이곳에서 일어난 일에는 그 뒤로 신자들을 자극하고 상상과 열정을 불붙이게 하는 무엇이 있었다.

1662년에 백스터는 결혼했다. 그의 아내 마가렛은 뛰어난 영적,

천부적 재능을 가진 자였다. 백스터는 자기 아내가 죽은 뒤에 그녀의 전기를 썼다. 패커 박사(Dr Packer)는 이 전기를 읽으면 청교도들이 냉엄하고 비인간적이었다는 오해를 씻게 해 준다면서 추천하였다. 백스터는 다른 사람들보다 더 심한 박해를 받았고 대축출(The Great Ejection) 이후에 투옥되었다.

시민전쟁 동안 백스터는 크롬웰 군대의 군종이었다. 그는 1662년의 대숙청 이후로 비국교도들의 지도적인 대변인이었다. 그는 가급적 여러 줄기의 입장들을 하나로 모으려는 포용적인 접근을 하였다. 그러나 백스터는 이처럼 다변적인 영역의 한 지도자로서는 그가 목회 영역에서 성공적이었던 것만큼 비례적으로 실패하였다. 그는 1685년에 대법관인 제프리 앞에서 잉글랜드 국교회를 비판했다는 죄목으로 기소되었다. 제프리 대법관은 일체의 청교도주의를 증오하였다. 그는 백스터를 향해 분노를 터뜨렸다. 그는 백스터를 "세상을 키더민스터의 교리로 타락시키는 악한이며…잘난 체하고 완고한 광신적인 개!"라고 불렀다. 제프리는 백스터를 목매달아 죽이고 싶다고 말하였다! 만약 공정한 정신을 가진 윗사람들의 영향력이 없었더라면 백스터는 적어도 거리에 끌려다니면서 매질당하는 벌을 받았을 것이다.

백스터는 설교 사역의 침묵을 강요당한 기간 동안 집필에 열중하였다. 그의 『크리스천 핸드북』(Christian Directory)은 실제적인 관점에서 크리스천 생활의 모든 분야를 다루었기 때문에 독특한 책이다. 이 책은 '어떻게…'에 대한 청교도 문서의 대작이다. 크리스천은 어떻게 하나님과 자신과 가족과 교회와 직업과 국가와의 관계를 가져야 하는가? 이런 문제들을 가득히 다루었는데 표준 치수로 잡으면 무려 2천 쪽이나 된다. 이 책은 오늘날에도 실제적인 도움을 준다. 우리도 결혼이나 가족과 같은 실제적이고 기본적인 주제를 다루어야 하기 때문이다. 물론 오늘날의 사회적 문제들은 시대적으로 다르다고 해도 성경의 원칙은 마찬가지이다. 단지 적용은 현대적이어야 할 것이다.

리처드 백스터의 전도서인 『회심하지 못한 자들에게 주는 부름』(A Call to the Unconverted)은 베스트셀러였다. 이 책은 아직도 유용하다. 에스겔서 33장 11절에 대한 그의 강해는 통찰이 비교할 수 없이 깊고 마음을 사로잡으며 전형적으로 청교도적이다. 또 다른 수위권을 누린 책은 『개혁된 목회자』(The Reformed Pastor)이다. 『성도의 영원한 안식』(The Saints' Everlasting Rest)도 유명한 베스트셀러였다. 백스터가 기독교 저자로 명망이 높았던 까닭은

리처드 백스터
(Richard Baxter)

그는 정열적인 목사며 전도사며 다작가였다. 그의 사역은 키더민스터 마을을 변화시켰다. 그는 존 번연처럼 독학하였다. 그는 대학 교육의 혜택을 받지 못하였다. 그의 베스트셀러 중에서 『회심하지 못한 자들에게 주는 부름』(A Call to the Unconverted)은 『삶으로의 초대』(An Invitation to Live)라는 제목으로 현재 나와 있다.

2부 청교도들의 삶

신학적 주제들에 대한 그의 글들이라기보다는 헌신적이고 목회적인 강해서들로 인한 것이었다.

백스터의 신학은 개인적이고 별스럽고 다른 사람들의 말을 받아들이지 않으려는 경향이 있었다. 그의 신학적 오류는 쉽게 식별되지 않는다. 위에서 언급한 책들을 읽을 때도 조심해야 한다. 좋은 것들을 배우지만 오류를 피해야 한다. 특히 청교도 전문가인 패커(Packer)는 백스터 전문가이기도 한데 그에 대해서 이렇게 논평하였다. "백스터는 큰 인물이며 성자 같은 사람이다. 목사로서, 전도자로서, 그리고 헌신용 책자의 저자로서 그를 아무리 높여도 부족하다. 그러나 신학자로서는 비록 기발할지라도 일종의 재앙이다. 그는 이것저것을 마구 섞어 놓았다." 이런 식의 신학 때문에 다음 세대는 교리적 혼란을 초래하였다. 이에 대한 자세한 설명은 우리가 여기서 다룰 형편이 못 된다. 다만 백스터의 경우에서 우리는 신학은 매우 조심스럽게 형성해야 한다는 사실을 상기할 필요가 있다. 바로 이 때문에 존 오언의 가치가 더욱 드러난다.

백스터는 국내 전도에만 열심이 있었던 것이 아니었다. 그는 해외 선교 사역에도 동일한 열정적 관심이 있었다. 그는 복음 전파 선교회(The Society for the Propagation of the Gospel)를 설립하는 데 주역을 맡았다. '아메리카 인디언들의 사도'로 불린 유명한 존 엘리옷(John Eliot)은 백스터의 적극적인 지원을 받았다. 백스터는 죽음의 병상에서 『엘리옷의 생애』(Life of Eliot)를 읽고서 인크리즈 메이더(Increase Mather)라는 저자에게 편지를 보냈다. "나는 12시에 거의 죽음에 이르렀다고 생각했답니다. 그러나 당신의 책이 나를 회생시켰지요. 나는 엘리옷 선교사의 의견들을 잘 알고 있는데 그로부터 받은 편지가 많기 때문이랍니다. 이 세상에서 내가 엘리옷 선교사보다 더 존경하는 사람은 없습니다. 그의 전도 사역은 곧 내가 갈망하는 사도적 전통입니다."

존 번연(John Bunyan, 1628-1688)

영적 체험과 교리와 설교 스타일과 삶에서 존 번연은 청교도들의 가장 완벽한 모범이다. 그는 베드포드(Bedford) 근처의 엘스토(Elstow)에서 태어났다. 그의 부모는 아주 가난했지만 존경받았다. 번연은 받은 교육이 짧았다. 그는 16세에 모친을 잃었고 그로부터 1개월 뒤에는 여동생을 잃었다. 그리고 나서 1개월 만에 부친은 재혼하였다. 번연은 사납고 고집이 세었다. 우리는 번연의 군대 생활에 대해서 아는 것이 거의 없지만 그는 16세에 의회파의 군대에 입대하여 2-3년 간 복무하였다.

존 번연은 자신의 회심을 『죄인의 괴수에게 내린 넘치는 은혜』(*Grace Abounding to the Chief of Sinners*)라는 저술에서 간증하였다. 그의 고백에 의하면 그는 주일의 중요성에 대한 설교를 듣고 마음에 부담을 느끼며 집으로 돌아갔다. 그러나 그는 조금 뒤에 '고양이' 게임을 위해 발걸음도 가볍게 선뜻 뛰쳐 나갔다. 그런데 그가 이 게임을 하려고 막대기를 치려고 하는 순간 하늘에서 이런 소리가 들리는 듯하였다. "네 죄를 떠나고 천국으로 가려는가, 아니면 네 죄를 가지고 지옥으로 가려는가?" 그는 주 예수님이 자기를 내려다보시는 것을 보았다고 말하면서 당장 게임을 그만두었다. 그럼에도 그는 안식일에 놀이를 하는 습관을 버리지 못하고 회심하지 못한 상태로 살았다.

나중에 그는 어떤 여자들이 거듭남에 대해서 말하는 것을 어깨 너머로 듣고 다시 한번 죄의 확신을 가졌다. 이 여자들이 그를 베드포드(Bedford)의 훌륭한 목사인 존 기포드(John Gifford)에게 소개하였다. 기포드 목사는 번연을 회개시키고 믿음을 갖게 하는 도구로 쓰임을 받았다.

번연의 글은 힘이 있으며 그의 영어 문장은 모든 독자들에게 기쁨을 준다. 『넘치는 은혜』(*Grace Abounding*)에는 '예비적 은혜'

존 번연
(John Bunyan)

그는 자기 시대에서 가장 상상력이 풍부하고 달변이며 박력과 설득력이 강한 설교자였다. 그의 설교에는 성령의 기름 부음이 두드러진 특징이었는데 그의 모든 저술에서도 확인될 수 있다. 그중에서 가장 유명한 『천로역정』(*The Pilgrim's Progress*)은 성경 다음으로 가장 많이 번역되었다. 배너 오브 트루스(Banner of Truth)사에서는 번연 전집을 3권으로 출판하였다. 번연은 12년 간 습기 찬 감옥에서 침묵을 강요당하였다. 그는 주 예수 그리스도에 대한 그의 증언과 사랑에서 타협을 하지 않았다.

(Prevenient grace)에 관한 모든 용어들이 나온다. 예를 들면 지식, 조명(번연은 선택과 예정 혹은 다른 기독교 교리를 놓고 논란을 한 적이 없었음), 삶의 개혁, 죄의 확신 등이다.

1653년에 번연은 교회에 등록하였고 1년 뒤에 자기 아내와 모두 6세 미만인 4명의 자녀들을 데리고 베드포드로 이사했다. 1655년에 번연은 집사가 되었고 설교하기 시작했다. 이 즈음에 그의 아내가 죽었다. 1660년 그는 설교를 한다는 이유로 투옥되었다. 그런데 이 사건이 있기 얼마 전에 어떤 경건한 여자가 그와 결혼하기로 약속했다. 그의 둘째 아내는 번연의 아이들을 잘 돌보았지만 그래도 그가 집에서 도울 일이 많았다. 그럼에도 그는 자기 양심과 타협하고 잉글랜드 국교회에 나가거나 혹은 설교하는 일을 단념하기보다는 투옥을 택하였다. 12년 간의 옥살이가 계속되었다. 그는 32세에 체포되어 44세가 될 때까지 감옥 생활을 하였다. 그는 앞을 보지 못하는 시각장애인 딸을 특별히 사랑하였다. 이 딸은 면회를 와서 아빠와 함께 구두 끈 끝을 마무리짓는 일을 하면서 가족의 생계를 도왔다.

번연은 감옥에서 훌륭한 책들을 많이 썼다. 그가 소유한 서적은 성경책과 성구 색인 사전, 폭스(Foxe)의 『순교자들의 책』(*Book of Martyrs*)이었다. 그는 1674년에 복음을 설교한다는 이유로 다시 체포되었다. 당시에 그는 성경 다음 가는 모든 시대의 베스트셀러인 그의 걸작품, 『천로역정』(*The Pilgrim's Progress*)을 집필 중이었다. 천로역정은 대개 성경 다음으로 가장 많이 번역되는 책이다. 번연은 일단 감금되었으나 존 오언(John Owen)의 영향과 도움으로 또 한 번의 장기 투옥을 면하고 석방되었다.

데드햄(Dedham)의 존 로저스(John Rogers)처럼 존 번연이 설교할 때는 아주 특별한 성령의 기름 부음이 있었다. 번연은 자기 시대에서 가장 상상력이 풍부하고 달변이며 박력과 설득력이 강한 설교자였다. 그의 풍유 사용은 독특하다. 존 오언은 자신이 만약 존 번연처럼 설교할 수 있다면 자신의 모든 지식과 바꾸겠다고 말하였다. 번연이 런던에서 설교를 하면 수백 명이 아니고 수천 명이 모여들었다.

마음을 사로잡는 번연의 설교 능력은 『베드맨 씨의 생애와 죽음』(The Life and Death of Mr Badman), 『예루살렘 죄인의 구원』(The Jerusalem Sinner Saved), 『예수 그리스도께로 와서 그를 영접하라』(Come and Welcome to Jesus Christ)와 같은 그의 설교에 잘 예시되어 있다. 『예수 그리스도께로 와서 그를 영접하라』는 설교는 요한복음 6장 37절에 근거한 것이다. 이 메시지는 구원을 받기 위해 그리스도께로 오는 자는 주님이 결코 내쫓지 않는다는 사실을 아버지의 선택 교리와 함께 묶어서 다루었다. 그의 신학은 탄탄하였고 그의 저서들은 당시의 그 어떤 유명 인사들에 못지않게 인기 있었다. 번연은 『예루살렘 죄인의 구원』에서 예루살렘 죄인들이 제시하는 각종 반대들을 물리치고 그리스도를 믿으라고 시종 이렇게 설득한다.

"당신들 한 사람 한 사람 모두 회개하고 침례를 받으십시오. 한 사람도 빠져서는 안 됩니다!"

반대자: "그러나 나는 '그를 십자가에 못 박으시오! 그를 십자가에 못

박으시오!' 라고 외쳤던 사람 중의 한 사람입니다. 나는 그보다 살인자 바나바가 살기를 원했습니다. 나는 어떻게 됩니까?"

베드로: "나는 당신들 한 사람 한 사람에게 모두 죄의 회개와 용서를 설교합니다!'"

나는 공교롭게도 마치 존 번연처럼 생긴 포드라는 깊은 목소리를 가진 사람이 설교하는 것을 들은 적이 있다. 그는 번연을 연구하고 번연 설교의 일부분을 암기하였다. 런던의 복음 도서관(The Evangelical Library) 집회에서 그는 번연의 설교를 재현하였다. 그는 『과실을 맺지 않는 무화과나무』(The Barren Fig Tree)를 포함시켰다. 여기에서 번연은 열매 없는 교수의 운명과 멸망을, 과실을 맺지 않는 무화과나무의 잘려짐에 비추어 서술하였다. 나는 내 일생에서 그처럼 엄숙한 설교를 들어 본 적이 없었다.

존 플레이블 (John Flavel, 1627-1691)

플레이블은 경건한 부모 밑에서 태어났다. 그의 양친은 믿음 때문에 런던 감옥에서 전염병으로 생명을 잃었다. 존은 1665년 옥스퍼드에서 교육을 받고 데트포드(Deptford)에서 부목으로 봉사했다. 그는 1662년에 일치령(Act of Uniformity)에 따라 생업을 박탈당하였고 그 뒤 많은 박해를 받다가 다트머스(Dartmouth)에서 비국교도로서 사역하였다. 그의 기도에는 놀라운 성령의 기름 부음이 있었다. 한때 그는 다트머스에서 해전에 참전하는 해군들을

존 플레이블(John Flavel)

배너 오브 트루스(Banner of Truth) 사에서 나온 6권의 고급 장정본은 플레이블을 기념하는 가장 훌륭한 유산이다. 그의 요한계시록 3장 20절 ("볼지어다 내가 문 밖에 서서 두드리노니")에 대한 강해 시리즈는 그의 따뜻한 복음주의 스타일로 강설된 대가의 작품이다. 그의 『섭리의 신비』(The Mystery of Providence)는 여러 해 동안 독자들을 도전하고 교화하며 위로했는데 지금도 동일한 영향을 주고 있다.

위한 공중 기도를 간절한 탄원으로 드린 적이 있었다. 주님은 그의 기도에 응답하셨다. 해전에 나갔던 군인들 중에 한 사람의 사상자도 없었다. 그의 사역으로 많은 사람들이 회심했는데 그중에는 매우 예외적인 경우들도 있었다.

플레이블은 그의 글 때문에 지금 우리에게 알려졌다. 그의 저서들은 1820년에 6권으로 나왔고 1968년에 재판되었다. 그의 저서들은 모두 다른 청교도 저자들의 경우처럼 설교를 책으로 낸 것이다. 그의 저서들의 수준은 매우 높다. 그의 역작은 요한계시록 3장 20절의 강해이다.

"볼지어다 내가 문 밖에 서서 두드리노니 누구든지 내 음성을 듣고 문을 열면 내가 그에게로 들어가 그와 더불어 먹고 그는 나와 더불어 먹으리라." 또한 잠언 4장 23절 "모든 지킬 만한 것 중에 더욱 네 마음을 지키라 생명의 근원이 이에서 남이니라"에 대한 11편의 걸출한 강해는 모두 260쪽이다. 플레이블의 저서 중에서 가장 잘 알려진 책은 『섭리의 신비』(The Mystery of Providence)이다. 또한 그의 다른 대표작은 그리스도의 생애와 교훈에 대한 강해인 『생명의 샘』(The Fountain of Life)이다.

핸서드 놀리즈 (Hanserd Knollys, 1599-1691)

존 번연처럼 핸서드 놀리즈도 청교도로서 침례교인이었다. 오늘날의 침례교인들은 놀리즈를 통해서 자신들의 역사적 연관성을 청교도들의 풍성한 증언의 유산과 그들이 남긴 방대한 기독교 문서에까지 소급시킬 수 있다.

놀리즈는 93세로 장수하였다. 그의 생애는 17세기를 점철한다. 그는 1646년의 1차 런던 침례교 신앙고백(The First London Baptist Confession of Faith)에 서명한 7명 중 한 사람이다. 그의 이름은 1689년의 2차 런던 침례교 신앙고백(The Second London Baptist Confession of Faith)의 발간 동의서에 서명한 37명의 목록에서 제일 먼저 나타난다. 놀리즈는 연로했어도 윌리엄 3세의 등극과 1689년의 신교 자유령(Toleration Act)의 통과 때에 칼뱅주의 침례교 전국 총회(National Assembly of Calvinistic Baptists)를 조직한 주역이었다. 1689년의 신앙고백서는 사실상 1677년에 작성되었으나 박해 때문에 당시에는 출판할 수 없었다. 이 신앙고백서는 웨스트민스터 신앙고백을 그대로 따랐는데, 신자에게만 주는 침례와 교회의 본질 및 교회 정치에 관한 4장만 다르다.

핸서드 놀리즈는 침례교 청교도들 가운데서 대학 교육을 받은 소수에 속한다. 그는 케임브리지의 세인트 캐서린 대학(St. Catherine's College)에서 공부하였다. 그는 이렇게 간증하였다. "나는 매일 기도하였다. 나는 내가 할 수 있는 한 경건한 목사들의 설교를 빠짐없이 다 듣고, 양서들을 읽었으며, 청교도들이라고 불리는 은혜로운 크리스천들과 교제하였다." 놀리즈는 안수를 받고 린컨셔(Lincolnshire)에서 교구 목사가 되었다. 그러나 그는 청교도 사상 때문에 1631년에 사임하였다. 그는 국교회가 요구하는 의식들을 양심상 따를 수 없었고 '사악한 인간들을 주의 성찬에 참여시키는 것'에 동의할 수 없었다.

벤자민 브룩(Benjamin Brook)은 그의 『청교도들의 생애』(The

핸서드 놀리즈
(Hanserd Knollys)

그는 건강한 몸과 넘치는 힘으로 매우 활동적인 삶을 사는 축복을 받았다. 그의 이름이 2차 런던 침례교 신앙고백서(The Second London Baptist Confession of Faith, 현대 영어로는 *A Faith to Confess*라는 제목으로 출판되었음)의 출판 동의서에 서명한 37명 중에서 제일 먼저 나온다.

Lives of the Puritans)라는 3권으로 된 책에서 11쪽을 놀리즈에게 할애하였다. 브룩은 말한다. "1636년경에 놀리즈는 교회를 완전히 떠났다. 그는 감독 교회의 안수를 포기하고 청교도들과 합쳤다. 이것 때문에 그는 온갖 어려움을 겪어야 했다. 그는 린컨셔에서 쫓겨났다가 결국에는 국교회 반대자라는 이유로 나라를 떠나야 했다." 그가 아메리카에 도착했을 때에는 빈손이었다. 그러나 아내에게 그가 모르는 5파운드의 돈이 있었다. 그는 1641년에 잉글랜드로 돌아왔으나 역시 무일푼이었다. 그럼에도 그는 학교를 열었는데 1년 뒤에는 156명의 학생이 등록하였다. 이 즈음에 그는 칼뱅주의 침례교인들(Calvinistic Baptists)과 관계를 맺게 되었다.

놀리즈는 두려움이 없는 설교자였다. 그는 서포크(Suffolk)에서 순회 설교를 하던 중 돌팔매질을 당하였다. 그는 1640년대에는 광신적인 씨커(Seeker)들의 주장에 맞서기 위해 종교개혁의 입장〔존 칼뱅과 마틴 부서(Martin Bucer)〕을 변호하는 지도적인 변증가였다. 씨커(Seeker)들의 주장은 극단적인 현대 은혜주의자들(Charismatics)의 경우와 유사하였다. 그들은 교회에 표적, 기사, 이적, 기적, 죽은 자의 회생, 예언 등이 없는 것은 배도 때문에 하나님이 거두셨기 때문이라고 주장했다. 놀리즈는 사도 시대와 사도적인 은사들은(히 2:4, 고후 12:12) 독특한 것이었다는 정통주의 입장을 『시온에서 타오르는 빛나는 불꽃』(The Shining of a Flaming Fire in Zion)이라는 자신의 저서에서 잘 변호하였다.

놀리즈는 야고보서 5장 14절이 우리의 특별한 필요를 위한 가이드라고 보았다. 그는 비상한 믿음과 비범한 기도의 은사를 가진 사람이었다. 그의 많은 탄원의 기도는 놀라운 응답을 받았는데 특히 런던의 대역병 때에 큰 능력이 나타났다. 놀리즈의 만년에 벤자민 키치(Benjamin Keach)라는 유명한 지도자가 병들어 죽게 되었다. 놀리즈는 그를 심방하고서 주님께 히스기야 왕을 살려주신 것처럼 해 달라고 탄원했다. 키치는 회복되었고 15년을 더 살았다.

1660년의 혼란기에 놀리즈는 뉴게이트 감옥에 18주 동안 감금되었다. 나중에 그가 네덜란드에 있는 동안 그의 재산이 몰수당했다. 그러나 그는 재정을 만회하기 위해서 다시 학교를 열었다. 그는 1670년에 재수감되었다. 그는 근력이 넘치는 자였다. 그는 감옥에 있으면서도 날마다 설교하였다. 감옥에 있지 않을 때는 주일에 3-4회의 설교를 하였고 주중에 여러 번 말씀을 전하였다. 그는 성격이 밝았고 용감하여 핍박과 고난을 잘 견뎠다. 그는 거의 사망 직전까지 자기 양떼를 돌보는 일과 보다 넓은 영역에서의 복음 사역을 위해 적극적인 활동을 하였다.

헨리 제시(Henry Jessey, 1601-1663)

다니엘 닐(Daniel Neal)은 자신의 『청교도사』(History of the Puritans)에서 헨리 제시를 '청교도들 가운데 저명한 사역자'라고 평하였다.

헨리 제시는 부친이 목사로 있던 요크셔(Yorkshire)의 클리블런드(Cleveland) 근방에서 1601년에 태어났다. 그는 17세에 케임브리지의 세인트 존스 대학(St. John's College)에 들어갔다. 1623년에 부친이 작고하면서 그는 하루에 단 3펜스로 살아야 했다. 그는 대학 재학 때부터 성경 원어에 매우 능통하였는데 나중에 친구들과 함께 성경 전체를 번역하려고 시도하였다. 그러나 이 사업은 거의 번역이 완성되었음에도 출판에 이르지는 못하였다. 제시는 신구약 원어가 그에게는 모국어만큼 익숙했다고 한다.

그는 케임브리지 대학을 졸업한 뒤 한 귀족 가문의 가정 목사로 들어갔다. 그는 1627년에 목사 안수를 받았으며 1633년 요크셔의 오턴(Aughton)에서 생활 거처를 제공받았다. 그러나 곧 그에게 시련이 닥쳤다. 그는 청교도 확신 때문에 교회당에 설치된 십자가를 없애고 공인된 예배 순서를 따르지 않았다. 그 결과 그는 해직됐다. 그러나 요크셔의 매튜 보인턴(Matthew Bointon) 경의 호의로 숙식 제공을 받으면서 두 개의 교구를 순방하며 자주 설교할 수 있었다.

제시는 1635년에 헨리 제이콥(Henry Jacob)이 1616년에 세운 교회의 목회자로 초빙되었다. 그는 이곳에서 세상을 떠날 때까지 봉직하였다. 그런데 그의 교회의 한 성도가 유아 세례가 아닌 신자 세례(believers' baptism)를 받아들였다. 이것이 계기가 되어 제시는 신자 세례에 대한 연구를 하게 되었다. 닐(Neal)은 이렇게 증언한다. "제시는 깊은 연구와 많은 기도를 하면서 학식 있고 경건한 교우들과 자주 숙의한 뒤에 자신의 입장을 바꾸었다. 처음에는 세례 방식에 대해서였고, 다음은 세례의 주제들에 관해서였다. 그러나 그는 자기와 다른 입장을 취하는 교인들과의 교제에 변함이 없었다. 그들과 함께 성찬도 나누었고 여전히 따뜻한 교우 관계를 유지하였다. 그는 잉글랜드의 북서쪽에 있는 교회들을 방문했을 때

교회들 사이의 사랑과 연합을 촉진시키려고 힘썼다. 그리고 런던에서는 각 교단에서 온 뛰어난 지도자들과의 정기 모임을 주선하는데 주역을 맡았다."

그는 1645년 6월에 핸서드 놀리즈(Hanserd Knollys)에게 침례를 받았다. 그는 자신이 담임을 맡은 본 교회 외에도 런던의 사우스워크(Southwark)에 있는 세인트 조지 교회(St. George's Church)에서 정규 예배를 인도하였고 주중에는 다른 여러 곳에서 봉사하였다. 그는 다른 사람들을 섬기는 일에 전념키 위해서 독신 생활을 택하였다. 아마 그가 학창 시절에 매우 가난했었기에 가난한 자들에 대한 특별한 동정심이 있었을 듯하다. 무려 30세대의 가정이 그의 보조를 받았다고 한다. 그가 예루살렘의 유태인 극빈자들을 위해서 모금한 헌금은 3백 파운드였다. 당시로서는 거금이었다. 그는 이 자선금과 함께 전도 편지도 써서 함께 보냈다. 그는 나중에 예수가 참 메시아라는 사실을 증명하려는 글을 히브리어로 작성하

헨리 제시(Henry Jessey)

그는 신구약 원어가 모국어만큼 익숙했다고 한다. 그는 유태인들에게 깊은 관심이 있어 예루살렘에 사는 극빈자들을 돕기 위해 거액의 자선 헌금을 거두었다.

여 각처에 사는 유태인들에게 배포하였다.

그는 왕권 복귀와 함께 세인트 조지 교회에서 쫓겨났다. 그는 일체의 사역 활동을 금지당하였고 결국 투옥되었으나 6개월 뒤에 평안과 기쁨에 차서 하나님의 부르심을 받았다. 닐(Neal)에 의하면 제시의 장례식에는 여러 가지 다른 배경을 가진 수천 명의 조객이 참석했다고 한다.

존 하우 (John Howe, 1630-1705)

존 하우는 케임브리지와 옥스퍼드 대학을 나왔다. 그는 26세에 올리버 크롬웰(Oliver Cromwell)의 가정 목사였다. 그는 1662년에 데본(Devon)의 토링톤(Torrington)에서 쫓겨났다. 그 뒤 그는 비국교도의 가장 중요한 지도자의 한 사람이 되었다.

그는 1671년 아일랜드의 앤트림(Antrim)에서 초빙을 받을 때까지 여러 해 동안 늘어나는 가족을 부양하느라 고생하였다. 그가 받은 초빙은 마사린(Massarene) 경의 가정 목사가 되는 것이었다. 그의 한 친구에 의하면 하우의 설교에 필적할 자가 없었다고 한다. 한 예로 하우가 아일랜드로 가던 여행 중에 날씨가 나빠 배가 운항을 못하게 되었다. 승객들이 대기하던 소도시에서 하우에게 설교를 부탁하였다. 많은 사람들이 참석하였고 설교에 은혜가 넘쳐 다음주에도 또 한 번의 집회를 열었다. 하우는 몸이 불편했지만 주님께 도움을 청하고 다시 설교하여 큰 은혜를 체험하였다. 하우 자신도 청중이 그처럼 큰 감동을 받고 말씀을 벅찬 기쁨으로 받는 것을 과거 그 어느 때에도 목격한 적이 없었다고 술회하였다. 그는 앤트림의 교구 교회에서 비국교도의 원칙을 타협하지 않으면서도 주일 설교를 할 수 있는 허락을 받았다.

1675년에 그는 런던의 한 교회로부터 청빙을 받았다. 그의 설교는 많은 사람들의 관심을 모았는데 하우가 사망한 뒤에 그의 메시지들이 출판을 위해 수집되었다.

다른 유명한 청교도들

히브리서의 저자는 구약의 신자들을 서술하면서 자신의 딜레마를 고백하였다. 그의 문제는 누구를 빼느냐는 것이었다. 구약에는 훌륭한 믿음 생활을 했던 인물들이 너무도 많았다. 그는 소수의 인물들을 언급하고서 그나마 중단해야 했다(히 11:32). 마찬가지로 이 책에서 언급되지 못한 다른 훌륭한 청교도들이 많다. 이제 그들 중에서 보다 잘 알려진 몇 사람들을 여기서 잠시 소개키로 한다.

웨스트민스터 총회에 참석했던 청교도들 중에는 회장이었던 윌리엄 트위스(William Twisse), 안소니 버지스(Anthony Burgess), 에드먼드 캘러미(Edmund Calamy), 조셉 카릴(Joseph Caryl), 시므온 애쉬(Simeon Ashe), 필립 나이(Philip Nye), 오바다이어 세지윅(Obadiah Sedgwick), 스티븐 마샬(Stephen Marshall)이 있다. 다니엘 코드리(Daniel Cawdrey)와 허버트 팔머(Herbert Palmer)는 안식일의 주제에 관한 2권의 문서를 작성하는 일을 맡았다. 스코틀랜드에서는 5명의 대표들이 총회에 참석하였는데 사무엘 러더포드(Samuel Rutherford)와 알렉산더 핸더슨(Alexander Henderson)이 있었다.

윌리엄 거널(William Gurnall)은 『전신갑주의 크리스천』(*The*

Christian in Complete Armour)이라는 고전으로 유명하고 윌리엄 젠킨(William Jenkyn)은 유다서의 주석으로, 토마스 테일러 (Thomas Taylor)는 디도서의 주석으로, 리처드 알레인(Richard Alleine)은 『열린 하늘』(*Heaven Opened*)이라는 저서로 유명하다. 잉글랜드 북부의 아이작 앰브로즈(Isaac Ambrose)는 『예수를 바라보라』(*Looking unto Jesus*)는 고전으로 잘 알려졌고 역시 잉글랜드 북부 출신인 올리버 헤이우드(Oliver Heywood)는 청교도 생활에 대한 가치 있는 정보를 제공하는 일기를 남겼다.

매튜 풀(Matthew Poole)은 성경 전체에 대한 주석으로 명성이 높다. 필립 헨리라는 청교도의 아들로 태어난 매튜 헨리(Matthew Henry)도 성경 전권에 대한 유명한 주석을 썼다. 존 오언(John Owen)의 마지막 목회지를 물려받은 데이빗 클락슨(David Clarkson)의 저술은 3권으로 재판되었다.

설교의 은사가 뛰어났던 웨일즈의 크리스토퍼 러브(Christopher Love)는 1651년에 33세로 참수형을 당하였다. 그는 왕정 복귀를 위한 모금을 했다는 이유로 고발당했다. 공모 혐의로 같은 때에 체포됐다가 풀려난 청교도 목사들은 토마스 왓슨(Thomas Watson), 윌리엄 젠킨(William Jenkyn), 랄프 로빈슨(Ralph Robinson)이다. 그리스도의 영광에 관한 랄프 로빈슨의 설교들은 재판되었다. 한때 그는 한 절친한 친구에게 기도와 금식을 전심으로 좋아한다고 간증하였다.

잘 알려진 청교도들 중에는 요절한 자들도 적지 않다. 예컨대 제임스 제인웨이(James Janeway)는 38세에 죽었고, 매우 능력 있고 대중적이었던 설교자 존 프레스톤(John Preston)은 31세에 사망했다. 스코틀랜드의 설교 및 저술 청교도들로서는 36세에 죽은 제임스 더햄(James Durham)과 26세에 죽은 휴 비닝(Hugh Binning)을 들 수 있다. 그리고 알레인(Alleine)은 34세에 주님과 함께 있기 위해 세상을 떠났다. 그는 수백 판을 거듭한 『불신자들에게 주는 경고』(*An alarm to the unconverted*)라는 인기 있는 저술로 유명하다.

청교도 운동의 종식

1부의 '청교도들의 이야기'에서 보았듯이 모든 교회는 잉글랜드의 국교회에 맞추어야 한다는 법령이 1662년에 통과됐다. 국교회의 감독 체제하에서 안수 받지 못한 목회자들은 안수를 다시 받아야 했다. 또한 목회자들은 '공동 기도서'(The Book of Common Prayer)의 모든 부분에 동의해야 했다. 목사는 누구나 교회 체제에 복종하는 맹세를 하고 '엄숙 동맹 언약서'(The Solemn League and Covenant)를 내버려야 했다. '엄숙 동맹 언약서'는 주로 웨스트민스터 신앙고백과 웨스트민스터 교리 문답과 함께 나란히 인쇄된 개혁 서약이었다.

신(新)일치령(The New Act of Uniformity)은 이 개혁이 공적으로 폐기되게 하는 데 목적이 있었다. 말할 나위 없이 청교도들은 양심상 이런 요구에 굴복할 수 없었다. 약 2천 명이 자신들의 생업에서 강제로 쫓겨났는데 이들은 대부분이 목회자들이었고 나머지는 학교 교장이나 교원들과 같은 권위 있는 직업을 가진 자들이었다. 이들은 생계를 위해 막일을 찾아야 했다. 매우 험한 시기였다.

이제 청교도 시기가 끝나고 '디센트'(Dissent, 국교 반대)로 알려진 새 시대가 시작됐다. 청교도 운동은 17세기 말경에 사실상 종결되었다. 18세기까지 살았던 유명한 청교도로는 앞에서 언급한 존 하우(John Howe, 1705년에 사망)와 1707년에 작고한 토마스 둘리틀(Thomas Doolittle)과 성경 전권 주석가로 명성이 높은 매튜 헨리(Matthew Henry)를 꼽을 수 있다. 그는 1662년에 태어나서 1714년에 사망했다. 매튜 헨리는 1662년에 쫓겨난 청교도 필립 헨리(1631-1696)의 아들로서 한동안 런던의 이슬링턴(Islington)에 있던 토마스 둘리틀 아래에서 수학하였다.

1662년의 대축출(The Great Ejection)로 초래된 고난과 1688년까지 계속된 무자비하고 극심한 박해로 복음주의자들의 연합이 깨어지고 잘 훈련된 자들에 의한 목회 사역의 유익이 큰 제한을 받았다. 비국교도들은 대학 입학이 거부되었다. 이것은 사역 수준에 부정적인 영향을 주었다. 청교도들 사이에 두드러진 특징이었던 영적 단합은 1662년 이후에 급격히 하강하였다. 청교도들의 칼뱅주의는 균형이 잡힌 복음주의였다. 그러나 1662년 대축출 이후부터 알미니안주의가 교회들을 주도하기 시작했고 시간이 경과하면서 유니테리안주의(Unitarianism)의 길을 열었다. 축출당했던 신실한 목사들은 계속해서 집필을 했으나 큰 인물들의 세대가 끝나자 그들의 자리를 메울 자들이 없었다.

잉글랜드 국교회는 1662년의 대축출에서부터 지금까지 회복되지 못하였다. 이따금씩 라일(J.C. Ryle) 감독과 같은 예외적인 지도자들이 나타났다. 라일은 청교도들의 강조점을 따르면서 청교도처럼 글을 썼다. 그의 『거룩』(Holiness)이라는 잘 알려진 저서는 청교도의 성화 교리에 대한 강설이다.

19세기에 태어난 가장 빛나는 청교도는 스펄전(C. H. Spurgeon)이고, 20세기에는 마틴 로이드 존스(Martyn Lloyd-Jones)이다. 스펄전은 청교도의 글과 원칙에 흠뻑 젖은 사람이었다. 그는 청교도에 의해 엮어진 사람이었다. 그래서 청교도의 관점에서만 그를 바르게 이해할 수 있다. 청교도의 맥락은 급강하면서 20세기 초반에 거의 맥박이 끊어졌다. 스펄전은 이러한 퇴조를 예상하면서 말하였다. "현재로서는 청교도 사상이 경멸을 당하지만 많은 담대한 사람들이 하나님의 도우심으로 머지 않아 청교도를 다시 일으킬 것이다. 그래서 창문을 검게 칠한 자들은 하늘의 빛이 밝게 비쳐 들어오는 것을 보고 놀라며 당황할 것이다."

청교도들과 그들의 글에 대한 관심은 1950년대에 퍼지기 시작해서 지금까지 증가되고 있다. 신학적인 갱신이 없었더라면 이 일은 불가능했을 것이다. 마틴 로이드 존스 목사의 청교도에 대한 관심은 그가 1925년에 리처드 백스터(Richard Baxter)의 전기를 읽으면서 일깨워졌다. 로이드 존스 목사는 청교도들에 대한 관심을 광범위하게 일으켰다. 그가 '청교도 집회'(The Puritan Conference)에서 전한 19회의 강설은 『청교도들』(*The Puritans*)이라는 제목으로 출판되었다.

제임스 패커 (James Packer) 박사도 청교도들에 대한 관심을 일으키는 데 큰 공헌을 하였다. 그는 1944년 옥스퍼드 대학 1학년 재학 중에 옥스퍼드 기독 대학생 유니온에 기증된 청교도 문헌들을 검토하고 정돈하는 부(部)서사원으로 임명되었다. 이때 그는 24권의 세트로 된 존 오언(John Owen)의 글을 발견하였다. 페이

지는 잘린 곳이 없었고 내용은 책의 표지에 요약되어 있었다. 패커는 죄를 굴복시키는 문제를 읽기 위해 제6권으로 곧장 들어갔다. 이것이 그가 청교도들을 재발견한 계기였다. 나중에 그는 리처드 백스터에 대한 박사 논문을 썼다. 짐 패커 박사가 청교도에 대한 관심을 부흥시킨 공헌은 지대하다. 그의 청교도 연구는 『하나님의 거장들』(Among God's Giants)이라는 책으로 출판되었다.

청교도주의는 교리와 경험과 실천에 있어 진리 되신 예수 그리스도(요 14:6)를 높임으로써 성경의 진리들을 매우 균형 있게 제시한다. 그리스도를 영광스럽게 하는 것은 성령의 뜻이다. 그래서 우리는 이사야와 하박국 선지자의 약속된 선언이 성취될 것을 확신할 수 있다.

> 그 작은 자가 천 명을 이루겠고
> 그 약한 자가 강국을 이룰 것이라
> 때가 되면 나 여호와가 속히 이루리라
> (사 60:22)

> 이는 물이 바다를 덮음같이
> 여호와의 영광을 인정하는 것이
> 세상에 가득함이니라
> (합 2:14)

Help from the Puritans 3부

청교도들에게서 받는 도움

웨스트민스터 신앙고백과 칭의

하나님의 주권과 인간의 책임에 대한 청교도들의 균형된 교리

주일의 회복

결혼과 가정

영적 체험에 대한 성경적인 근거

굳건한 확신의 교리

교회의 미래에 대한 소망

믿음의 권한과 믿음의 방편

설교의 우위성

창의적 강해 설교

죄의 실체

웨스트민스터 신앙고백과 칭의

웨스트민스터 신앙고백은 많은 장로교 교단의 교리적 기초를 형성한다. 그리고 이 고백서와 동질성을 지닌 1689년의 런던 침례교 신앙고백(The 1689 London Baptist Confession)과 사보이 선언(The Savoy Declaration)은 개혁 침례교와 회중교회의 교단에서 각기 수용하였다.

청교도들의 신앙고백은 지역 교회들의 교리적 기초를 제공할 뿐 아니라 역사적 지속성을 드러낸다. 신앙고백은 하나님의 모든 말씀을 확실히 가르치기 위한 유용한 교육 자료이다. 청교도 신앙고백들은 개혁 교회들의 연합을 강조하는 데에도 유용하다. 사실상 이것이 1689년의 런던 침례교 신앙고백서의 주된 목적이었다. 신앙고백서는 교리적 표준을 유지하는 수단도 된다. 1887-92년의 다운그레이드 논쟁(The Downgrade Controversy)에서 침례교 유니온(The Baptist Union)은 교리를 정의하길 거부하였다. 이것은 스펄전에게 큰 아픔을 주었다. 정의를 내리지 않고서 진리를 옹호하기란 불가능하다. 이제 하나님의 구원의 방법인 믿음으로 말미암는 의의 주제를 다룰 때 우리는 분명한 정의를 내리는 것이 얼마나 중요한지 알게 될 것이다.

우리는 청교도 신앙고백들의 여러 부분에서 도움을 많이 받을 수 있다. 그러나 그중에서 가장 중요한 칭의를 먼저 살펴보면서 오늘날 이 교리의 중요성에 대해서 생각해 보기로 한다.

오직 믿음에 의한 칭의

개혁주의자들과 청교도들의 글을 보면 교회가 서고 넘어지는 것을 칭의에 달린 문제로 간주하였다. 개신교의 여러 신앙고백서 중에서도 특히 위에서 언급한 세 가지 장로교 신앙고백들의 심장에 해당하는 부분은 오직 믿음에 의한 칭의 교리이다. 청교도들 가운데서 루터만큼 칭의에 대해서 강한 사람은 찾기 어려울 것이다. 청교도들은 원칙적으로 루터를 따른 사람들이었다. 토마스 왓슨(Thomas Watson)은 "칭의가 기독교의 축이며 기둥이다"라고 주장했다. 존 오언(John Owen)은 칭의 교리를 옹호하기 위해서 시간을 내어 400쪽의 논문을 썼다.

루터는 이렇게 선언하였다. "칭의는 줄기에 해당한다. 여기서 모든 다른 교리들이 흘러나온다. 오직 칭의의 교리가 하나님의 교회를 낳고, 양육하고, 세우고, 보존하며 방어한다. 이 교리가 없으면 교회는 단 한 시간도 지탱할 수 없다." 또한 루터는 "칭의 교리가 무너지면 모든 것이 무너진다"고 주장하였다. 루터가 이렇게 말한 까닭은 오직 그리스도만 신뢰하는 믿음에 의한 칭의 교리에서 혼란을 일으키면 구도자들이 구원의 능력이 없는 다른 것들로부터 구원을 찾게 되기 때문이었다. 다시 말해서 칭의의 부분에서 분명치 못하면 어둠과 혼란의 문을 열게 된다는 것이다. 오직 믿음에 의한 칭의는 하나님의 품성과 속성을 드러낸다. 칭의 교리는 하나님이 완전한 거룩을 요구한다는 점을 보여 주기 때문이다. 칭의는 그리스도의 모든 사역을 직접적으로 나타낸다. 신자들에게 넘겨진 의는 우리의 구속자인 예수님의 능동적이고 피동적인 순종에 의한 것이기 때문이다.

현대어로 된 영어판 웨스트민스터 신앙고백은 칭의를 다음과 같이 정의한다.

"하나님은 자신이 효과적으로 부르는 자들을 값없이 의롭게 하신다. 하나님은 그들에게 의를 넣어 줌으로써 이 일을 행하시는 것이 아니고, 그들의 죄를 용서하고서 그들을 의롭게 보시며 그들을 받아주심으로써 이 일을 행하신다. 하나님은 그들 속에 무엇을 넣어 주었거나 혹은 그들이 무엇을 행했기 때문이 아니고 오직 그리스도 때문에 이 일을 하신다. 그들에게 넘겨진 의, 곧 그들의 수입 계정으로 여겨진 의는 그들의 믿음도 아니고 믿는 행위도 아니며 그들이 보인 복음에 대한 순종도 아니다. 오직 그리스도의 순종에 의한 것이다. 그리스도의 단회적인 순종은 양면적이다. 즉 모든 율법에 대한 그의 적극적 순종과 그의 죽음에 대한 피동적 순종이다."

이 신앙고백서는 계속해서 주장한다. "그리스도와 그의 의를 받고서 그 위에 머무는 믿음만이 칭의의 유일한 수단이다. 그러나 의롭게 된 사람에게는 거기서 끝나지 않고 항상 다른 구원하는 은혜들이 따른다." 청교도들은 법적 칭의의 선명성과 일차성을 굳게 유지하였다. 그럼에도 그들은 칭의와 성화를 언제나 병행했다.

바울은 로마서 6장에서 칭의에 대한 반대를 다룬다. 만약 어떤 사람이 자신의 과거와 현재와 미래의 모든 죄를 용서받고 단번에 완전히 의롭게 됐다면 이것은 그 사람을 방종케 하지 않겠는가? 그가 이렇게 말할 것이 아닌가? "은혜가 넘치도록 죄를 짓자." 바울의 대답은 그리스도와의 연합이 칭의와 성화를 동시에 가져온다는 것이었다. 사람이 믿음으로 그리스도와 연합되면 그 순간에 칭의의 근거가 되는 의를 받는다. 또한 동시에 성령이 그 사람 안에 거하면서 거룩의 사역을 시작한다. 그리스도와 연합된 자는 누구든지 법적이고, 외적이며, 완전한 칭의와 함께 실제적이고, 내적이며, 불완전한 성화를 받는다. 그래서 야고보는 의롭게 된 사람은 자기 믿음의 실체성에 대한 증명으로 반드시 선한 행위를 보여야 한다고 주장하였다.

가장 선명한 칭의의 정의는 웨스트민스터 신앙고백 대교리 문답(The Westminster Larger Catechism)에 명기되어 있다.

70: 칭의는 무엇인가?

대답 : 칭의는 하나님이 죄인들에게 거저 주는 은혜의 행위이다. 하나님은 칭의로써 죄인들의 모든 죄를 용서하고 그들을 하나님의 눈에 의로운 자들로 보고 받아주신다. 이것은 그들 안에 있는 어떤 것이나 그들에 의해 행해진 어떤 것으로도 되지 않고, 오직 그리스도의 완전한 순종과 하나님의 요구를 전적으로 채워주신 그리스도의 만족이 하나님에 의해서 죄인들에게 넘겨지고 또 이것을 오직 믿음으로 받음으로써 칭의가 성립된다.

지금까지 이 주제에 대한 청교도의 가르침을 요약했으므로 이제 신자들이 믿음으로 그리스도와 연합됐을 때 동시적으로 일어나는 칭의와 성화를 비교하여 설명하기로 한다. 그런데 신분상의 성화와 점진적인 성화는 구별되어야 한다. 그리스도와의 연합 속으로 부름을 받는 것, 중생, 칭의와 입양은 단번에 완전히 성취되는 하나님의 행위들이다. 이 행위들은 반복될 수 없다. 당신은 50퍼센트 의롭게 되고 50퍼센트 입양될 수 없다. 신분적인 성화는 그리스도 안에서 별도로 구별되었다는 사실을 말한다. '거룩하게 한다'는 것은 '구별해 놓는다'는 의미이다(역주 : '성화'와 '거룩'은 우리말 번역에서 동의어로 사용됨). '성도들'(saints)이라는 언급은 구약에서 20회, 신약에서 80회 가량 사용되었다. 이러한 언급들은 어떤 확정적인 행위를 가리키는 말이다. 즉 이미 발생된 하나의 단일 사건을 말한다. 예로써, 고린도의 신자들은 '그리스도 예수 안에서 거룩하여지고 성도라 부르심을 받은 자들'(고전 1:2)이었다. 그러나 다음에 제시한 비교는 점진적인 성화를 염두에 둔 것이다. 점진적 성화를 촉구하는 본문으로서는 고린도후서 7장 1절을 들 수 있다. "우리는 하나님을 두려워하는 가운데서 거룩함을 온전히 이루어 육과 영의 온갖 더러운 것에서 자신을 깨끗하게 하자." 바울의 기도에서도 마찬가지이다. "평강의 하나님이 친히 너희를 온전히 거룩하게 하시고 또 너희의 온 영과 혼과 몸이 우리 주 예수 그리스도께서 강림하실 때에 흠 없게 보전되기를 원하노라"(살전 5: 23).

칭의	성화
법적이다	체험적이다
외적이다(옷처럼)	내적이다
완전하다	이 세상에서는 결코 완전치 못하다
신자를 의롭다고 선언하는 분은 하나님이다	신자를 거룩하게 만들려고 신자 안에서 활동하는 분은 성령이다
증가되는 것이 없다 신자는 단번에 전적으로 의롭게 된다	점진적이다
아무 것도 집어넣을 것이 없다	아무 것도 넘겨받을 것이 없다

청교도들은 건전한 칭의 교리를 위해서 필요한 다음 4가지 원칙들을 견지하였다. 이것은 우리에게 하나의 모범이 된다.

1. 칭의는 성경 전체의 문맥 안에서 지켜져야 한다

존 오언은 로마서 5장 12-21절의 본문을 탁월하게 다루었다. 여기서 그는 아담과 그리스도를 비교하고 아담 안에서 타락한 인류의 정죄와 그리스도 안에서 구속된 인류의 칭의를 대비하였다. 오언은 구속사 전체를 염두에 두고서 칭의를 시사하는 모든 중요한 본문들을 강해하였다. 400쪽에 달하는 이 논문의 골자는 다음과 같다.

아브라함은 믿음으로 의롭게 되었다. "아브람이 여호와를 믿으니 여호와께서 이를 그의 의로 여기시고"(창 15:6). 아브라함은 모든 믿는 자들의 모형이다. 그래서 그를 '믿는 모든 자의 조상'(롬 4:11)이라고 불렀다. 여기서 의가 아브라함에게 주입된 것이 아니고 그의 믿음에 근거했다는 사실에 유의해야 한다. 바울(롬 4:3, 갈 3:6)과 야고보(약 2:23)는 아브라함을 의의 모형으로 예시하였다. 이것은 아브라함이 믿음으로 구원을 받은 첫 번째 사람이라는 뜻은 아니다. 노아도 '믿음을 따르는 의의 상속자' (히 11:7)였다. 또한 아벨도 '믿음으로…의로운 자라 하시는 증거를 얻었다' (히 11:4). 그러나 아브라함이 분명한 모델이 되기 때문에 신약에서 주된 예시로 언급된 것이다.

로마서는 하나님의 구원을 복음이라고 소개한다. 이 복음은 구원해 주는 하나님의 의의 계시인데 하늘에서 나온 것이다. 하나님은 이 의를 모든 믿는 자들의 통장으로 넣어 주신다(롬 1:16-17). 이 의는 화목제물이 된 그리스도의 죽음으로 확보된 것이다(롬 3:25). 바울은 이런 식으로 죄인들을 의롭게 하는 일이 새로운 것이 아님을 증명한다. 아브라함과 다윗도 같은 방식으로 의롭게 되었다(롬 4:1-8). 칭의를 설명하기 위해서 사용된 단어들은 법정에서 사용된 어휘들이다.

칭의에 대한 바울의 설명은 세 개의 서신에서 제시되었다. 칭의는 로마서에서 체계적으로 전개되었고, 갈라디아서에서 강력히 변호되었으며, 빌립보서에서 열렬히 찬양되었다(빌 3:4-11). 바울은 만약 누가 인간의 공로로 의를 얻을 수 있었다면 자기 자신이 할 수 있었을 것이라고 장담하였다. 왜냐하면 그는 율법 준수에 관한 한 '율법으로는 흠이 없는' 자였기 때문이다. 그러나 그는 자기 의가 모두 쓰레기에 불과하다는 결론을 내렸다.

"사람이 어떻게 하나님 앞에서 의롭다고 주장할 수 있겠느냐?" (욥 9:2, 표준새번역)는 질문에는 두 가지 가능한 대답밖에 없다.

첫째는 어떤 선행으로 말미암는 자기 의(義)다. 둘째는 하나님이 자기 아들 안에서 마련한 의(義)로 말미암는 하나님의 칭의이다. 인간은 어디에서든지 본성적으로 자기 의(義)의 길을 찾는다. 이 사실은 신약에서 강조되었다. 사도들은 인간의 공로가 칭의의 근거로는 절망적이라고 분명히 가르쳤다. 바울도 과거에는 인간의 공로에 의한 의의 길을 시도하였다. 그는 이스라엘이 하나님의 의에 무지했으므로 자기 자신들의 의를 세우려고 했다고 지적하였다 (롬 10:3).

2. 칭의는 성경 용어의 정확성에 의존한다

칭의는 본질적으로 법적인 개념이다. 토마스 왓슨(Thomas Watson)의 말처럼 이 용어는 법정에서 빌린 말이다. 칭의는 당사자의 내적 상태가 아닌, 법적 상태에 관한 것이다. 우리가 자신의 재산 소유권에 대해서 확실치 않을 때 찾아가는 곳은 병원이 아니고 법적 기관이나 변호사다.

의롭게 한다는 의미의 디카이우(dikaioo)라는 헬라어 동사와 그 파생어들은 기본적으로 법적인 성격을 가졌다. 존 오언(John Owen)은 다른 어떤 저자들보다 더 자세하게 이 교리와 관련된 히브리어와 헬라어를 조사하였다. 그는 이러한 용어들이 사면이나 어떤 사람을 의롭다고 선언하는 의미로 사용된 법적 신분 상태를 가리킨다고 입증하였다. 예를 들어 보자. "모든 백성과 세리들은 이미 요한의 세례를 받은지라 이 말씀을 듣고 하나님을 의롭다 하되"(눅 7:29). 이 말은 세리들이 하나님의 성품을 바꾸었다는 뜻이 아니고 하나님을 의로우신 분으로 선언했다는 의미이다. 다른 사람 덕분에 죄인들이 의롭다는 선언을 받는 두드러진 실례로는 고린도후서 5장 21절을 들 수 있다. "하나님이 죄를 알지도 못하신 이를 우리를 대신하여 죄로 삼으신 것은 우리로 하여금 그 안에서 하나님의 의가 되게 하려 하심이라." 여기서 명시된 교체의 성격은 철저하고 완전한 것이다. 칭의에는 단계가 없다. 나는 부분적으로 의롭게 되거나 절반만 의롭게 되지 않는다. 나는 온전한 의미에서 의롭게 된 것이다! 나는 '그리스도 안에' 있다. 여기에 근거해서 그리스도의 의가 내게 입혀진 것이다. 바울은 자신의 죄책 때문에 사탄의 고발을 받은 한 사람의 실례를 든다. 그러나 하나님이 그 사람을 의롭게 하신다는 것이다. 왜냐하면 하나님의 아들이 그 사람이 받아야 할 형벌을 대신 받았기 때문이다(롬 8:33). 칭의는 아버지 하나님의 행위이다. 만약 하나님이 죄인을 의롭게 하신다면 누가 이것을 반박하겠는가?

또 하나의 현저한 실례는 성전에서 기도하는 바리새인과 세리에 대한 예수님의 비유에서 읽을 수 있다(눅 18:9-14). 바리새인은 자신의 우월성을 자찬하였고, 세리는 문자적으로 보면 "하나님, 죄인인 나에게 속죄가 되어 주십시오"라고 기도하였다. 예수님은 세리가 의롭다는 인정을 받고 집으로 돌아갔다고 증언하셨다.

칭의에는 두 가지 측면이 있다. 첫째는 사면, 곧 모든 죄의 용서이다. 둘째는 죄인의 신분 상태가 의롭게 되는 것이다. 로마서 5장 19절에서 이 측면이 강하게 나타난다. "한 사람이 순종하심으로 많은 사람이 의인이 되리라"[헬라어, 카타스타테손타이(katastathesontai)]. 요한계시록 3장 4절의 "흰옷을 입고 나와 함께 다니리라"는 그리스도의 의를 가장 적절하게 묘사한 것이다. 죄의 용서는 우리의 죄를 위해서 자신을 속죄 제물로 바친 그리스도의 피동적 순종에서 나온다. 그리스도의 적극적 순종은 신자를 의롭게 하는 의(義)를 제공한다. 이것은 인간으로서 성육하신 예수님의 의다. 성육신은 반드시 필요한 것이었다. 예수님은 인간으로서 지상 생애의 전 기간 동안 우리를 위해 의롭게 사셨다.

윌리엄 브리지(William Bridge)는 "당신은 그리스도의 피동적 의에 의해서만 의롭게 되었는가?"라는 질문을 던지고 이렇게 대답한다. "우리는 그리스도의 피동적 순종에 의해서만 의롭게 되지 않았다. 칭의에는 두 가지 필수적 측면이 있다. 즉 죄의 용서와 의의 넘겨짐이다. 그리스도의 구속으로 죄책이 거두어지고, 그리스도의 적극적 순종으로 믿는 사람이 하나님의 눈에 완전히 의롭게 된다."

3. 칭의는 크리스천 생활에 연결되어야 한다

바울은 로마서 5장에서 계속 기술된 그의 체계적인 칭의론을 통해 칭의의 복들을 요약하였다. 이 설명에서 보면 크리스천의 생활이 칭의에 기초한 것을 알 수 있다. 로마서 5장 1-11절에 의하면 다음에 열거한 크리스천 삶의 각 측면들이 칭의의 기반에서 직접 유래된다.

1. 하나님과 크리스천의 관계는 화평이다
2. 크리스천은 하나님께 직접 나아갈 수 있는 기도 생활을 즐기는 특권을 누린다
3. 크리스천은 자신의 고난이 인내와 그리스도의 성품을 자아낸다

는 보장을 받는다
4. 크리스천은 자기 가슴속에 부어진 양자의 사랑, 곧 하늘 아버지의 사랑을 즐긴다
5. 크리스천은 자신이 끝까지 인내하게 될 것이라는 보장을 받는다. 그리스도와의 연합으로 칭의를 받고 이 연합으로 자신의 인내를 보장받는다

이것들은 구원의 확신과 영적 체험에 연관된 것이다. 내가 의롭게 된 것을 어떻게 아는가? 토마스 굿윈(Thomas Goodwin)은 믿음과 확신의 관계에 대해서 많이 연구하였다. 진정한 믿음에도 확신이 결여될 수 있다. 토마스 굿윈과 존 오언은 모두 충만한 믿음의 확신에 이르려고 애썼다. 이 주제는 별도로 다루기로 하고 여기서는 토마스 굿윈의 저서인 『의롭게 하는 믿음의 대상과 행위』(*The Object and Acts of Justifying Faith*)를 추천하는 것으로 그친다.

4. 칭의와 성화의 관계는 유지되어야 한다

초기 및 중간 세기의 교회가 법적 칭의에 대해서 분명치 못했다고 해서 그것이 성경에서 칭의가 우선적 위치를 차지한다는 사실을 변경시키는 것은 아니다. 어거스틴이 헬라어에 무지했기 때문에 하나의 결정적 오류가 내려오게 되었다. 어거스틴은 라틴어 동사인 의롭다(justificare)를 '의롭게 만든다'라고 해석하였다. 칭의란 우리가 살폈듯이 '의롭다고 선언한다'는 의미이다. 그럼에도 마르틴 루터가 그처럼 힘있게 선포한 칭의라는 자유를 가져다 주는 영광스런 교리가 촉진되기보다는 내적이고 주관적인 것에 집중

케 되었다.

우리가 알듯이 칭의란 그리스도의 의를 신자들의 몫으로 돌리는 것이다. 만약 어떤 종류의 선행이라도 칭의를 받기 위해 필요한 것으로 덧붙여지면 이것은 칭의 교리를 즉시 무효화한다. 바울은 말한다.

"내가 하나님의 은혜를 폐하지 아니하노니 만일 의롭게 되는 것이 율법으로 말미암으면 그리스도께서 헛되이 죽으셨느니라"(갈 2:21).

"그러므로 율법의 행위로 그의 앞에 의롭다 하심을 얻을 육체가 없나니 율법으로는 죄를 깨달음이니라"(롬 3:20).

칭의는 성화와 혼동되면 아무 효력이 없다. 칭의를 실제로 의롭게 만드는 것으로 이해해도 무효다. 이것은 과거에도 그랬듯이 현재까지 로마 가톨릭 교회의 가르침이다. 존 오언(John Owen)은 이 로마 가톨릭의 교리가 두 개의 칭의론에서 나왔음을 지적하였다. 첫째 칭의는 세례이다. 이것은 로마 가톨릭에 의하면 은혜의 주입이기에 세례를 통해서 원죄가 사라지고 온갖 종류의 죄악 된 습관들이 추방된다. 둘째 칭의는 선행의 의다. 의인은 이것으로 영생을 얻는다. 이 두 번째 단계의 의는 일생 동안 계속되어야 하는데 '고해 성사'가 포함되며 사후에는 연옥불의 정화를 받아야 한다. 나는 1994년의 새로운 로마 가톨릭 교리 문답을 조사해 보았으나 칭의에 대한 이해에 전혀 변화가 없었다.

존 오언은 로마 가톨릭의 가르침이 '오직 믿음'에 의한 칭의를 어느 정도로 밀어내었는지 지적하였다. "거저 받는 죄의 용서와 그리스도의 의를 옮겨 받는 칭의가 완전히 패배당하였다." 영생의 확신은 나중에 연옥불로 완성된다는 불확실한 과정에 의존하는 것으로써 제거되었다. 성경적 칭의는 너무도 깊은 확신을 심어 주기에 로마서 8장에서 모든 반대를 물리친다. "누가 능히 하나님께서 택하신 자들을 고발하리요 의롭다 하신 이는 하나님이시니 누가 정죄하리요 죽으실 뿐 아니라 다시 살아나신 이는 그리스도 예수시니 그는 하나님 우편에 계신 자요 우리를 위하여 간구하시는 자시니"(롬 8:33-34).

칭의에 대한 현대 교회의 도전

미국에 ECT(Evangelicals and Catholics Together)라는 단체가 있다. 1998년 11월 20일에 복음주의와 로마 가톨릭 지도자들의 한 그룹이 모임을 가지고 두 개의 문서를 제시하였다. 이들에 의하면 이 문서들에는 공동 전도를 포함하는 협력과 연합의 기초가 명시됐다고 한다. 프랜시스 마틴(Francis Martin) 신부는 로마 가톨릭을 대표하였고 제임스 패커(James Packer) 박사는 복음주의자들을 대표하였다. 서부 웨스트민스터 신학교(Westminster Seminary West) 학장인 로버트 가드프리(Robert Godfrey) 박사는 ECT의 기조를 이루는 진술들에 대해서 '진지한 관심'을 가진 복음주의자들을 대표하였다.

ECT는 다섯 가지 요점의 진술을 했는데 칭의에 대한 여러 중요한 진리들을 확증하였다. 그러나 오직 믿음으로 말미암는 성경적 칭의 교리에는 미치지 못한다. 로마 가톨릭 교회는 그리스도의 의가 인간에게 귀속된 것이라기보다는 주입된 것이라고 항상 주장했다. 트렌트 카운슬(The Council of Trent)은 '오직 믿음으로 말미암는 칭의'를 믿는 자들을 저주하였다.

9조 : 칭의의 은혜를 얻기 위해서 협력해야 할 일이 아무 것도 없고 또한 자신의 의지에 의한 행동으로 준비되고 처리되어야 할 것이 전혀 필요치 않다는 의미에서, 누구든지 죄인은 오직 믿음으로 의롭게 된다고 말하는 자는 저주를 받을지어다.

이러한 칙령들은 폐기된 일이 없다. 그래서 가드프리 박사는 ECT의 새 진술은 '주입된 의'의 문을 열어 두고 트렌트 칙령들을 버리는 일은 전혀 하지 않는다고 지적하였다. 그는 자신이 노출시킨 이유들 때문에 현재의 ECT의 입장에 전적인 반대를 하였다. 한편 그는 제임스 패커 박사가 오직 믿음으로 말미암는 성경적 칭의 교리에는 동의하면서도 실제적인 문제에서는 타협할 용의가 있음을 개탄하였다.

ECT 운동은 미국에서 시작됐지만 세계적인 영향력을 지니고 있다. 예로써, 필리핀의 은혜 사역 아카데미(Grace Ministrial Academy)의 학장인 노엘 에스피노자(Noel Espinosa)는 이렇게 보고한다.

"전통적인 복음주의자들과 복음주의 은혜 교인들(Charismatics)은 이 문서에서 칭의가 그들의 총괄적 접근을 위한 통로라고 본다. 가톨릭은 이제 더 이상 복음 선교의 대상으로 간주되지 않는다. 그들은 동역 선교사들이 되었다."

우리는 칭의에 대해 얼마만큼 관심을 가져야 할까?

존 오언(John Owen)은 오직 믿음으로 말미암는 칭의는 다른 모든 방법과 수단들을 진정으로 내던지는 것을 포함한다고 선언한다. 하나님의 아들이 행한 희생보다 더 큰 희생은 있을 수 없다. 이것이 문제의 핵심이다. 하나님의 아들의 선물은 완전한 선물이었으며 그의 희생은 완전한 희생이었다. "오직 그리스도는 죄를 위하여 한 영원한 제사를 드리시고 하나님 우편에 앉으사"(히 10:12). 아버지의 지혜로 아들이 우리의 의(칭의)와 거룩(성화)과 구속이 되었다(고전 1:21).

우리가 이 희생을 붙잡고 희생물이 되신 아들의 의를 받으면 우리는 구원을 얻기 위한 다른 모든 방법들을 버리게 된다. 그래서 베드로는 이렇게 주장하였다. "다른 이로써는 구원을 받을 수 없나니 천하 사람 중에 구원을 받을 만한 다른 이름을 우리에게 주신 일이 없음이라"(행 4:12). "그 이름은 여호와 우리의 의라"(렘 23:6). 시편 기자도 선포한다. "내가 주 여호와의 능하신 행적을 가지고 오겠사오며 주의 의 곧 주의 의만 진술하겠나이다"(시 71:16). 이 의에 비해서 모든 자기 의(義)는 인정될 수 없다. "우리의 의는 다 더러운 옷 같으며"(사 64:6).

청교도주의의 종결 이후에 깊은 영적 침체기가 따랐다. 그러다가 18세기에 복음주의 부흥이 일어났고 이와 함께 입혀진 의의 진리들을 찬양하는 찬송가들이 나왔다. 존 웨슬리는 우리의 주제를 요약하는 폰 진젠도르프(von Zinzendorf)의 찬송가를 번역하였다.

예수님, 당신의 피와 의
나의 아름다운 영광의 드레스
불타는 세상에서 차려 입고서
기쁨으로 내 머리를 들리이다

허물어진 이 세상이 여러 세월 지날 때에도
흠 없는 의의 옷 나타나리니
세월이 지나도 의의 옷은 변치 않네
그리스도의 옷은 언제나 새 옷이라네

오늘날 많은 사람들이 기적과 징조와 표적을 찾는다. 그러나 우리의 하나님은 자신의 능력을 복음 안에서 계시하신다. 바울은 이 복음을 가리켜 믿는 모든 사람들을 구원하는 하나님의 능력이라고 선포하였다. 그는 계속해서 말하기를 복음 설교에서 하나님의 의가 계시된다(현재 시제)고 하였다. 오직 믿음으로 말미암는 칭의의 복음을 전할 때 그리스도의 교회는 온 세상을 변화시키는 최대의 자산을 소유한다.

> 오직 믿음으로 말미암는 칭의의 복음을 전할 때 그리스도의 교회는 온 세상을 변화시키는 최대의 자산을 소유한다.

하나님의 주권과 인간의 책임에 대한
청교도들의 균형된 교리

알미니안주의의 오류가 지난 1백여 년 동안 서구 기독교에 퍼졌다. 이러한 오류들은 불가피하게 선교지로 묻혀 갔다. 1960년대의 신학적 갱신은 개혁 신앙의 회복을 가져왔다. 그러나 소수 그룹이 초(超)칼뱅주의(Hyper-Calvinism)에 빠졌다.

청교도들이 남긴 가장 중요한 유산은 하나님의 주권과 인간의 책임에 대한 균형 잡힌 교리이다. 청교도들은 알미니안주의 논쟁을 잘 알고 있었다. 이 논쟁은 네덜란드의 도르트레흐트(Dordrecht)라는 도시에서 1618-9년에 도르트 총회(Synod of Dort)의 이름으로 열렸다. 윌리엄 로드(William Laud, 1573-1645)는 1633년부터 캔터베리의 대주교였다. 그는 알미니안주의의 최고 지도자였다. 1633년부터 청교도들은 알미니안주의와의 대결을 위해 시험대에 올려져 있었다.

현대에 와서 청교도 전통에 속하는 결정적인 책으로는 패커(J. I. Packer)의 『전도와 하나님의 주권』(*Evangelism and the Sovereignty of God*)을 들 수 있다. 이 책은 초(超)칼뱅주의(Hyper-Calvinism)로부터 개혁주의 운동을 보존하는 데 널리 사용되었다. 패커는 모순된 것처럼 보이는 두 개의 개념들을 설명하기 위해서 '이율배반'이라는 용어를 사용한다. 그런데 이 두 개념은 사실은 모순이 아니고 완전히 양립적이다. 그는 빛의 유추를 예로 든다. 빛이 광선과 입자로 구성됐지만 인간의 이성으로는 이해하기 힘들다. 이처럼 하나님의 주권과 인간의 책임도 믿음으로써만 받아질 수 있는 방식으로 공존한다(사 55: 8-9).

그러나 초(超)칼뱅주의는 인간의 합리성을 내세우기 때문에 설명을 제시하라고 주장한다. 이러한 주장은 비성경적인 결론에 이르게 한다. 이것은 수용될 수 없는 일이다.

청교도의 안정된 교리는 그릇된 결론이나 오도된 행위를 막는다. 구원에 있어 하나님의 주권과 인간의 책임은 반드시 병립되어야 한다. 그릇된 결론은 복음의 진리를 쉽사리 흔들어 버린다.

초(超)칼뱅주의의 그릇된 결론의 첫 번째 부분은 타락으로 인한 인간의 본성에 관한 것이다. 인간은 하나님에 대해서 자유 의지를 가졌는가, 아니면 인간은 자신의 적의(敵意)로 인해 하나님과 그의 율법에 대해 불구가 되었는가? 만약 불구가 됐다면 자신의 자세나 행위에 대해서 아직도 전적인 책임이 있는가?

두 번째 그릇된 결론은 하나님의 주권에 관한 것이다. 구원에 있어서 하나님의 주권은 필연적으로 숙명주의를 낳지 않는가? 여기서의 논리는 만약 하나님이 주권적이라면 인간이 할 수 있는 일이 없다는 것이다. 또한 만약 하나님이 주권적이어서 구원 문제를 단독적으로 결정한다면 그의 사랑이 선택받은 자들에게만 제한됐다는 의미인가, 아니면 하나님은 인류를 모두 사랑하시는가? 일부 사람들만 구원하는 것이 하나님의 주권적 목적이라면 모든 죄인들에게 무차별적으로 복음을 값없이 제공한다는 말은 하나님이 별 뜻 없이 말했다는 뜻인가?

자유 의지에 대한 그릇된 생각

은혜에 의한 청교도의 구원 교리는 웨스트민스터 신앙고백(The Westminster Confession of Faith)과 이와 병행되는 1689년의 런던 침례교 신앙고백(The London Baptist 1689 Confession of Faith)에 담겨 있다. 여기에는 구원론을 위해서 여러 장이 할애되었다. 9장은 자유 의지에 대해서, 10-14장은 하나님이 은혜로 내리시는 구속에 대해서, 14-17장은 인간이 행하는 은혜들에 대해서 상술한다. 여기서 보면 타락한 인간을 구원하기 위해서 하나님의 간섭이 필요하다. 그런데 동시에 죄에 빠진 타락이 인간의 책임을 없애는 것이 아니다.

이 청교도 신앙고백들에는 각각 자유 의지에 대해서 한 장이 할애되었다. 자유 의지는 종교개혁의 한 중심 이슈였다. 마르틴 루터는 에라스무스(Erasmus)에게 주는 답변으로 『의지의 속박』(The Bondage of the Will)이라는 책을 썼다. 여기서 루터는 자유 의지는 구원의 근원에 대한 논쟁의 돌쩌귀라고 하였다. 이것은 지금도 마찬가지이다. 패커(J. I. Packer)는 의지의 속박에 대해 종교개혁의 투쟁이 무엇에 대한 것이었는지를 드러내는 고전적 설명이라고 하였다. 워필드(B. B. Warfield)는 이 책은 진정한 의미에서 종교개혁 선언서라고 하였다. 알미니안은 구원이 하나님의 주권적인 은혜가 아닌, 인간의 자유 의지에 의해서 결정된다고 생각한다. 다시 말해서 구원은 하나님이 아닌 인간에게서 나온다. 그러나 성경은 우리가 우리 자신이 아닌 은혜로 구원받았다고 분명히 말한다 (엡 2:8-9).

자유 의지의 주제를 다룬 위의 신앙고백들의 본문에는 다섯 개의 단원이 있다. 여기에 의하면 우리의 첫 부모에게는 자유 의지가 있었다. 그러나 그들의 타락 가능성도 함께 있었다. 타락의 결과로 인간은 죄의 노예가 되었다. 이것이 현재 인간 의지의 상태이다. 이러한 인간의 의지는 인간의 마음이 지닌 죄악 된 성향에 의해 지배된다. 중생과 회심으로 인간은 의지의 자유를 갖게 된다. 그러나 완전한 자유는 아니다. 신앙고백서들은 신자 속에서 계속되는 투쟁을 상기시키기 위해서 로마서 7장을 인용한다. 자유 의지를 다룬 장의 다섯 번째 문단은 이렇게 선언한다. "인간은 영광의 상태 속으로 들어갈 때까지는 오직 선한 것만 행하는 의지의 자유를 완전하고 불변하게 가질 수 없다."

패커(J. I. Packer)와 존스턴(O. R. Johnston)은 1957년에 루터의 『의지의 속박』(*The Bondage of the Will*)을 새로 번역하면서 서문을 썼다. "마르틴 루터가 의지의 속박에서 변호한 원칙들을 수용하면 현대의 많은 크리스천들에게 정신적, 영적 혁명이 일어날 것이다. 이것은 설교와 전도에 급격한 변화를 줄 것이며 대부분의 신학 분야와 목회 사역에도 변화를 일으킬 것이다. 하나님 중심의 사고는 오늘날 인기가 없다. 이것을 회복하려면 많은 문제들을 대하는 우리의 관점에 코페르니쿠스적인 혁신이 있어야 할 것이다."

이 말은 과장일까? 전혀 그렇지 않다. 그릇된 교리가 그릇된 행위를 낳기 때문이다. 구원 문제에 대한 인간의 이해가 옳고 그름에 따라 복음 설교의 방법과 교회에서의 행위들의 옳고 그름이 결정된다.

인간 전체에 덮인 죄의 실체와 그 급진적 영향을 간과하면, 사람이 거듭나기 위해서는 단순히 그리스도를 택하기로 결정하면 된다는 생각이 지배하게 된다. 그리스도를 받아들이는 결단만이 필요할 뿐이다. 이것은 '천박한 신앙'으로 회개가 제쳐져 있다. 결단을 한 자에게는 구원받았다는 선언을 해 준다. 이런 식의 접근은 그릇된 결신자를 산출시킨다. 육적 교인의 이론은 결단을 하고서도 거듭난 표시가 없는 자들을 수용하기 위해서 만들어 낸 것이다. 켄트 필폿(Kent Philpott)이 쓴 『당신은 정말 거듭났는가?』(*Are you Really Born Again?*)라는 책은 죄에 관한 온전치 못한 인간론에서 비롯된 오도된 방법 때문에 해를 입은 많은 실례들을 예시하면서 설명한다. 이 책은 매우 힘있게 이 문제를 다룬 현 시대의 강론이다. 결신자를 강단 앞으로 부르는 것은 결단을 유도하기 위해서 심리적인 압력을 가하는 일반적인 방법이다. 그 결과는 어떤 교회들의 경우에서 보면 뒷문이 앞문만큼 넓다. 말을 바꾸면 많은 사람들이 교회에 들어와서 결단을 하지만 변화되거나 거듭난 것이 아니기 때문에 실망하고 뒷문으로 빠져 나간다는 뜻이다.

하나님의 주권에 대한 잘못된 생각

그릇된 결론들에 대한 두 번째 부분은 하나님의 주권에 관한 혼란된 생각이다. 여기서 다룬 내용은 숙명주의, 거저 주는 복음, 인류를 향한 하나님의 사랑이다.

첫째, **숙명주의**를 청교도들은 우리가 '은혜의 수단들'(the means of grace)이라고 부르는 것에 집중해 대처하였다. 구원하는 믿음의 주제에서 신앙고백서들은 이것이 설교를 통해서 성령이 일으키는 것이라고 가르친다. 사도행전은 교회가 사도들과 신자들의 활동적인 노력으로 자라고 퍼졌음을 잘 예시한다. 조직된 전도와 선교 사역은 모든 교회의 책임이다. 이러한 노력이 없으면 교회 성장이 없다. 주권적인 하나님은 자기 백성들의 활동을 통해서 목적하신 일을 성취하신다.

그런데 여기에는 죄인들의 책임도 있다. 하나님은 모든 사람들이 어디에 있던지 회개하라고 명하신다(행 17:30). "그의 계명은 이것이니 곧 그 아들 예수 그리스도의 이름을 믿고"(요일 3:23). 윌리엄 그린힐(William Greenhill)은 '회심을 위해 무엇을 해야 하는가?'라는 설교에서 회심하지 않은 사람의 책임을 서술하였다. 그린힐은 에스겔서 18장 32절을 본문으로 잡았다. "너희는 스스로 돌이키고 살지니라." 회심하지 않은 자들은 능력 있는 사역의 영향을 받을 수 있다. 그래서 하나님의 심판의 음성을 듣거나 크리스천들의 삶에 복음이 끼친 영향을 주목할 수 있다. 그린힐은 회심하지 않은 자들이 말씀의 영향권으로 들어올 수 있는 이와 같은 제안을 한 뒤에 그들이 해야 할 일이 무엇인지를 촉구하였다. 그들은 하나님께로 돌이켜야 한다. 그들은 좁은 문으로 들어가려고 힘써야 한다.

둘째, **거저 주는 복음**에 대해서 청교도들은 회심하지 않은 자들에게 복음을 전할 때 주저하지 않았다. 예로써 리처드 백스터(Richard Baxter)의 『불신자에게 주는 초청』(*A Call to the Unconverted*)과 조셉 얼라인(Joseph Alleine)의 『불신자를 향한 경고』(*An Alarm to the Unconverted*)가 있다. 백스터의 책은 고전인데 존 블랜차드(John Blanchard)가 현대 영어로 옮겨 놓았다. 청교도들은 모든 설교를 전도적인 것으로 간주했다. 물론 다루는 주제에 따라 정도의 차이는 있지만 청교도의 설교에는 항상 복음 전도의 측면이 담겨 있다. 로버트 볼턴(Robert Bolton)은 예수님의 모범을 지적한다. "주님은 안식일마다 어느 곳이든지 직접 또는 간접으로 아니면 적어도 암시적으로라도 예외 없이 복음을 값없이 제공하셨다." 존 플레이블(John Flavel)은 요한계시록 3장 20절을 본문으로 삼고 265쪽에 달하는 강해를 하였다. 이것은 청교도들이 예외 없이 누구에게나 복음을 간곡히 제시하는 데 있어 성령의 기름 부음을 받았음을 잘 예시한다. 플레이블은 강해에서 죄인들에게 그리스도께로 나아가라는 초청을 하면서(마 11:27-28) 그들과 변론하고(사 1:18-20), 인내하며(롬 10:21), 경고하고(눅 13:5), 하나님과 화해되어야 한다고 간청하였다(고후 5:20).

청교도 전통을 이어받은 조지 횟필드(George Whitefield)는 그의 설교에서 하나님의 주권과 인간의 책임에 대한 균형 잡힌 이해를 잘 드러내었다. 그는 상실된 죄인들을 속절없는 상태에 놓고 회개의 필요성을 역설하였다. 그런데 상실된 죄인들은 노예이다. 그들은 회개할 수 없다. 그럼에도 구원을 받으려면 반드시 회개해야 한다. 그러나 할 수 없다. 그래도 해야 한다. 죄인들의 유일한 강구책은 자신들에게서 눈을 돌려 구원해 줄 수 있는 분을 바라보아야 한다. 죄인들의 탈출구는 모두 끊겼다. 자신들 속에는 아무 도움이 없다. 유일한 희망은 오직 하나님께 자비를 구하는 것이다. 그러면 자비의 하나님이 믿음으로 자기에게 나아오는 자들을 결코 내쫓지 않으신다.

셋째, **하나님의 사랑**에 대한 문제이다. 만약 하나님이 선택받은 사람들만 사랑하고 선택받지 못한 사람들은 증오하신다면 죄인들이 하나님께 눈을 돌리고 믿을 수 있도록 이끌어 주는 것이 무엇인가? 리처드 백스터는 『불신자에게 주는 초청』에서 주권자로서의 주님이 사용하신 에스겔서 33장 11절의 말씀으로 강력하게 변증한다. "나는 악인이 죽는 것을 기뻐하지 아니하고 악인이 그의 길에서 돌이켜 떠나 사는 것을 기뻐하노라." 우리 주님은 하나님이 우리의 원수들을 사랑하시기 때문에 우리도 원수들을 사랑해야 한다고 분명히 가르치셨다(눅 6:35). 가장 악독한 죄인들까지 포함해서 하나님이 모든 인류를 사랑하신다는 것을 청교도인 존 하우(John Howe)는 자신의 설교집인 『상실된 죄인들을 위해 흘리신 구속주의 눈물』(*The Redeemer's tears shed over lost souls*)에서 여실히 표현하였다.

결언

청교도들은 하나님의 주권과 인간의 책임이라는 균형된 교리로 복을 받았다. 그들은 이 교리를 붙잡았기 때문에 여러 가지 실망되는 일들이 있음에도 불구하고 수확의 때가 있을 것을 알고 인내하며 수고하였다. 오늘날 사람들은 복음에 거의 관심이 없는 듯하다. 우리도 하나님의 주권적 능력에 의해 복음의 열매가 증가할 것을 신뢰하고 동시에 인내하는 노력이 반드시 필요하다는 것을 아는 균형 잡힌 주권과 책임에 대한 교리를 붙잡아야 한다. 씨 뿌리는 자의 비유처럼(눅 8:1-15) 우리는 때가 되면 수확이 있을 것을 알고 반드시 파종해야 한다.

> 인간 전체에 덮인 죄의 실체와 그 급진적 영향을 간과하면, 사람이 거듭나기 위해서는 단순히 그리스도를 택하기로 결정만 하면 된다는 생각이 지배하게 된다.

주일의 회복

주일을 위한 투쟁은 엘리자베스 통치 말년에 시작되어 17세기 초반에 결정적인 승리를 거두었다. 청교도들은 잉글랜드에 일요일을 주었다. 하루 전체를 예배와 교제를 위해 쓰도록 한 것은 엄청난 유익이었다.

무디(D. L. Moody)는 청교도 전통을 따른 사람이 아니지만 오늘날 주일 문제의 실제적인 중요성을 예시하기 위해 그의 말을 인용하기로 한다. "내게 안식일을 내던진 나라를 보여 주시오. 그러면 나는 당신에게 부패의 씨앗을 품은 나라를 보여 주겠소." 복음의 원수인 볼테르(Voltaire)는 "기독교를 죽이고 싶으면 일요일을 폐지시켜야 한다"고 말했다. 쇠퇴하는 기독교의 회복은 주일의 회복과 동일 선상에 있다고 생각한다.

패트릭 콜린슨(Patrick Collinson)은 다음과 같이 주장한다. "초기 청교도 안식일주의의 핵심은 넷째 계명이 창조에서 기원한 도덕법이며 모세법보다 먼저 시작됐다는 확신이었다. 일요일을 기독교 안식일로 보는 것은 교회의 전통이 아니고 하나님이 사도들을 통해 정한 것이라고 변호되었다. 또한 안식일주의는 하루가 노동이나 게으름 혹은 레크리에이션에 사용되어서는 안 되며 온전히 공사(公私)간의 종교 활동을 위해 쓰여져야 한다는 확신을 낳았다."

우리는 서구 사회에서의 주일 준수는 너무도 무시되어 과거와 같은 수준으로는 결코 회복될 수 없다고 생각하기 쉽다. 백스터(Richard Baxter)는 주일과 관련해서 자신이 잉글랜드의 시골 마을에서 자랄 때를 회상하였다. "우리는 주일에 성경을 한 장도 읽을 수 없고 기도도 못하고 시편 한 편도 찬송할 수 없었다. 혹은 교리 문답 공부를 할 수도 없고 하인에게 할 일을 시킬 수도 없었다. 왜냐하면 피리 부는 소리와 북 치는 소리, 거리에서 외치는 고함소리가 그치지 않았기 때문이다. 우리는 거리의 온갖 사람들로부터 경멸을 당하였고 청교도, 꽁생원, 위선자로 불려졌다. 우리가 주일에 그들이 하는 짓을 삼가고 성경을 읽었기 때문이었다." 그런데 큰 변화가 왔다. 그럼 이 개혁이 과연 어떻게 일어났을까?

이 변화의 이야기는 자기 사위인 니콜라스 바운드(Nicholas Bownde)에게 영향을 준 리처드 그린햄(Richard Greenham)에게로 소급된다. 바운드는 1586년에 안식일을 주제로 설교하였다. 다음에 그는 1595년에 안식일 법을 주장하는 책을 출판하였다. 이 책은 넷째 계명의 본문에 대한 직접적이고 균형 잡힌 강설이었다. 그런데 큰 영향을 끼치게 되어 1606년에 증보판이 나왔다. 다니엘 닐(Daniel Neal)에 의하면 이 책으로 '강력한 개혁이 일어났다.'

바운드는 쉬라는 명령은 도덕적이고 영구적으로 준수해야 할 법이라고 주장하였다. 그래서 주일날에 공부, 세상 비즈니스, 사격, 매(鳥) 놀이, 테니스, 펜싱, 볼링 등을 하지 말아야 한다고 말했다. "남자들은 손에 활과 화살을 쥐고 교회에 와서는 안 된다."

바운드의 동서인 존 도드(John Dod)는 '십계명 도드'라는 별명을 가졌는데 나중에 십계명 강해서를 썼다. 이 책은 매우 인기가 있어 40회의 재쇄를 하였다. 도드는 일요일에 추수하는 문제를 언급하였다. 만약 날씨가 나빠서 추수를 못하게 되면 어떻게 하겠는가? 그 대답은 "하나님의 섭리를 신뢰하라"는 것이었다. 그런데 더 나은 대답은 "농사에 손실이 와도 하나님의 진노가 내리는 것보다는 낫다"고 말하는 것이었다.

웨스트민스터 총회의 회원이었던 다니엘 코드리(Daniel Cawdrey)와 허버트 팔머(Hebert Palmer)는 『크리스천 안식일 변호』(The Christian Sabbath Vindicated)라는 책을 공저로 출판하였다(1645년). 이 책은 상·하권으로 1050쪽에 달한다. 저자들은 의식법과 사법, 그리고 도덕법의 구분으로 시작하면서 '도덕'의 의미를 먼저 정의하였다. 그들은 경건한 예배를 도덕적이고 영구적인 의무로 보았다. 그리고 십계명은 영구적이고 도덕적인 의무를 집약한 것이라고 말하였다. 넷째 계명은 첫 번째 돌 판에 있기 때문에 도덕적이고 영구적이라고 주장하였다. 1655년에 뉴잉글랜드의 청교도인 토마스 셰퍼드(Thomas Shepard)가 중요한 저서를 펴냈다. 그는 안식일의 도덕성, 날짜 변경, 안식일의 출발과 안식일의 성화에 대한 설명을 하였다.

1668년에는 런던의 세인트 올레이브 주어리(St. Olave Jewry) 교회의 존 웰즈(John Wells)가 안식일 준수의 의무들에 관한 지시들을 강해한 787쪽의 『실제적 안식일주의자』(The Practical Sabbatarian)라는 책을 냈다. 웰즈는 1662년에 축출된 목회자들 중의 한 사람이었다. 그의 책은 이사야서 58장 13-14절의 강해이다. 그는 주일날의 스포츠나 레크리에이션은 성경 말씀의 단맛을 앗아가고 영적 자비들을 천박하게 만든다고 주장하였다. 그에 따르면 자연의 법은 하나님을 섬기기 위해서 배정되고 성별된 시간에는 갖가지 노동과 쾌락에서 완전히 떠날 것을 요구한다(26-8쪽)는 것이었다. 또한 주일의 핵심은 다른 날과 성별되었다는 사실이다. 인간들이 자신들을 위해서 날짜를 정하지 않는가? 그렇다면 하나님이 한 날을 정하시지 않겠는가? 우리는 이날을 준비해야 한다. 막달라 마리아는 주님의 십자가에 마지막까지 있었고 주님의 무덤에 제일 먼저 가지 않았는가?(241쪽). 웰스는 주일의 즐거움을 이렇게 강조하였다. "성도들만큼 기쁨을 누리기에 적합한 자가 없고, 안식일만큼 더 기쁜 날도 없다"(267쪽). 이 말을 지지하기 위해서 그는 시편 118장 24절을 인용한다. "이날은 여호와께서 정하신 것이라 이날에 우리가 즐거워하고 기뻐하리로다." 그는 아침과 저녁 예배 사이에 '달고 거룩한 말씀'에 열중해야 한다고 조언한다(320쪽).

주일 준수에 관한 전형적인 권면은 다음과 같이 요약될 수 있다.

1. 기도와 묵상으로 주의 날을 준비하라. 스윈녹(Swinnock)은 말한다. "당신이 토요일 밤에 당신의 마음을 하나님께 맡겨 두면 주일 아침에 주님에게서 도로 찾게 될 것이다."
"정시에 자고 주일에 졸지 않도록 하라."
2. 가장들은 자기 가족들을 주일 아침에 늦지 않게 모으고 하루 종일 영적 교훈을 모두 충족하게 받도록 준비시키라.

3. 가장들은 설교 말씀을 가족들이 기억하도록 하라. 그리고 식사 때 자유로운 토론을 하게 격려하고 설교의 대지들을 반복하게 하라.

4. 주일날에 받은 가르침과 은혜들을 주중에도 지니도록 하라.

청교도들의 주일 교육은 부정적이라고 생각하는 것은 오해다. 주일에 우리 자신들을 기쁘게 하는 일을 버리고 주의 날을 최선껏 사용하기 위해서 주님의 뜻을 찾아야 한다는 점에서는 부정적이다. 그러나 청교도 주일 교육의 장점은 주일에 대한 즐거움과 열정의 표현들에서 드러난다. 주일을 잘 보내는 데서 오는 유익은 매우 크다. 토마스 왓슨(Thomas Watson)은 이것을 '영혼의 장날'이라고 불렀다. 우리는 다음 인용에서 왓슨이 주일에 대해 가졌던 열정을 읽을 수 있다.

안식일은 영혼의 장날이며 최선의 시간이다. 이날에 주님이 무덤에서 일어나셨고 성령이 땅에 강림하셨다. 주일은 향이 되어 하늘로 올라가는 기도의 달콤한 향수로 뿌려진다. 이날에 천사들의 음식인 만나가 떨어진다. 이날은 영혼의 축제일이다. 이날에 은혜가 작용한다. 다른 날들은 땅에 대한 날이고 이날은 하늘에 대한 날이다. 주중에는 짚을 거두고 주일에는 진주를 거둔다. 그리스도는 이 날에 영혼을 산으로 데리고 가서 변모의 영광을 보여 주신다. 이날에 주님은 자기의 신부를 데리고 포도주 저장실로 가서 그의 사랑의 기치를 세워주신다. 그리고 신부에게 최상품의 포도주와 석류 주스를 따라 주신다 (아 2:4, 8:2).

주님은 주로 자신을 주일에 더 많이 계시하신다. 사도 요한은 주의 날에 성령에 감동되었다(계 1:10). 그는 이날에 하늘로 이끌려 갔다. 신자들은 이날에 영혼이 고조된다. 하나님과 함께 걷고 하늘의 교제를 맛본다(요일 1:3). 이날에 거룩한 사랑이 깨어나고 은혜의 잔고가 올라가며 부패가 줄어들고 사탄이 말씀의 능력 앞에서 번개처럼 떨어진다. 그리스도는 안식일에 대부분의 기적을 행하셨다. 이러한 기적은 지금도 일어난다. 죽은 영혼들이 일어나고 돌과 같은 마음이 부드러워진다. 그렇다면 이날을 우리가 얼마나 존중해야 하겠는가! 이날은 루비보다 더 귀중하다. 하나님은 주일을 다른 날 위에 올려놓으시고 즐거움의 기름을 부으셨다. 안식일에 우리는 천사들의 일을 한다. 우리의 혀는 하나님의 찬송에 맞추어진다. 지상의 안식일은 우리가 하늘에서 체험케 될 것으로 소망하는 영광스런 안식과 영원한 안식에 대한 예표이다. 이날에는 하나님이 성전이 되시고 어린양이 그 성전의 빛이 될 것이다(계 21:22-23).

결혼과 가정

영국과 미국에서의 가정 파괴율의 통계는 충격적이다. 미국의 경우 31퍼센트의 아이들이 결혼하지 않은 부모들에게서 태어난다. 50퍼센트 이상의 쌍들이 결혼 전에 동거한다. 60퍼센트가 결혼에 실패하고 50퍼센트가 이혼하며 10퍼센트가 별거한다. 혼전 성관계를 가진 사람들은 그렇지 않은 부부보다 60퍼센트의 더 높은 이혼율을 보인다.

이와 같은 어두운 배경을 놓고 볼 때 우리는 청교도들에게서 많은 교훈을 얻을 수 있다. 패커(Packer) 박사의 평가를 들어 보자. "그들은 잉글랜드 기독교 결혼과 잉글랜드 기독교 가족과 잉글랜드 기독교 가정을 창출시킨 자들이다." "청교도의 결혼 윤리는 현재 열렬히 사랑하는 파트너를 찾는 것이 아니고 일생의 가장 좋은 반려자로서 점차적으로 사랑할 수 있는 사람을 하나님의 도우심으로 구하는 것이었다." 청교도의 양육 윤리는 자녀들이 반드시 가야 할 길을 가도록 훈련시키는 것이었다. 즉 자녀들의 몸과 영혼을 함께 돌보고 건전하고 경건하며 사회적으로 유익한 성년 생활을 하도록 교육하는 것이었다. 청교도의 가정 생활은 질서, 예의, 가족 예배를 유지하는 일에 기반된 것이었다. 호의, 인내, 일관성, 격려해 주는 자세가 필수적인 가정 덕목으로 간주되었다.

윌리엄 구지(William Gouge)는 결혼과 가정에 대한 설교를 하였고 이 주제로 600쪽의 글을 썼다. 토마스 맨턴(Thomas Manton)은 에베소서 5장 1-27절의 본문으로 32회의 연속 설교를 하였다. 로이드 존스 목사는 청교도의 전례를 따라 에베소서 5장 1-27절을 1959년부터 1960년 동안 주일 아침마다 웨스트민스터 채플(Westminster Chapel) 교회에서 강해하였다. 나중에 이 강해들은 시리즈로 출판되었다.

결혼과 가정의 실제적인 측면에 대해서 청교도들은 설교할 준비가 되어 있었다. 대표적인 예로써 크리플게이트에서의 아침 강해(The Morning Exercises of Cripplegate)를 들 수 있다. 리처드 아담스(Richard Adams)의 가정 설교 제목은 다음과 같은 실제적인 것들이었다. "성경적인 부모와 자녀들의 의무는 어떤 것인가?", "산모들에게 가장 필요한 격려는 어떤 것들인가?"

결혼과 가정에 대한 청교도들의 가르침은 로마 가톨릭 교회의 오랜 전통과 큰 대조를 이룬다. 중세기에는 독신이 거룩한 삶을 위한 최선의 방책이라는 사상이 지배적이었다. 그러나 마르틴 루터가 캐서린 폰 보라(Katherine von Bora)라는 수녀 출신과 결혼했을 때 개신교는 중세기적인 독신 사상과 결별한 셈이었다. 청교도들은 16세기 종교개혁자들이 시작한 전례를 따라 남편과 아내들에 관한 성경 본문들을 더 상세하게 강해하였다. 그들은 결혼이 하나님의 차선이 아니고 최선임을 가르쳤다. 예컨대 토마스 가테이커(Thomas Gataker)는 결혼을 이렇게 찬양했다. "이 세상에서 남편과 아내의 관계처럼 더 가깝고, 더 순전하며, 더 필요하고, 더 친절하며, 더 즐겁고, 더 편안하며, 더 일정하고, 더 지속적인 것은 없다. 남편과 아내의 관계는 다른 모든 집단들의 뿌리며 근원이며 원천이다." 토마스 맨턴(Thomas Manton)은 결혼이 지상에서 존재하기 전에 하늘에서 먼저 있었다고 말하였다. 조지 스윈녹(George Swinnock)은 경건 훈련이라는 설교에서 남편과 아내의 관계를 지적하였다. "아담은 하나님과의 언약을 깨뜨리기 전에 하와와 결혼했다. 그는 사악한 자에 의해서 해를 입기 이전에 한 아내와 결혼하였다. 남녀의 결혼 관계를 부정(不淨)과 오염으로 보는 로마의 학자들은 결혼이 인간의 타락과 부패 이전에 하나님이 하신 사실임을 고려하지 않는다." 리처드 십스(Richard Sibbes)는 "그 훌륭한 제도를 천하게 보는 것은 마귀의 짓이다"라고 하였다.

토마스 맨턴(Thomas Manton)은 "남편들아 아내 사랑하기를 그리스도께서 교회를 사랑하시고 그 교회를 위하여 자신을 주심 같이 하라"(엡 5:25)는 본문을 강해하면서 결혼을 최상의 위치로 승화시켰다. 그는 루터의 말을 인용한다. "나는 그리스도 안에서 아낌없이 주는 넘치는 사랑만 본다." 그리고 덧붙여 동의하였다. "사랑은 때가 익으면 불이 불을 붙이듯이 사랑을 낳는다." "우리가 사랑함은 그가 먼저 우리를 사랑하셨음이라"(요일 4:19).

웨스트민스터 신앙고백의 결혼 규정에 보면 크리스천은 '주 안에서' 결혼해야 한다고 되어 있다. 결혼의 이유로서는 '남편과 아내의 상호적인 도움'이 첫 번째이고, '인류의 증식'이 두 번째이다.

가정 예배는 매일 아침저녁으로 드려야 하는 필수적인 의무로 여겼다. 아이들은 하나님을 경외하도록 양육되었다. 성경을 어릴 때부터 잘 배워 아는 일이 얼마나 유익한 것인지는 매튜 헨리(Matthew Henry)의 경우에서 예시될 수 있다. 그는 청교도였던 필립 헨리의 아들로서 어릴 때부터 성경을 배워 살아 있는 놀라운 지식을 쌓았다. 나중에 그는 단권으로 된 성경 전체의 주석을 썼는데 지금까지 사용되고 있다. 그는 창세기 2장 22절에 대한 주석에서 남자와 여자의 관계를 언급하였다. "여자는 아담의 옆구리에서 나온 갈비뼈로 만들었다. 아담 위에 올라가도록 그의 머리에서 만들지 않았고, 아담의 발에 밟히도록 그의 발에서 만들지도 않았다. 여자는 아담과 동등하도록 그의 옆구리에서 만들었다. 그래서 아담의 팔 아래에서 보호를 받고 그의 가슴 가까이에서 그의 사랑을 받게 하였다."

매튜 헨리는 잠언 31장 10-31절의 주석에서 가정의 의무들은 모두 하나님이 기뻐하신다고 하였다. 은혜가 모든 생명체에 배어 있고 모든 삶을 북돋아 준다. 은혜 혹은 영성은 자연에 거스르지 않고 그 위에 있지도 않으며 혹은 병행하지도 않는다. 은혜는 자연 속에 스며 있다. 청교도들은 결혼이 본질적으로 파트너십이라고 강조하였다. 사무엘 세월(Samuel Sewall)은 자신의 일기에서 "가계부 관리는 자기보다 아내가 더 잘할 수 있기 때문에 아내에게 넘겼다"고 하였다.

청교도들은 아이들에게 신체적, 영적 필요를 모두 부모가 공급해야 한다고 가르쳤다. 여기에는 아이들에게 '합법적이고 정직한 소명을 받고 노동, 고용, 농사일 기타 자신들과 사회를 위한 유익한 일들을 하게끔 지도하는 것'이 포함되었다. 리처드 그린햄(Richard Greenham)은 자녀 단련에 관해서 '가장 정도가 낮은 수단과 가장 덜 엄한 방법'을 쓰라고 교훈하였다.

1960년대부터 크리스천 결혼관과 가족관에 막대한 영적 공격이 가해졌다. 대중매체에서 끊임없이 반(反)기독교 사상이 흘러나온다. 우리는 이것을 실제적인 적용을 특별히 강조하는 성경의 가르침으로 대처할 수 있다. 청교도들은 이 주제를 염두에 두면서 선명한 적용을 강론함으로써 좋은 모범을 남겼다. 목사들은 결혼과 가정에 대한 성경의 관련 본문들을 놓고 적용할 수 있는 방법으로 정규적으로 힘있게 말씀을 강해해야 한다. 리처드 백스터(Richard Baxter)는 결혼과 가정의 주제를 복음적으로 설교하고 집필하였다. 그는 크리스천 가정이 사회의 모델이라고 가르쳤다. 우리는 크리스천 가정에서 그리스도의 사역이 눈에 보이게 드러나는 것을 알 수 있다. 이것은 오늘날 매우 중요한 의의를 지닌다. 세상의 유명 인사들이 한심한 모범을 나타내는 때에 크리스천들은 가정 생활에서 경건한 모범을 보여야 할 것이다.

영적 체험에 대한 성경적인 근거

1960년대의 마약과 성의 혁명 뒤에는 체험하고 싶어하는 강렬한 욕망이 깔려 있다. 세속의 정신이 교회 속으로 홍수처럼 밀려왔다. 이 세속 사상은 사람들의 느낌을 가장 중시하는 포스트모더니즘(Postmodernism)의 정신이다. 느낌이 좋으면 옳다는 것이다! 1970년부터 카리스마 운동(Charismatic movement)이 가속되었다. 1990년대에는 많은 사람들이 토론토 축복(Toronto Blessing)이라는 체험을 했다고 주장하였다. 그러나 적지 않은 오순절 교회들을 포함해서 여러 교회들이 토론토 축복을 광신적이고 비성경적인 체험으로 배격하였다. 토론토 축복은 온갖 종류의 괴상한 행동들을 드러내었다. 의사들은 이런 극단들을 진단하고 그들을 전염성 히스테리라고 설명했다.

오늘날 영적 체험은 전세계적으로 복음주의가 생각하는 첫 번째 주제이다. 선명히 선을 그을 수 있는 두 종류의 진영이 있다. 한 쪽에서는 모든 영적 체험들이 성경으로 시험 받아야 한다고 말하고, 다른 쪽에서는 체험을 최우선시하면서 성경의 시험을 저지한다. 성경 말씀이 우리의 권위인가 아니면 영적 체험이 우리의 권위인가? 청교도들은 하나님을 가슴의 체험으로 아는 문제에서 강하였다. 그러면서도 그들은 모든 것을 성경으로 시험하였다. 우리도 이들의 모범을 따라야 한다.

체험이란 무엇인가? 체험은 내 영혼이 느끼는 것이다. 체험은 나의 감정 생활과 관계된 것이다. 기독교는 지성과 가슴과 실천의 종교이다. 체험은 정당한 자리가 있다. 기독교는 '느끼는' 종교이다. 바울은 "우리에게 주신 성령으로 말미암아 하나님의 사랑이 우리 마음에 부은바 됨이니"(롬 5:5)라고 하였다. 오순절은 깊은 영적 체험의 시간이었다. 제자들은 성령으로 채워졌다. 그들의 마음과 정신이 큰 능력을 받았다.

체험을 감각적인 느낌으로만 생각하는 경향이 있다. 예를 들면 오순절의 체험이다. 이사야가 성전에서 하나님의 영광과 위엄에 압도된 것도 또 하나의 실례이다(사 6:1-6). 이러한 극적인 체험들은 매우 드문 일이다. 예로써 존 플레이블(John Flavel)은 말을 타고 여행할 때 가졌던 체험을 기술하였다. "내 마음속에서 영적 생각들이 솟아나기 시작했다. 에스겔의 환상처럼 점점 더 불어나더니 마침내 넘치는 홍수가 되었다." 그는 한 샘터에 이르러 앉아서 땀을 닦고 간절히 죽길 소원했다. 그러나 샘물을 마시고 원기가 회복되어 여행을 계속했다. 그는 한 여관에 도착해서 밤을 묵었는데 전혀 잘 수가 없었다. 그러나 자기 일생 중에 그날 밤처럼 달게 안식한 밤이 없었다! 주님의 기쁨이 그를 계속 압도했다. 그는 다른 세계의 사람 같았다! 여러 해가 지난 뒤에 그는 이날을 '땅에서 누린 천국의 하루'였다고 술회하였다. 그리고 그는 자신이 읽은 모든 책이나 설교에서보다 그날 받았던 하늘의 빛에 의해 더 많은 것을 이해했다고 고백했다.

청교도들은 체험을 플레이블이 위에서 서술한 것과 같은 비상한 경우에 한정시키지 않았다. 또한 그들은 영적 체험을 성령 세례라고 부르는 제이의 의무적 체험이라고 말하지도 않았다. 오히려 그들은 영적 체험을 시편의 여러 체험들의 문맥에서 이해하였다. 시편은 산정과 계곡, 영혼의 희열과 절박한 침체를 모두 포함하는 전반적인 체험들을 기술한다.

청교도의 전통을 따른 조나단 에드워즈(Jonathan Edwards, 1703-1758)는 크리스천의 내적 체험에 관해서 가장 예리한 분석을 한 것으로 인정되는 『종교적 정서』(The Religious Affections)를 저술하였다. 에드워즈는 베드로전서 1장 8절의 강해로 시작한다. "예수를 너희가 보지 못하였으나 사랑하는도다 이제도 보지 못하나 믿고 말할 수 없는 영광스러운 즐거움으로 기뻐하니." 그는 "참 종교는 대부분 거룩한 체험으로 짜여졌다"고 하였다. 환언하면 참 종교는 마음의 체험, 즉 느끼는 종교라는 의미이다.

청교도 저자들은 기쁨, 사랑, 침체, 버림 받음, 환난, 투쟁, 자족, 징계 등과 같은 온갖 종류의 영적 체험들을 언급하였다. 모든 체험의 받침대는 신자가 하나님과 갖는 연합과 교제의 체험이다. 존 오언(John Owen)은 요한일서 1장 3절의 강해를 시작하면서 교제는 하나님의 성삼위와 각각 갖는 것이라고 하였다. 그의 설명에 따르면 "성도가 아버지와 갖는 주된 교제의 길은 사랑이다. 즉 자유롭고 아낌없는 영원한 사랑이다." 그리스도의 영광과 탁월함은 계시되었다. 그러므로 신자는 그리스도와의 연합과 교제의 체험을 심화시켜야 한다. 오언은 우리가 성령과 갖는 교제의 방법들에 대해서도 설명했는데 매우 실제적이다.

존 하우(John Howe)는 시편 37장 4절인 "여호와를 기뻐하라 그가 네 마음의 소원을 네게 이루어 주시리로다"라는 강해에서 체험에 대한 뛰어난 청교도 강해의 실례를 보여 주었다. "하나님의 기쁨은 하나님 자신이 자기 백성들의 즐거움의 최대 대상이 되는 것이다."

성삼위와의 뜻 깊고 풍성한 교제에 대한 주제는 청교도들의 강해에서 멀리 떨어진 적이 없다. 예로써 토마스 브룩스(Thomas Brooks)는 예레미야애가 3장 24절인 "내 심령에 이르기를 여호와는 나의 기업이시니 그러므로 내가 그를 바라리라"의 본문 강해에서 자신의 주제를 '하나님의 방주 중의 방주' 라고 불렀다. 그는 다음과 같이 본문을 나누었다.

첫째, 주장 : '여호와는 나의 기업이시니'
둘째, 증명 : '내 심령에 이르기를'
셋째, 유추 : '그러므로 내가 그를 바라리라'

브룩스는 크리스천 체험의 적실성이 본문에 나와 있다고 말한다. 이스라엘은 모든 것을 잃었다. "유태인들에게 기막힌 재앙과 고통이 닥쳤다." "예레미야 선지자는 나라의 파멸과 땅의 황폐와 영광스런 예루살렘 도시와 성전을 슬퍼한다." 그의 논리는 신자가 모든 것을 잃고 이 세상의 황폐 가운데 서 있을 때에도 주님을 자신의 기업으로 가지고 있다는 것이다. 신자가 주님을 가지고 있으면 그는 모든 것을 가진 자이다.

여호와는 어떤 기업인가? 브룩스는 우리 하나님을 현재의 기업으로 가지는 것을 실험적인 의미로 강해한다. 여호와는 지금 현재 우리와 함께 계신다! 그는 무한하시다. 그는 충족하시다. 그는 비교할 수 없다. 이것들은 브룩스가 본문을 살피면서 도출해 낸 열다섯 가지 주님의 속성들의 일부분이다.

성경에 기반한 실험적인 강해의 특출한 예는 아이작 앰브로즈(Isaac Ambrose)가 쓴 그리스도의 사역에 관한 책에서 찾아볼 수 있다. 앰브로즈는 1591년에 태어나서 랜커셔(Lancashire)에서 거주하였다. 그는 1662년에 축출된 목회자의 한 사람이었다. 그는 심한 질병에서 회복되면서 예수님이 자기 영혼을 위해 행하신 일에 대해서 매우 생생한 느낌을 받았다. 그는 그리스도의 사랑에 보답하고픈 열망에 붙잡혀 그리스도의 생애를 강론하기로 작정하였다. 그 결과 고전에 속하는 700쪽에 달하는 『예수를 바라보라』(Looking unto Jesus)는 저작이 나왔다.

예수를 바라보는 것은 무엇일까? 첫째, 우리는 주님의 사역을 각 단계마다 모두 보아야 한다. 또한 주님의 성육신 이전의 선재(先在)부터 잉태와 출생까지를 보아야 한다. 다음에 주님의 사역을 각 해마다 살피면서 주님이 받으신 배척과 고난, 십자가 처형과 부활, 승천과 영화, 현재 우리를 위한 중보 사역까지 보아야 한다. 앰브로즈는 각 포인트마다 우리에게 예수를 생각하고, 그를 사모하며, 그 안에서 소망을 품고, 그를 믿으며, 그를 사랑하고, 그 안에서 기뻐하며, 그를 부르고, 그의 모습을 닮으라고 권면한다.

체험의 주제는 구원의 확신과 밀착된 것이다. 토마스 브룩스는 말한다. "확신이 당신에게 천국을 소유케 한다. 확신이 있는 신자는 낙원에서 살고, 낙원에서 걸으며, 낙원에서 일하고, 낙원에서 안식한다. 그는 자기 속에 천국을 가지고 있다. 또한 천국이 그의 둘레와 그의 머리 위에 있다."

굳건한 확신의 교리

토마스 브룩스(Thomas Brooks)는 크리스천의 확신에 대한 주제로 『지상 천국』(*Heaven on Earth*)이라는 유명한 글을 썼다.

은혜의 상태에 있는 것은 더 이상 비참하지 않은 것이다. 즉 영원히 행복한 것이다. 확신은 은혜를 입은 영혼의 반사 작용이다. 그런 영혼은 자신이 은혜롭고, 복 되고, 행복한 상태에 있음을 분명하게 안다. 이것은 지각할 수 있는 느낌이며, 자신이 은혜의 상태 속에 있고 또한 영광의 면류관을 받을 권리가 있음을 체험적으로 분별하는 것이다. 이것은 자신이 특별하고 독특하며 구별될 수 있는 그리스도의 은혜 속에 있음을 아는 데서 오는 확신이거나 하나님의 영이 주는 증언에 의한 확신이다.

"성령이 친히 우리의 영과 더불어 우리가 하나님의 자녀인 것을 증언하시나니 자녀이면 또한 상속자 곧 하나님의 상속자요 그리스도와 함께 한 상속자니 우리가 그와 함께 영광을 받기 위하여 고난도 함께 받아야 할 것이니라"(롬 8:16-17).

내가 은혜를 가지고 있는 것과 내가 나의 은혜를 보는 것은 별개의 문제이다…이 확신은 현재의 삶에서 크리스천이 지닌 영광의 아름다움이다. 이것은 대개 가장 큰 기쁨과 가장 큰 위로와 가장 큰 평안을 준다. 확신은 크리스천의 본질에 대한 것은 아니다. 확신은 크리스천의 안녕과 위로와 기쁨을 위해 필요하다. 그러나 이것은 크리스천이 되는 데 요구되는 일은 아니다. 참된 신자라도 자신이 크리스천임을 알기 위해 온 힘을 기울이는 자도 있다.

토마스 브룩스는 '구원에 수반되는 것들'을 믿음, 회개, 순종, 사랑, 기도, 인내, 소망으로 제시한다. 그는 청교도의 특징대로 성령의 직접 증거 곧, '성령이 친히 우리의 영과 더불어 우리가 하나님의 자녀인 것을 증언'(롬 8:16)하는 것과 추론에 의한 확신을 연결시킨다. 영적 생명을 주는 성령은 신자로 하여금 그 영적 생명을 인식하게 한다. 그래서 요한은 그의 첫 번째 서신에서 성령의 직접 증거를 언급하였다. "우리에게 주신 성령으로 말미암아 그가 우리 안에 거하시는 줄을 우리가 아느니라"(요일 3:24). 그러나 요한은 동시에 확신을 세 가지로 시험해야 한다고 말한다. 이것들은 교리적 시험, 도덕적 시험, 사회적 시험으로 알려져 있다. 나는 내가 영생을 가졌음을 안다. 왜냐하면 나는 예수가 하나님의 아들이라고 믿기 때문이다(요일 5:1). 나는 하나님을 사랑하고 그의 계명들을 지킨다(요일 5:3). "우리는 형제를 사랑함으로 사망에서 옮겨 생명으로 들어간 줄을 알거니와"(요일 3:14). 직접적인 확신과 추론적인 확신 사이에는 갈등이 있을 필요가 없다. 내 마음속에 직접적으로 내가 하나님의 자녀라고 확신을 심어 주는 성령은 내 마음과 행위 속에서 새 생명이 일어나게 하신 동일한 성령이다. 이 둘은 동반자이며 상호 보완적이다.

웨스트민스터 총회의 회원 중에서 적어도 25명이 총회 이전에 믿음과 확신에 대한 글들을 썼다. 16세기 종교개혁자들은 믿음을 확신과 거의 동등시하였다. 그러나 위에서 인용한 브룩스의 글에서 알 수 있듯이 청교도들은 이 둘을 분명히 구별하였다. 구원하는 믿음과 확신은 구별되어야 한다.

청교도의 확신 교리는 웨스트민스터 신앙고백의 18장에서 공적으로 요약되어 있다. 이 주제는 네 개의 문단으로 되어 있다. 첫째 확신의 가능성, 둘째 확신의 기초, 셋째 확신의 함양, 넷째 확신의 갱신이다. 여기서 둘째가 가장 중요한데 확신은 세 가지 근거와 연결되어 있다. 첫 번째는 믿는 자들에게 주는 약속이 담긴 하나님의 말씀의 객관적 실체에 대한 주관적 근거이고, 두 번째는 내적 증거에 대한 주관적 근거이며, 세 번째는 우리의 심령에 증거하는 양자의 영이 주는 주관적 증언이다.

청교도들이 확신을 설명한 방식은 오늘날 큰 참고가 된다. 청교도 신학의 두드러진 특징은 원칙들을 분별하고서 이것들을 긴장 관계에 두거나 균형을 유지하는 것이다. 예를 들어, 앞에서 살폈듯이 하나님의 주권과 인간의 책임 관계의 긴장과 균형이다. 또 다른 실례로는 믿음이 주는 보장과 믿음으로 향하는 길에 대한 것이다. 이 확신의 문제에서 청교도들은 직접적인 확신과 추론적 확신을 구별하였고 이 둘 사이에 어떤 갈등도 허용하지 않았다. 같은 성령이 심령에 직접 확신을 준다. "성령이 친히 우리의 영과 더불어 우리가 하나님의 자녀인 것을 증언하시나니"(롬 8:16). 또한 성령이 신자들로 하여금 믿음 생활을 할 수 있게 하시고 열매를 맺게 하신다. 영적 생활의 실천이 강할수록 심령 속에 주는 성령의 직접 증언도 더 확실할 것이다.

그런데 구원의 확신을 갖기 위해서는 자신이 다른 성도들을 사랑하고 하나님의 계명에 복종하는지 확인해야 한다고 가르치는 것이 율법주의와 자기 의(義)에 빠지게 한다는 비판을 어떻게 받아들여야 할까? 그 대답은 크리스천들로 하여금 선행을 하도록 하는 것은 성령이라는 사실이다. 그래서 우리는 우리의 선행을 결코 칭의의 근거로 삼을 수 없다. 우리는 우리에게 넘겨진 그리스도의 의(義)에만 전적으로 의존한다. 우리의 의가 되시는 그리스도만이 우리의 유일한 의다. 그렇지만 우리가 주님의 명령들에 복종함으로써 그리스도에 대한 우리의 상호적인 사랑을 증명하는 일은 우리의 확신을 위해 필수적이다.

확실한 근거가 있는 확신을 얻을 수 있는 방법과 수단들에 관해서 브룩스는 다음과 같이 조언한다. 즉 은혜를 드러내는 일에 적극적이 되라. 순종의 길을 따르라. 성령의 지시들을 부지런히 따르라. 교회가 주는 은혜의 수단들을 부지런히 따르라. 하나님의 자비의 약속들을 특별히 주목하라. 신자들이 서로 다른 입장을 취하는 문제들을 구별하라. 은혜 안에서 자라기를 힘써라. 영혼이 최적의 상태에 있을 때 확신을 구하라(확실한 근거를 가졌을 때). 당신이 구원에 수반되는 것들을 가졌는지 확인하라(지식, 믿음, 회개, 순종, 사랑, 기도, 인내, 소망).

이러한 노력의 결과로 확신을 잃고 영혼의 갈등을 체험할 수도 있다. 그러나 브룩스는 확신을 잃은 영혼이 낙담하지 않도록 여섯 가지 방법을 제시하고 아울러 회복될 수 있는 다섯 가지 제안을 한다. 확신을 잃었다고 해서 낙망해서는 안 된다. 영원한 행복은 확신에 달린 것이 아니기 때문이다. 또한 확신을 잃었더라도 '그 영혼 위에 내리는 성령의 은혜로운 생기와 긍정적인 영향'은 잃어진 것이 아니다. 브룩스는 이와 같은 성령의 역사로 확신을 잃었던 자들이 "그리스도를 사랑하며, 그리스도를 열망하며, 그리스도를 언짢게 할까봐 두려워하며, 그리스도를 기쁘게 하려고 애쓴다"고 증언하였다.

나는 브룩스의 대부분의 강해에 동의한다. 그러나 하나님이 때때로 확신을 거두어 가신다는 생각에는 동의할 수 없다. 예를 들어 욥은 버림을 받았다는 생각에 깊이 빠졌다(욥 23:8-10, 30:9-19). 그럼에도 그는 항상 강한 확신을 가지고 "내가 알기에는 나의 대속자가 살아 계시니 마침내 그가 땅 위에 서실 것이라"(욥 19:25)고 고백하였다. 우리는 하나님이 확신을 주신다는 쪽으로 항상 생각해야 한다. 그리고 확신을 잃는 것을 버림 받은 것과 혼동하지 말아야 한다.

감정적인 '결단'을 촉구하는 천박한 전도에는 거짓된 구원의 확신이 존재할 위험이 있다. 이런 전도와 관련해서 '주 되심'(lordship)에 대한 논쟁이 있는데 최근에 여러 권의 책들이 나왔다. 논쟁의 한 측면은 믿음의 고백을 한 사람이 영적 진전이 없어도 구원받은 자로 보아야 하느냐는 것이다. 그리스도를 믿는다고 결단했지만 그리스도를 주(主)로 받아들이지 않았을 경우에도 크리스천으로 간주한다는 입장이 있다. 그러나 성경은 "거룩함 없이는 아무도 주를 보지 못하리라"(히 12:14, NIV역)고 선언한다. 자신이 구원받았다는 것을 어떻게 아는가? 만약 자신에게 어떤 강한 내적 느낌이 있어 이것을 자신의 심령에게 성령이 신자라는 것을 증언하는 것이라고 주장하는 사람이 있다고 하자. 그런데도 그에게 신뢰할 수 있는 크리스천의 삶이 없다면 그는 자신을 속이는 것이다. 요한일서의 메시지는 크리스천의 삶은 근거가 확실한 확신을 위해서 필수적이라는 것을 증명하는 충분한 자료들을 제공해 준다.

브룩스의 『지상 천국』(Heaven on Earth)은 17세기 중반에 쓰여졌지만 확신의 주제에 대해서 이보다 더 선명하고 적실성 있는 책은 없다고 나는 생각한다.

교회의 미래에 대한 소망

세 번째 밀레니엄 들어서면서 교회가 당면한 최대 과제는 복음을 만방에 전하라는 지상 명령을 완수하는 것이다. 20세기 동안에 중국, 아프리카, 중앙아메리카와 남아프리카에서 급격한 성장이 있었다. 과연 복음이 전세계가 성경의 진리로 가득 채워질 때까지 전파될 것인가? 청교도들은 낙관적이었다.

웨스트민스터 대교리 문답 질문이 청교도의 견해를 요약해 준다.

질문 191 : 주기도문에서 두 번째 올리는 기도는 무엇인가?
대답 : 우리는 죄의 왕국과 사탄이 멸망하고, 복음이 전세계에 전파되며, 유태인들이 부름을 받고, 이방인들의 충만한 수가 들어오기를 기도한다.

이 대답에는 만국을 위한 하나님의 프로그램이 나타나 있다. 아버지의 주권적인 프로그램에 기초가 되는 것은 예수님이 높여지는 것이다. 에드워드 레이놀즈(Edward Reynolds, 1593-1676)는 시편 110편의 강해에서 "장엄하고 영광스런 분의 우편에서의 이 통치는 극도의 높임을 받는 주 그리스도를 가리킨다"고 하였다.

청교도들은 예언 해석에 있어 입장들이 달랐지만 대부분 그리스도의 사역이 세상에서 승리할 것을 믿었다. 시편 110편 1절은 그리스도가 세상 정복을 출발시키고 성취시키는 보좌를 서술한다.

여호와께서 내 주께 말씀하시기를
내가 네 원수들로 네 발판이 되게 하기까지
너는 내 오른쪽에 앉아 있으라 하셨도다

레이놀즈, 매튜 헨리, 매튜 풀과 같은 청교도 강해자들은 이 주제에 대해서 다음과 같은 견해를 가졌다.

1. 마지막 날들은 그리스도의 초림부터 재림까지의 하나의 최종 기간이다.
2. 그리스도는 이 기간 동안 원수들을 굴복시키기 위해서 그의 능력을 점증시킬 것이다.
3. 그리스도의 능력은 그의 왕국을 늘리고 그의 교회를 만국에 세우기 위해서 원수들을 진압할 것이다.
4. 이것은 투쟁을 일으킬 것이다. 시편 110편 1절은 신약에서 가장 많이 인용된 구약 본문이다. 바울은 고린도전서 15장 25절에서 그리스도가 그의 원수들을 짓밟을 때까지 아버지의 우편에서 다스린다고 선언하였다. 멸망 받을 마지막 원수는 사망이다.

위에 열거된 두 번째 항목은 그리스도의 원수들에 대한 것이다. 이 원수들은 악의 세력들과 교회를 파괴하기 위해서 활동해 온 배도가 포함된다. 데살로니가후서 2장 1-12절은 '불법의 사람'에 대한 본문인데 '작은 묵시록'으로 알려져 있다. 토마스 맨턴은 이 본문을 10회의 설교로 강론하였다. 그는 바울이 서술하는 배도는 사도 시대로부터 여러 세기를 거쳐 진행되었고 로마 가톨릭 교회에서도 나타났는데 교황권이 복음을 찬탈했다고 보았다. 이것이 청교도의 주류에 속한 가르침이었으며 웨스트민스터 신앙고백에 들어 있다.

존 칼뱅은 본문을 스타일은 묵시적이지만 문자적인 것은 아니라고 해석한다. 그는 '불법의 사람'에 대해서 이렇게 설명한다. "바울은 한 개인에 대해서 말하고 있지 않다. 그는 하나님의 성전 안에 가증한 자리를 세울 목적으로 사탄에 의해 조종될 하나의 왕국을 말하고 있다." 우리는 이것이 교황주의에서 성취됐음을 볼 수 있다. 칼뱅은 적그리스도에 대해서도 언급한다. "바울은 분명 적그리스도가 오직 하나님께 속한 것을 빼앗을 것이라고 말했다. 적그리스도의 목적은 자신을 모든 신령한 능력 위에 높이고 모든 종교와 하나님 경배를 그의 발 아래 두려는 것이다." 존 오언은 이 해석을 따랐다. 사도 교회 시대로부터 그 어떤 배교도 교황권에 비교할 수 없다. 1천 년 이상 복음은 점점 더 부패되고 오류로 뒤덮였다. 교회는 하나의 거대한 집단체로 종교의 이름으로 신실한 신자들을 억압하는 박해자가 되었다. 교황 체제의 교회는 요한계시록 12장에서 진술된 것처럼 신실한 성도들을 죽음에 넘기거나 광야로 내몰았다.

만약 적그리스도에 관한 본문을 문맥에서 뽑아 버리면 미래는 두렵고 암담하다. 그러나 하나님의 전체적인 목적과 복음의 세계적인 파급의 문맥에서 경고의 말씀들로 보면 우리는 훨씬 더 낙관적일 수 있다. 여기서 두 개의 원칙이 병행한다. 하나는 악행자들이 점점 더 악해질 것이다. 우리는 이것을 마약 거래와 마피아 그리고 엄청난 정부의 부패와 개인 윤리의 급진적 타락에서 확인할 수 있다. 또 하나는 대대적인 저항에도 불구하고 우리 주님이 재림 이전에 원수들을 이기고 그의 발판으로 삼으실 것이다(고전 15:25).

세 번째 항목은 복음이 전세계에서 승리한다는 것이다. 그리스도가 그의 거룩한 복음으로 받은 승리의 영광은 그의 끔찍한 고난의 분량과 상쇄되어야 한다. 그리스도의 상급은 시편 22편 27-31절과 이사야 49장 1-7절에서 언급되었다. 그리스도가 가져오는 구원은 한쪽 구석에서 일어나고 끝나는 일이 아니다. 그의 구원은 땅 끝까지 미칠 것이다. 왕들도 그리스도의 영광을 인정할 것이다. 이것은 그의 백성들의 기도와 노력을 통하여 성취될 것이다. 시편 2편은 만국이 그리스도에게 넘겨지고 세상 끝까지 그의 소유가 되도록 기도할 것을 촉구한다. 그의 왕국은 '도리어 이 모든 나라를 쳐서 멸망시키고 영원히 설 것'(단 2:44)이다. 우상을 쳤던 돌은 점점 더 커져서 마침내 온 세상을 가득 채우게 될 것이다(단 2:35).

이사야 2장, 11장, 60장, 61장과 같은 여러 많은 본문들이 이 주제와 맥락을 같이 한다. 존 하우(John Howe)는 이사야 2장 2절을 강해하면서 "말일의 마지막 기간에 성령의 부어 주심이 크게 일어나고 그 결과 전쟁이 종식되어 세상이 전에 경험하지 못한 때가 올 것"이라고 하였다. 시편 72편은 물이 바다를 덮듯이 온 세상이 주의 영광으로 가득 채워질 것이라고 확증한다. 시편 72편과 이사야

64장은 이 일이 일어나게 하기 위해서 우리가 어떻게 기도해야 할 것인지에 대한 모델을 제시해 준다. 이것들은 하늘에 대한 서술이 아니고 공의와 억압된 자들의 자유를 위한 심각한 투쟁과 갈등을 일으키는 기도에 대한 것이다.

엘나산 파(Elnathan Parr)는 서포크(Suffolk)의 팔그레이브(Palgrave)에서 능력 있는 사역을 하였다. 그는 로마서 11장을 주석 하면서 유태인과 이방인의 차이를 대조하였다. "유태인들은 버려지고 우리들은 부르심을 받았다. 그러나 유태인들을 부르심은 우리들의 버려짐이 되지 않고 오히려 우리들의 더 큰 은혜가 된다." 또 그는 15절에 대해서 말한다. "만약 유태인들을 거절하신 것이 이 세상의 화해를 위한 것이라면 그들을 받아주심은 죽은 자를 다시 살리는 일이 아니면 달리 무엇이겠는가? …유태인들을 부르는 것은 불가능한 일처럼 보인다. 그러나 하나님에게는 그렇지 않다. 하나님은 죽은 자를 일으키시듯이 유태인들을 그리스도께로 쉽사리 불러들일 수 있다. 그러므로 우리들은 유태인들을 위해 기도해야 한다." 25절에 대한 그의 주석도 낙관적이다. "죽은 자에게서 나오는 생명은 부흥이며 생동력이며 생기이다. 세상이 끝나기 전에 유태인들의 다수가 구원을 받게 될 것이다. 유태인들을 부르시는 것은 신비한 일이다. 나는 이 일이 정확히 언제 어떤 방법으로 달성될지 알 수 없다. 이방인의 충만은 복음이 충만하게 퍼져서 많은 나라의 백성들이 하나님께로 돌아오는 것을 뜻한다."

마지막 날에 대한 청교도의 교리는 기도하게 하고, 노력을 고취시키며, 인내하게 한다. 국부적인 전투는 질 수도 있지만 누가 전쟁에서 승리할 것인지는 의심의 여지가 없다! 이와 같은 성경의 약속들이 윌리엄 캐리(William Carey), 아도니람 저드슨(Adoniram Judson), 헨리 마틴(Henry Martyn) 같은 개척 선교사들의 영감과 동기부여가 되었다. 이러한 종말 교리를 처음으로 선교에 적용시킨 청교도의 한 사람은 27세의 나이로 1631년에 배를 타고 매사추세츠로 떠났던 존 엘리엇(John Eliot)이다. 그는 보스턴에서 1마일 떨어진 곳의 새 교회의 목사가 되었다. 그는 40세에 인디언들의 구원에 큰 관심을 갖고 그들의 언어인 알곤킨(Algonquin)어를 배우기 시작했다. 마침내 그는 성경 전체를 알곤킨어로 번역했다. 그 결과 회심자들이 생기고 교회가 개척됐으며 인디언 목회자들이 훈련을 받았다. 그가 84세로 사망할 즈음에 인디언 교회들은 여러 곳에 세워져 있었다.

지금도 우리가 하늘 아버지께서 그의 아들을 거역하는 모든 거짓 종교들을 제압하실 뜻과 목적을 가지고 계신다는 사실을 확실히 붙잡고 있으면 과거에 그랬듯이 교회는 강력한 동기부여를 받고 큰 힘을 발휘할 수 있게 될 것이다. 하나님은 시편 2편 8절에서 우리에게 촉구하신다.

내게 구하라
내가 이방 나라를 네 유업으로 주리니
네 소유가 땅 끝까지 이르리로다

하나님은 말라기서를 통해서도 약속의 말씀을 선포하셨다.

"만군의 여호와가 이르노라 해 뜨는 곳에서부터 해 지는 곳까지의 이방 민족 중에서 내 이름이 크게 될 것이라 각처에서 내 이름을 위하여 분향하며 깨끗한 제물을 드리리니 이는 내 이름이 이방 민족 중에서 크게 될 것임이니라"(말 1:11).

믿음의 권한과 믿음의 방편

 믿음의 권한(죄인이 그리스도 안에서 구원을 받았다고 믿게 하는 것)과 믿음의 방편(우리가 어떻게 구원하는 믿음을 갖게 되는지에 관한 것)을 구별하는 것은 크리스천에게 필수적으로 중요하다. 이 점에서 청교도가 도움을 준다. 나는 이 주제를 청교도들을 사랑했던 스펄전을 통해서 접근하려고 한다.

 찰스 해이든 스펄전(Charles Haddon Spurgeon)의 가장 유명한 설교의 하나는 '믿음의 권한'이라는 제목을 가진 것이다. 스펄전은 이 설교를 1863년 9월 20일 주일 오전 예배 때에 하였다(설교 번호 531번, 스펄전의 설교 번호는 3,492번까지 나갔음). 그는 당시에 불과 29세였다. 다음은 그의 설교의 일부분이다.

 어떤 이들에 의하면, 그리스도를 믿는 우리 믿음의 권한은 이런 논리를 갖는다. "당신은 자신이 하는 행위에 의해서가 아니고 그리스도가 행한 것에 의해서 구원을 받는다. 그렇지만 당신이 그리스도를 신뢰할 수 있는 자격을 주는 선한 것이 당신 속에 있지 않으면 당신은 그리스도를 신뢰할 권한이 없다." 나는 이러한 법적인 논리적 근거를 반대한다. 나는 이러한 가르침 속에는 교황청의 자기 의(義)가 함축됐다고 믿는다. 그리스도를 믿는 권한은 어떤 경우에서도 자신에게 있지 않고 예수 그리스도를 믿으라는 명령을 현장에서 받았다는 사실에 있다. 청교도 시대의 어떤 설교자들은 내가 그들의 신발 끈을 풀 자격도 없지만, 이 문제에서 많은 잘못을 저질렀다. 이들 중에는 복음 설교보다는 율법 설교를 더 잘했던 알레인(Alleine)과 백스터(Baxter)를 비롯해 이들보다 믿음에 관해서 더 건전했던 데드햄의 로저스(Rogers)와 『건전한 신자』(*The Sound Believer*)의 저자인 셰퍼드(Shepherd), 그리고 특히 그리스도에게 나아가는 자격에 대해서 책을 쓴 미국인 토마스 후커(Thomas Hooker)가 있다. 이 훌륭한 인물들은 그들이 '분별 있는 죄인들'이라고 생각하는 자들이 아닌 다른 종류의 사람들에게 복음을 전하게 될까봐 두려워하였다. 그 결과 빛 속에서 즐거워했어야 할 그의 청중들의 다수가 어둠에 갇혀 있게 되었다. 그들은 회개와 죄에 대한 증오가 죄인들이 그리스도를 신뢰하는 권한이라고 설교하였다. 그들에 의하면 죄인은 이런 논리로 생각할 수 있다. "나는 죄에 대해서 어느 정도의 분별이 있다. 따라서 나는 그리스도를 신뢰할 권한이 있다." 나는 이러한 논리가 결정적인 오류라고 감히 선언한다.

젊은 스펄전이 이 문제에 관해서 청교도들을 비판한 것은 옳았을까? 나는 스펄전의 평가가 정확하지 않았다고 생각한다. 왜냐하면 스펄전 자신도 믿음의 권한과 믿음의 방편이라는 두 개의 중대한 원칙들을 제대로 구별하지 못했기 때문이다. 나는 나중에 이 구별을 자세히 말하겠지만 우선 간단하게 먼저 설명하기로 한다. 여러분이 부모라면 자녀들을 가르칠 때 성경을 읽어 주고 또한 아이들이 스스로 성경을 읽도록 지도할 것이다. 여러분은 자녀들과 기도하고 또한 아이들이 스스로 기도하도록 가르칠 것이다. 여러분은 다른 많은 부모들처럼 교리 문답을 사용하면서 질문을 받고 토론도 하게 할 것이다. 여러분은 자녀들과 찬송 예배도 볼 것이다. 그러나 여러분은 이러한 활동이 아이들에게 구원을 받는 데 어떤 점수를 따게 하거나 구원을 위해서 그리스도께로 나아가는 권한을 준다고 가르치지 않을 것이다. 이 모든 수단들은 믿음으로 향하는 길에 불과하다. 이것이 곧 믿음의 권한과 다른 점이다. 믿음의 권한은 모든 사람이 어디에 있든지 회개하고 전능하신 하나님이 자기 아들의 크나큰 희생으로 마련한 것만 믿으라고 하는 명령에 근원을 둔다.

청교도들이나 그 어떤 영적인 성경 강해자들의 글을 읽어도 믿음의 방편을 사용하라는 권면의 말씀이 자주 나온다. 예컨대 설교를 듣고, 교인들과 사귀고, 성경을 읽고, 찾아질 수 있는 동안에 주님을 찾으며, 가까이 계신 동안에 주님을 부르라는 것이다. 이것들은 모두 믿음의 방편에 해당한다. 그러나 믿음의 권한에 속하지는 않는다.

빌립보의 간수가 죄의 확신으로 괴로워하며 내가 "어떻게 하여야 구원을 받으리이까?"(행 16:30)라고 외쳤을 때 가장 짧고 분명한 최선의 답변은 "주 예수를 믿으라 그리하면 너와 네 집이 구원을 받으리라"(행 16:34)는 것이었다. 바울과 실라는 간수에게 "가서 이사야 선지자의 글을 읽으라 그러면 그가 구원의 길을 보여 줄 것이다"라고 말하지 않았다. 그들은 또 "다음 주일까지 기다렸다가 교회에 가면 구원을 받으리라"고 말하지도 않았다. 믿음의 길에 대해서나 혹은 구원하는 믿음을 갖기 위해서 어떻게 해야 하는지에 대한 조언을 주는 것은 잘못된 일이 아니다. 그러나 이러한 조언은 항상 믿음의 권한에 비추어 해 주어야 한다. 즉 하나님은 언제나 죄인들이 즉시 믿도록 하시고 또한 하나님이 그의 아들의 인격체와 사역 안에서 그들에게 제공한 것만을 신뢰하게 하신다는 것이다. 이제 믿음의 권한과 믿음의 방편을 보다 더 자세히 구별해 보도록 한다.

믿음의 권한이란 무엇인가?

『웹스터 새 대학 사전』(Webster's New Collegiate Dictionary)은 권한(Warrant)이란 단어를 여섯 개의 범주로 설명한다. 『옥스퍼드 영어 레퍼런스 사전』(The Oxford English Reference Dictionary)은 네 가지로 설명하는데 첫 번째가 우리가 사용하는 신학적 의미를 정확하게 서술한다. 즉 '사람이나 행위에 권한을 주는 것'이다. 예를 들어 경찰관이 법을 위반한 사람을 체포하려면 자신의 행위에 권한을 주는 영장이 필요하다. 믿음의 경우에서 볼 때 죄인이 그리스도를 믿을 수 있는 권한은 무엇이겠는가? 그 대답은 요한일서 3장 23절이다. "그의 계명은 이것이니 곧 그 아들 예수 그리스도의 이름을 믿고." 그러니까 예수 그리스도를 믿는 권한은 우리를 보고서 하나님이 믿으라고 하시는 하나님의 명령이다. 우리의 어떤 행위나 느낌이 믿음의 권한이 될 수 없다. 우리에게는 믿을 권한이 없다. 우리 자신의 어떤 공로나 선행이 우리에게 믿음의 권한을 주지 않는다. 우리가 모두 죄로 가득 채워진 존재라는 사실이 우리가 회개하고 그리스도를 믿어야 할 필요성을 지적한다.

믿음의 방편은 무엇인가?

믿음에는 명칭만의 믿음도 있고 죄인을 진실로 그리스도에게 연합시키는 믿음도 있다. 이 후자의 믿음이 구원하는 참 믿음이다. 단순한 지적 동의에 불과한 믿음이 있다. 오늘날 수많은 사람들이 감정적 호소에 기반한 이른바 '쉬운 믿음'(easy-believism)에 의해서 거짓된 확신을 갖는 치명적인 위험에 빠지고 있다. 물론 성경은 우리가 모든 죄인들에게 그리스도를 믿으라고 권할 것을 가르친다. 그러나 우리가 죄인들에게 신실하려면 먼저 그들에게 그리스도가 누구이며 그들의 필요가 얼마나 큰 것인지 보여 주어야 한다. 우리는 지름길이나 지나친 단순 공식으로 복음을 전해서는 안 된다. 그래서 우리가 믿음의 방편에 대해서 조심해야 한다.

'믿음의 방편'은 사실상 구원하는 믿음의 수단이다. 이 방편은 하나님의 말씀을 듣는 수단이다(롬 10:14). 그러므로 우리는 불신자들에게 성경 말씀을 주의해서 들으라고 권해야 한다. 이와 함께 우리는 잠언 1장 20-33절과 8장 1-36절을 제시할 수 있다. 이 본문들에서 지혜가 의인화되었는데 그리스도를 가리킨다고 볼 수 있다. 이 지혜는 세상의 모든 죄인들에게 교훈을 들으라고 간곡히 호소한다. 지혜는 우리가 구원을 확신할 때까지 이 권면을 들으라고 촉구한다. 이사야 55장에 나오는 값없이 받으라는 복음의 초대에는 듣고, 찾고, 부르고, 돌아서라는 권면이 들어있다. 듣고, 찾고, 부르고, 돌아서는 것은 모두 믿음의 길이다. 그러나 이 방편 자체는 결코 믿음의 권한이 될 수 없다.

예수님은 니고데모에게 믿음의 길을 보여 주셨다. 그러나 니고데모는 스스로 자신을 구원할 힘이 없었다. 예수님은 그에게 장대에 매달린 놋뱀을 바라보라고 하시면서 자신 밖으로 시선을 돌려 하늘 아버지가 마련하신 구원을 보아야 한다고 말씀하셨다. 예수님은 니고데모가 아직 이해하지 못한 것을 향해 서두르시지 않고 그에게 믿음의 길을 안내하셨다.

재물이 많은 청년 지도자의 경우에도 예수님은 재물의 무익성을 깨닫도록 가르치심으로써 믿음의 길을 보여 주셨다. 예수님은 그 청년에게 집에 가서 모든 재산을 다 팔고 그 다음에 와서 배우라고 하셨다. 이것은 믿음의 방편을 지적한 것이었다. 예수를 믿는다고 결단을 하는 것과 죄인을 그리스도와 영원히 연합시키는 것은 별개의 일일 수 있다. 그러므로 믿음의 길을 가르칠 때 신중해야 하고 기도가 있어야 한다.

그래서 청교도들이나 혹은 다른 설교자들이 우리가 '은혜의 수단들'이라고 부르는 것들을 사용하라고 권고했을 때에는 그것들이 믿을 권한을 주는 자격으로 간주해서가 아니었다. 그들은 이러한 수단들을 공로로 생각해야 한다고 가르친 적이 없었다. 교회 출석, 설교 듣기, 새로운 삶, 십계명에 비추어 보는 자기 반성, 다가 오는 대심판날에 대한 묵상 등은 그리스도를 신뢰케 하는 믿음의 길과 상관된 것들이었다. 그런데 청교도 설교에는 믿음의 길에 대한 가르침과 함께 하나님이 죄인들에게 즉각적인 회개와 믿음을 촉구하는 내용이 항상 나온다. 이러한 하나님의 부름 자체가 믿음의 권한이다.

크리스천 부모들은 자기 자녀들에게 구원하는 믿음을 일으키게 하는 일이 불가능하다는 것을 곧 발견하게 된다. 이것은 오직 하나님만 하실 수 있다. 자녀들은 강단 앞으로 나가서 여러 번 예수를 믿겠다는 결단을 할 수 있을지라도 반드시 구원하는 믿음은 아닐 수 있다. 그렇지만 경건한 부모들은 자기 자녀들이 믿음의 길로 걸어가기를 쉬지 않고 권고한다. 즉 하나님이 구원하는 믿음을 부여해 주시는 은혜의 수단들을 항상 사용하도록 격려하는 것이다.

구원하는 믿음의 길로 가는 준비

성령은 죄인들을 중생시키기 전에 지식을 먼저 전해 준다. 무엇을 믿어야 하는지를 모르면서 어떻게 믿을 수 있겠는가? 대부분의 경우에 성령은 죄의 확신과 구원의 필요성을 일으킨다. 그리고 때때로 성령은 죄인이 거듭나기 이전에 삶이 상당히 개혁되게도 하신다. 어떤 이들은 우리가 신생(新生)이라고 부르는 그 큰 변화를 체험하기 이전에 영적인 문제에 대해서 매우 진지하다. 이 준비적인 사역을 전문적인 용어로 '예비적 은혜'(Prevenient grace)라고 한다. 이 말은 때로는 회심을 위한 준비를 가리키기도 한다.

존 오언(John Owen)은 하나님이 신생 이전에 영혼을 준비시키는 것에 대해서 언급하였다. "이것들은 사람들의 영혼에 일어난 내적이고 영적인 효과들이다. 이러한 효과를 일으키게 하는 수단적인 원인은 설교이다. 이것들은 보통 중생의 사역과 하나님께 진실로 회심하는 일이 있기 이전에 일어난다. 다음 세 가지로 나누어 설명할 수 있다. 첫째 조명, 둘째 확신, 셋째 개혁." 존 오언은 계속해서 이 내용을 상세히 다루었다.

만약 하나님이 회심을 위해서 죄인들을 준비시킨다면 우리가 준비할 수 있는 것들은 무엇일까? 청교도들은 '준비주의'(preparationism)자들이라는 말을 듣기도 한다. 그들은 구원을 위해서 즉각적인 회개와 그리스도에 대한 믿음을 촉구하지 않고 여러 가지 의무 사항들을 제시한다는 것이다. 예를 들면 교회를 다니고, 설교를 듣고, 삶을 개혁하고, 십계명에 비추어 자기 반성을 하고, 다가오는 대심판날에 대한 묵상을 하는 것이다. 그러나 위에서 언급했듯이 믿음의 방편(믿음이 들음으로써 온다는 사실)과 믿음의 권한(즉각 믿고 구원을 받으라는 긴급한 명령이 항상 있다는 사실) 사이에 모순을 느낄 필요가 없다.

토마스 후커(Thomas Hooker)는 에섹스(Essex)의 챔스포드(Chelmsford)에서 능력 있는 사역을 한 청교도였다. 코튼 매서(Cotton Mather)는 후커에 대해서 증언하였다. "큰 개혁이 일어났다. 타운뿐만 아니라 인근 지역까지 '주 예수 그리스도의 지혜'를 듣기 위해 많은 무리들이 몰려왔다." 후커는 1633년 2백 명의 다른 사람들과 함께 미국으로 건너갔다. 그곳에서 그는 『그리스도를 위한 영혼의 준비』라는 책을 썼다. 우리는 후커가 사람들에게 그리스도보다는 그들의 의무를 더 강조했다고 비판할 수 있다. 그러나 은혜의 수단들을 사용해야 할 필요성은 누구에게나 적용된다. 특별히 아직 그리스도를 참으로 믿는 구원하는 믿음에 이르지 않은 자들이나 믿는다고는 하지만 전혀 성령의 열매가 없고 따라서 자신들을 속이고 있는 자들에게 은혜의 수단들은 더욱 중요하다. 우리가 한편으로는 구원받지 못한 자들에게 진리의 조명과 확신을 심어 주는 모든 은혜의 수단들을 사용하라고 지적해 주고 또 다른 한편으로는 하나님을 향한 회개의 긴급성과 필요성을 강조하며 즉각적인 구원을 위해 주 예수 그리스도를 믿으라는 권면을 고수한다면 이 양편 사이에 아무런 혼란이 없다. 믿음의 방편과 즉각적인 구원을 받는 믿음의 권한은 모순이 아니고 상호 보완적이다.

깊은 죄의 확신을 믿음의 권한이라고 생각하는 오류를 범할 수 있다. 이런 오류는 구원을 위해서 그리스도를 신뢰하려면 지상적인 수단들을 사용하기 이전에 먼저 죄에 대한 깊은 확신과 슬픔이 있어야 한다고 본다. 이것은 잘못된 생각이다. 비록 이런 생각에 어느 정도 진리가 있다고 하더라도 이것은 믿음을 북돋아 주기보다는 절망에 빠지게 한다. 누가 과연 충분한 죄의 확신과 슬픔을 가졌는지의 여부를 판정할 수 있겠는가? 만약 우리의 구원이 우리의 어떤 행위나 우리 자신 속의 어떤 선한 것에 의해 수여되는 것이라면 우리의 처지는 절망적이다.

믿음의 권한과 제1차 런던 신앙고백

1646년의 제1차 런던 신앙고백 25조에는 믿음의 권한이 하나님의 명령이며 우리 자신들이 스스로 가진 것이 아님을 명시하였다.

죄인들의 회심을 위한 복음에는 값이 없다. 절대적으로 필요한 자격이나 준비나 율법의 두려움이나 율법의 예비적 사역이 전혀 요구되지 않는다. 복음이 요구하는 것은 오직 벌거벗은 영혼인 불경스런 죄인이 십자가에 못 박히시고, 죽으시고, 장사되시고 다시 살아나신 그리스도를 믿으라는 것뿐이다. 그리스도는 그런 죄인들의 왕이시며 구주가 되셨다. 죄인들은 복음을 통해서 그리스도를 믿게 된다.

어거스터스 톱레이디(Augustus Toplady)는 18세기의 유명한 찬송작가였다. 그는 죄인의 속절없음과 자비의 필요성을 매우 훌륭하게 표현하였다. 우리가 구원을 받기 위해 그리스도를 통해서 하늘 아버지께로 나아갈 때에 우리가 가진 유일한 자격이 있다면 그것은 곧 우리의 죄책이다.

> 내 손에 가진 것 없이
> 당신의 십자가에 매달립니다
> 벌거벗은 몸이오니 입혀 주시고
> 속절없는 몸이오니 은혜를 내리소서
> 더러운 몸이오니 생명수로 나아갑니다
> 주님 나를 씻기소서. 나를 살리옵소서!

설교의 우위성

오늘날 설교를 교회 생활에서 중시하지 않고 아랫자리로 끌어내리려는 경향이 많다. 이런 압력을 받는 때 청교도들에게서 우리는 좋은 모범을 본받을 수 있다. 그들은 설교의 우위성을 항상 유지하였다. 청교도들의 설교관에는 중요한 원칙들이 깔려 있다. 이제 이러한 원칙들을 살펴보면 왜 설교가 예배에서 윗자리를 차지해야 하며 또한 회심의 주된 수단이 되어야 하고, 하나님의 백성들을 세워주고 교화시키는 방편이 되어야 하는지를 배우게 될 것이다.

청교도 설교의 기본 원칙은 다음 세 가지이다.

1. 설교의 독특한 위치는 회심과 양육과 지속이다
2. 설교자의 삶은 자신이 설교하는 실체를 드러내야 한다
3. 기도와 깊은 성경 공부가 효과적인 설교의 기반이다

설교의 독특한 위치는 회심과 양육과 지속이다

아서 힐더샘(Arthur Hildersam)의 말은 이 특징을 잘 대변한다.

"설교는 목자장이신 그리스도가 보냄을 받고 행하신 주된 사역이었다(눅 4:18, 43). 주님의 사역 중에서 그 어떤 일도 설교만큼 더 열심히 많이 행해진 일이 없다. 바울은 자신이 세례를 베풀기 위해서가 아니고 복음을 전하기 위해서 그리스도의 보내심을 받았다고 하였다(고전 1:17). 우리는 이 복음 전파 사역을 위해 하나님의 부름을 받았다. 그러므로 복음 설교의 모든 기회를 기쁘게 받아들여야 한다."

청교도들은 모범적인 설교자들이 되기 위해서 열심히 공부하였다. 그들은 설교가 그들의 일차적인 소명이라고 믿고 설교의 우위성을 견지하였다. 지성, 감정, 양심, 의지를 포함하는 인격체 전체에 설교보다 더 강력한 영향을 끼치는 은혜의 수단은 없다. 설교처럼 성령 하나님이 독특하게 사용하는 다른 방법이 없다. 예수님의 길을 예비하러 왔던 세례 요한은 설교로써 자신의 사역을 마쳤고 인자(人子) 자신도 설교를 하기 위해 오셨다. 무리들은 강의실에서 하는 것과 같은 강의를 세례 요한에게서 들으려고 광야로 가지 않았다. 바윗돌이 그의 강대상이었고 하늘이 그의 마이크였다. 그의 설교는 청중의 마음을 사로잡는 능력이 있었다. 그래서 수많은 사람들이 그의 메시지를 듣기 위해 먼 거리에서 모여들었다. 청중들이 왔을 때 요한은 그들의 귀에 듣기 좋은 말들로 아첨하지 않았다. 그는 직접 그들의 양심에 대고 말하였다. 그는 청중들이 도움을 받아야 할 잃어버린 죄인들이라고 지적하였다.

오늘날 설교의 우위성을 부정하려는 무거운 압력이 점증되고 있다. 특히 미국 교회에서는 설교를 찬양 예배와 기타 음악 프로그램으로 대치하려는 경향이 있다. 어떤 교회들에서는 강해 설교는 고사하고 짤막하기 그지없는 설교가 겨우 끝자리 순서에 간신히 매달려 있는 형편이다. 이런 교회들의 주된 순서는 치유, 표적, 자극적인 간증들이다. 바울은 유태인들이 기적적인 표적을 요구한다고 지적하면서 '우리는 십자가에 못 박힌 그리스도를 전한다'(고전 1:22-23)고 대답하였다.

설교자의 삶에서 설교의 우선권이 흔히 프로그램들에 의해서 빼앗긴다. 설교자의 에너지와 시간이 행정 업무로 소진된다. 이것은 효과적인 설교 사역을 막아 버린다. 이 문제에서 우리는 극단은 피해야 한다. 설교자가 일주일에서 6일 동안은 보이지 않다가 7일째 강단에 나타날 때 무슨 말을 하는지 알아들을 수 없는 메시지를 전한다면 어떻게 되겠는가! 균형이 있어야 한다. 목회와 돌봄은 중요하다. 그러나 목회자의 성경 공부도 등한시해서는 안 된다. 성경은 강해자를 곡식을 밟아 떠는 소에 비유하였다(딤전 5:18). 미국의 트리니티 신학교(Trinity College) 교수인 돈 카슨(Don Carson)은 미국에 있는 효과적인 강해 설교자치고 기도와 성경 공부를 보호하기 위해서 백방으로 노력하지 않는 사람은 아무도 없다고 말하였다(참조 : 행 6:4). 미국에는 강해 설교를 통해서 세워진 초대형 교회들이 있다.

크리스천들은 가끔 성령이 어떻게 활동하시는지에 대해서 비뚤어진 견해를 갖고 있다. 나는 어떤 목회자가 자신은 이제부터 설교를 직접 하늘에서 받을 것이라고 광고하는 모습을 보았다. 그 목사는 성경 공부를 내던졌다. 그의 메시지는 반복적이었고 깊이가 없었다. 6개월 동안의 영적 기근 뒤에 교회는 그를 떠나게 하였다.

성령이 직접 통화를 하고 설교의 영감을 주기 때문에 설교문을 작성하거나 잘 준비된 아웃라인을 따라가는 것은 비성경적이라는 생각은 잘못된 것이다. 성령은 충만한 기도와 헌신된 노력을 인정해 준다. "너는 진리의 말씀을 옳게 분별하며 부끄러울 것이 없는 일꾼으로 인정된 자로 자신을 하나님 앞에 드리기를 힘쓰라"(딤후 2:15).

효과적인 강해 설교는 지성과 마음의 엄청난 단련을 요구한다. 설교자가 강해 시리즈를 하려고 시도한다면 이것은 뜨거운 기도와 묵상이 있은 다음에 도달할 수 있는 큰 작업이다. 그런데 설교자는 시리즈가 시작됐을 때 다른 선택의 여지를 열어 두어야 한다. 만약 회중이 성령의 축복을 경험하지 못한다면 원래 계획했던 것에서 방향을 바꾸는 것이 현명하다. 성경은 진리와 덕을 세우는 교화의 무궁한 원천이기 때문이다.

설교의 우위성을 은근히 잠식시키는 또 하나의 현상은 토의 모임이 설교보다 그리스도의 왕국을 위해 더 낫다는 생각이다. 때때로 있는 토의 모임은 회중의 관심사나 교회 및 공동체에 영향을 주는 실제적인 문제들을 토론할 때 유용하게 사용될 수 있다. 그렇지만 성경을 알고 적용하는 문제에서 토의 모임은 우선이 될 수 없다. 토의할 때 사람들은 각자 여기서 조금 저기서 조금 하는 식의 좋은 생각들을 제시한다. 그러나 이것은 설교와 비교하면 매우 빈약한 대치품이다. 설교자가 문맥을 잡고 하나님의 말씀을 회중에게 영적 능력으로 적용하면 토의 모임과는 달리 회중은 하나님의 임재를 느끼고 격려를 받으며 심령이 새로워진다.

설교자의 삶은 자신이 설교하는 실체를 드러내야 한다

회중들 특히 방문자들이 교회에 와서 말씀을 들을 때 마음속에 먼저 일어나는 질문이 있다. '이 설교자는 자기가 설교하는 대로 살고 있을까?' 바울은 디모데에게 교훈하였다. "네가 네 자신과 가르침을 살펴 이 일을 계속하라 이것을 행함으로 네 자신과 네게 듣는 자를 구원하리라"(딤전 4:16).

리처드 백스터(Richard Baxter)는 목회자들에게 이렇게 권면하였다. "자신이 은혜 가운데 있다고 만족하지 말라. 당신의 은혜가 적극적이고 생동적인 실천 속에서 지켜진다는 사실을 기억하고 다른 사람들에게 설교하기 전에 자신이 공부하고 준비한 설교들을 스스로에게 먼저 설교하라."

사도 바울은 자신의 생활 방식을 디모데에게 권하였다. "나의 교훈과 행실과 의향과 믿음과 오래 참음과 사랑과 인내와 박해를 받음과 고난과…어떠한 박해를 받은 것을 네가 과연 보고 알았거니와"(딤후 3:10).

설교자의 거룩한 삶과 그의 설교를 듣는 양떼 사이의 밀착된 관계는 백스터의 다음 말에서 분명히 드러난다. "만약 우리가 우리의 사랑을 내려놓으면 회중의 사랑을 끌어올릴 수 없다. 우리가 오류나 무익한 논쟁으로 불량 음식을 먹으면 우리의 청중이 그 찌꺼를 먹게 된다. 반면 우리가 믿음과 사랑과 열성이 넘치면 이와 동일한 은혜들이 어찌 회중에게 신선한 은혜로 흘러 들어가지 않겠는가!"

위선을 피하려면 설교자는 자신의 삶에서 자기가 설교하는 메시지를 드러내야 한다.

기도와 깊은 성경 공부가 효과적인 설교의 기반이다

사도들은 갈등과 비난에 직면하고서 자신들의 우선권이 기도와 말씀이라고 주장하였다. "열두 사도가 모든 제자를 불러 이르되 우리가 하나님의 말씀을 제쳐놓고 접대를 일삼는 것이 마땅하지 아니하니 형제들아 너희 가운데서 성령과 지혜가 충만하여 칭찬 받는 사람 일곱을 택하라 우리가 이 일을 그들에게 맡기고 우리는 오로지 기도하는 일과 말씀 사역에 힘쓰리라"(행 6: 2-4).

목회자치고 비난의 대상이 안 되는 자가 누가 있겠는가? 우리는 모든 사람의 마음에 다 들 수는 없다. 그러나 모든 일에서 주님을 기쁘게 해 드리려고 힘써야 한다. 그럼 어떻게 비난에 대처해야 할까? 그 대답은 기도이다. 우리는 모순을 초월한 자들이 아니다. 사실 우리는 청중들에게 목회자들에 대한 비판을 해 달라고 격려해야 한다. 목회자가 진정으로 겸비해지려고 한다는 것을 회중이 볼 수 있어야 한다. 그런데 영적 자세는 기도의 삶을 통해서만 유지될 수 있다.

청교도 목사들은 설교의 우위성을 견지하는 데 가장 철저하였다. 그러나 그들은 균형을 잃지 않았다. 그들은 영혼의 의사로서 조언의 책임과 신자들을 격려하는 역할을 등한시하지 않았다. 우리는 청교도 시대와 다른 종류의 압력을 받으면서 산다. 그래도 역시 청교도들의 모범에서 감동을 받을 수 있다.

예로써, 서머셋(Somerset)에 있는 멜즈(Mells)라는 작은 마을에 리처드 페어클러프(Richard Fairclough)라는 목사가 있었다. 그는

1682년에 61세로 사망했는데 존 하우(John Howe)가 그의 장례식 설교를 맡았다. 이 설교에서 존 하우는 얼마나 많은 사람들이 페어클러프의 설교를 듣기 위해서 먼 길을 왔는지 언급하였다. "오, 그의 가장 효과적인 사역 아래에서 회중들의 심령이 녹은 적이 얼마나 많았는지 모른다. 그의 기도와 설교와 다른 목회 활동에는 가슴을 뭉클케 하고 생기를 주는 어떤 신비한 능력과 권위가 있었다. 또 어떤 때에는 부드러움과 온화함과 호소력이 있어 그의 입에서 나오는 영력을 저지하기가 거의 불가능하였다. 그의 사역의 효과로 회중은 커다란 깨우침을 받고, 말씀을 알게 되고, 분별력이 생기며, 갱신된 신자들로 바뀌었다. 그의 봉사는 놀라운 것이었다. 그의 마음이 온통 사역에 쏟아져 있었다. 여러 해 동안 그는 다른 사람들이 자고 있을 때 주님과 함께 있기 위해서 새벽 3시에 일어났다."

이 실례는 청교도들이 사역에 성공한 원인이 기본 원칙에 철저했기 때문임을 잘 예시해 준다. 우리도 기도와 설교 사역과 영혼을 돌보는 일에서 그들처럼 균형을 유지하면 좋은 사역 성과를 올릴 수 있을 것이다. 기본 원칙에 대한 유추로 음악이나 스포츠를 들 수 있다. 음악가는 기본 기술을 습득하지 않으면 성공할 수 없다. 음악을 자유롭게 표현하는 일은 기본 기술을 습득한 뒤에 가능하다. 스포츠의 경우에도 마찬가지이다. 골프와 같은 게임도 기본기를 완전히 터득하지 않으면 이길 수 없다. 사역의 부름은 영적인 부름이다. 사역자는 경건과 거룩한 삶에 있어 다른 사람들을 앞서야 한다. 이것은 기본이다. 그 다음에 기도와 중보 사역을 해야 하고 동시에 설교 준비를 위한 말씀 공부와 묵상을 통해 머리를 항상 단련시켜야 한다. 그뿐만 아니라 사역자는 자신의 소명을 생각해야 하고 자신에게 끊임없이 적용해야 한다.

기도는 우리가 섬기는 사람들을 품어 준다. "나는 너희를 위하여 기도하기를 쉬는 죄를 여호와 앞에 결단코 범하지 아니하고"(삼상 12:23). 우리는 사람들의 삶과 필요를 염두에 두고 설교해야 한다.

> 청교도들은 영혼의 의사로서 조언의 책임과 신자들을 격려하는 역할을 등한시하지 않았다.

창의적 강해 설교

체계적인 강해 설교는 최근에 훨씬 많이 퍼졌다. 마틴 로이드 존스는 20세기 영국의 최대 강해 설교자로 인정된다. 그는 체계적인 강해 방법을 따랐는데 한 세대 전체의 설교자들이 그의 강해에서 설교의 아이디어를 얻었다. 그런데 이 강해 방법은 청교도들의 모범이었다.

스펄전은 성경을 책별 또는 항목별로 설교하는 체계적인 방법을 쓰지 않았다. 그는 전도자로서 매주 직면하는 엄청난 도전에 응하기 위해서 자유가 필요하다고 설명했다. 그가 인도하는 집회마다 수천 명이 모였는데 다른 지역이나 외국에서 찾아온 방문자들도 많았다. 그의 태버너클(Tabernacle) 교회는 주일에 두 번씩 가득 채워졌고 목요일 저녁 설교 때도 회중으로 가득 찼다. 스펄전은 청교도들을 좋아했지만 설교 때마다 다른 본문들을 취할 자유가 있어야 한다고 생각했다. 시리즈로 설교할 때에는 서론적인 요약이 필요하지만 스펄전은 전도 메시지를 전하는 경우가 대부분이어서 자기 주제로 곧장 들어갈 수 있었다.

그러나 대부분의 설교자들에게는 체계적인 방법이 가장 좋다. 능력 있고 효과적인 설교의 필수적인 요소들은 다음과 같이 집약

할 수 있다.

1. 강해적이다
2. 단계적 혹은 체계적이다
3. 주해적이다
4. 교리적(교훈적)이다
5. 구성적이다
6. 적용적(목회적)이다
7. 실제적이다
8. 체험적이다
9. 삼위일체적이다
10. 복음적이다
11. 능력이 있다(영적 설득력)
12. 대중적이다(적실성이 있고 끌리게 함)

이러한 특징들은 체크 리스트(check list)로 사용될 수 있을 것이다. 설교자는 자기 설교 준비를 마칠 즈음에 아래의 질문들을 던져 볼 필요가 있다. 이 설교는 강해적인가? 나의 본문은 문맥과 일치하는가? 주해적인가? 나는 본문의 정확한 의미를 포착했는가 아니면 내가 말하고 싶은 것을 말하고 있는가? 회중이 믿음의 중심 진리들로 세워질 것인가? 나는 나의 설교 자료들을 최선을 다해 구성했는가? 달리 말해서 따라오기가 쉽고 논리적으로 연결되었으며 기억하기 쉬운가? 내가 이 설교를 가지고 회중을 목회적으로 대하려고 하는가? 나는 그들의 문제들과 유혹들을 염두에 두면서 동정적인 자세를 취하고 있는가? 이 설교는 실제적인가? 회중에게 설교를 통해 기대하는 것은 무엇인가? 나의 설교는 체험적인가? 청중의 가슴이 따뜻해질 것인가? 교인들이 성부과 성신과 성자와 연합되어 기뻐할 것인가?

회중 가운데 있는 불신자들은 어떤가? 이 설교가 그들에게 어떤 영향을 줄 것인가? 능력이 있을까? 나는 청중에게 어떻게 해야 하나님께 회개하고 주 예수 그리스도에 대한 믿음을 갖게 할 수 있을까? 내가 그들을 설득하여 주께로 데리고 오는 데 쓰임을 받을 수 있을까?(눅 14:23). 내 설교가 호소력 있고 마음이 끌리게 하는 요소가 있는가? 주님은 자연의 예시를 사용하셨다. 토마스 왓슨(Thomas Watson)은 매우 신선한 은유와 직유를 사용했다. 나는 어떻게 내 설교를 구원을 위한 효과적인 도구와 신자들의 교화를 위해서 주님과 그의 훌륭한 종들을 본받을 수 있을까?

이 모든 사항들을 항상 만족시킨다는 것은 불가능하지 않다면 적어도 어려운 일이다. 한 가지 설교에 너무 많은 것을 넣는 일은 비효율적이다. 보통 사람들은 앉은 자리에서 흡수할 수 있는 메시지의 분량에 제한이 있다. 가장 좋은 설교는 비록 목적 달성이 흔치 않지만 하나의 주된 요점을 끝까지 이끌어 나가서 청중이 그 영향을 결코 잊을 수 없게 하는 것이다.

이 과업은 성취하기가 퍽 어렵다. 바울은 "누가 이 일을 감당하리요?"(고후 3:16)라고 말했다. 존 번연은 정식 대학교육의 관점에서 보면 청교도들 중에서 가장 혜택을 못 받은 사람이었다. 그러나 그는 위에서 언급한 모범적인 강해 설교에 가장 접근한 사람이었다. 그는 신학 교육의 혜택을 받지 못했기 때문에 열등감을 느끼는 사람들에게 커다란 격려가 될 수 있다.

청교도들은 강해 설교의 구성에서도 우리에게 특별한 도움이 된다. 그들은 본문의 의미를 포착하는 요령을 개발하여 그 가르침을 청중에게 적용시켰다. 예를 들면 존 플레이블(John Flavel)은 "수고하고 무거운 짐 진 자들아 다 내게로 오라 내가 너희를 쉬게 하리라"(마 11:28)는 본문을 다음의 세 가지 대지로 간명한 분석을 하였다.

1. 영혼의 고통 : '수고하고 무거운 짐 진 자들'
2. 짐 진 자들은 그리스도께로 오라는 초대 : '내게로 오라'
3. 그리스도의 격려 : '내가 너희를 쉬게 하리라'

다음은 스티븐 챠녹(Stephen Charnock)의 본문 예시이다. "상한 갈대를 꺾지 아니하며 꺼져 가는 심지를 끄지 아니하기를 심판하여 이길 때까지 하리니"(마 12:20).

1. 첫째, 주제 : '상한 갈대와 꺼져 가는 심지'
2. 둘째, 행위 : '꺾지 아니하며 끄지 아니함'
3. 셋째, 행위의 연속 : '심판하여 이길 때까지'

리처드 십스(Richard Sibbes)는 위와 동일한 본문을 강해하면서 이렇게 적용한다.

교리적 : 은혜는 처음에는 소량이다. 그리스도는 작고 약한 시작
들을 끄지 않는다

실제적 : 목회자는 젊은 초신자들에게 부드러워야 한다
실용적 : 그리스도는 모든 종류의 질병, 특히 상한 심령을 고쳐 주는 전문의다

토마스 브룩스(Thomas Brooks)는 고린도후서 2장 11절의 본문으로 '사탄의 계략을 막는 귀한 처방들'(Precious Remedies against Satan's Devices)이라는 강해를 시작한다. "이는 우리로 사탄에게 속지 않게 하려 함이라 우리는 그 계책을 알지 못하는 바가 아니로라." 브룩스는 본문의 문맥을 잡은 뒤 강해 포인트를 골라낸다.

1. 사탄이 계책을 쓴다는 것을 증명하라
2. 계책들이 무엇인지 보여 주라
3. 사탄의 계책들을 막는 처방들을 강해하라

이런 식으로 브룩스는 이 주제에 대한 짧은 시리즈의 기초를 놓았다.

성경은 내용상 특성의 차이가 크다. 이를테면 역사, 교리(예 : 로마서, 에베소서), 스토리, 지혜 문학, 주님의 비유, 묵시 문학(예 : 다니엘서 7-12장과 요한계시록 4-22장) 등이다. 성경의 다양성 때문에 강해 방법도 다양해진다. 강해자는 중심 포인트를 잡고 핵심 진리들을 도출하고 적용할 때 자유와 유동성을 위해 기도해야 한다. 본문의 의미와 메시지를 이끌어 내게 하는 구성과 균형이 잡힌 아

웃라인을 참고하려면 토마스 맨턴(Thomas Manton)을 추천한다.

청교도들은 설교한 뒤에 대부분의 자료들을 모아서 다시 손질한 뒤에 출판하였다. 청교도 문서들은 거의 이런 식으로 우리에게 유산으로 전해졌다.

프랜시스 베이컨(Francis Bacon, 1561-1626)은 집필 주제에 대해 "독서는 온전한 사람을 만들고, 집회는 준비된 사람을 만들며, 집필은 정확한 사람을 만든다"고 하였다. 설교마다 일일이 다 기록하는 것은 실제성이 없을지 모른다. 그러나 강해자가 설교의 틀을 짜고서 약하거나 투명성이 없는 부분을 글로써 작성하는 일은 중요하다. 사람들은 칼뱅의 주석을 아직도 많이 찾고 있으며 그 가치를 크게 인정한다. 그 까닭은 칼뱅은 중요한 요점들을 최대한으로 선명하게 설명하는 것으로 유명하기 때문이다. 그는 베이컨이 말하는 '정확한 사람'에 해당한다. 설교자가 분명치 못하면 교인들을 교화시킬 수 없다.

우리 시대에서는 흥미를 일으키고 주의를 끌게 하는 특별한 기술이 필요하다. 설교의 부름을 받은 자들은 청교도들의 방법을 따르면 잘할 수 있을 것이다. 청교도들은 본문에 충실하면서 상상력과 유동성 있는 접근으로 설교를 구성하고 주의를 끌게 하는 설교 대지들을 사용하였다. 강해 설교의 중요한 부분은 주제에 맞는 예시의 사용이다. 우리가 성경에서 예시 자료를 뽑을 수 있다면 더욱 좋다. 청교도들은 예시의 분량에 개인차가 심했지만 성경에서 예시 자료들을 골라내는 데에는 모두 익숙하였다. 그러나 복음 메시지의 적실성을 위해서 현재적인 상황의 사건들로부터 예시를 이끌어 낼 수도 있다.

설교자 중의 설교자이신 주님 자신의 설교 효과를 보라. 대제사장들이 예수를 체포하라고 성전 감시병들을 보냈을 때 그들은 체포 명령을 수행할 힘을 잃고 "그 사람이 말하는 것처럼 말한 사람은 이때까지 없었나이다"(요 7:46)라고 증언하였다. 설교가 이 세상을 죄와 의와 심판에 대해서 확신시키는 하나님의 수단으로 사용될 날이 다시 올 때에는 너무도 감격스러울 것이다. 그런데 청중의 마음과 생각을 사로잡는 말씀은 상상력이 동원된 창의적인 강해 설교일 것이다.

> 독서는 온전한 사람을 만들고, 집회는 준비된 사람을 만들며, 집필은 정확한 사람을 만든다.

죄의 실체

청교도는 우리가 가장 약한 부분에서 가장 강하였다. 이것은 죄의 교리에서 특히 그러하다. 우리는 죄가 무엇인지에 대해서 분명해야 할 긴급한 여러 가지 중요한 이유들을 지니고 있다.

첫째, 우리는 포스트모더니즘(Postmodernism)의 풍토에서 살고 있다. 서구 사회는 죄를 엄청난 규모로 조장하며 죄의 정의나 죄에 대한 투명성을 저지한다. 후기 근대주의 철학은 맹렬한 반법주의다. 즉 법을 반대한다. 옳고 그른 것은 주관적인 인간의 느낌에 근거해서 판단된다. 그 결과 무법의 심연 속으로 빠져 든다. 무법의 결과는 무섭게 늘어나는 가정 파괴, 이혼, 범죄, 초만원의 감옥에서 나타난다. 이 주제를 다룬 책의 하나로는 존 맥아더(John F. MacArthur Jr)의 『사라지는 양심』(*The Vanishing Conscience*)이 있다. 여기서 저자는 미국의 도덕적 붕괴는 죄를 죄로 다루는 일에 실패했기 때문이라고 밝힌다.

둘째, 죄의 주제에 약하고 허술한 사역은 무용한 사역이다. 죄의 확신을 일으키지 못하는 설교 사역은 소용없다. 아픔이 없는데 어떻게 치유가 있겠는가? 복음은 오직 죄인들을 위한 것이다. 믿지 않는 세상은 설교자들을 풍자하고 놀린다. 설교자는 때로는 바보스럽고 허술하며 유약한 자로 묘사되고 때로는 고함을 지르며 열을 올리는 자로 그려진다. 젊은 스펄전은 당대에 가장 효과적인 탁월한 설교자였다. 그럼에도 언론에서는 그를 우스갯감으로 삼고 극도로 반대하였다. 진정으로 부름 받은 자들은 하나님의 말씀이 양편에 날이 선 칼처럼 예리하다는 사실을 안다. 또한 자신들의 소명이 그 칼을 휘두르는 것임을 안다(히 4:12).

셋째, '예수 그리스도와 그가 십자가에 못 박히신 것'(고전 2:2)이 우리의 주제다. 기독교는 인류의 근본 문제인 죄를 유일하게 충실히 다루기 때문에 독특하다. 또한 기독교는 죄에 대한 유일한 효과적 처방을 제시하기 때문에 다른 어떤 종교와도 판이하게 다르다. 그리스도는 우리의 죄를 가져가기 위해서 세상에 오셨다. "하나님이 죄를 알지도 못하신 이를 우리를 대신하여 죄로 삼으신 것은 우리로 하여금 그 안에서 하나님의 의가 되게 하려 하심이라"(고후 5:21). 죄의 극악성은 죽음 중의 죽음인 그리스도의 십자가에서 밝히 드러났다. 질병을 치유하기 위해서 과학 실험실에 수백만 달러가 투자된다. 그러나 목회자와 설교자로서 우리의 사명은 죄의 본질과 죄책과 그 결과를 분명하고 충실하게 다루고 오직 그리스도의 피와 희생에서만 찾을 수 있는 죄의 처방을 제시하는 것이다. "보라 세상 죄를 지고 가는 하나님의 어린양이로다!"(요 1:29).

넷째, 성경적인 죄의 이해 없이는 우리가 인생의 최대 중심 주제들을 정확하고 신실하게 다룰 수 없다. 이를테면 창조, 아담과 하와의 역사적 시공간에서의 타락, 율법의 본질, 양심의 역할, 구속사, 그리스도의 능동적 사역과 피동적 사역, 중생, 성화, 최후의 심판, 영원한 천국과 지옥이다.

다섯째, 위에서 열거한 것들 중에서 영원한 지옥보다 이 세상에서 더 무섭고 두려운 실체는 없다. 죄는 왜 이런 실체가 존재하는지에 대한 근본적인 원인이다.

청교도들은 이 주제를 여러 형태의 글에서 직접적으로 다루었다. 그들은 죄의 토픽을 종합적으로 취급하였다. 제레마이어 버로우즈(Jeremiah Burroughs)는 『악 중의 악』(The Evil of Evils)이라는 책에서 죄는 사람으로 하여금 마귀를 편안히 대하게 해 준다고 말하였다. "죄는 마귀와 본성이 같다. 그래서 죄는 이 세상에 있는 마귀의 왕국을 촉진시킨다."

청교도의 죄론이 지닌 장점들은 다음 네 가지로 나눌 수 있다. 첫째, 그들은 죄를 정의하기 위해서 하나님의 도덕률을 사용했다. 둘째, 그들은 원죄의 진리를 강해했다. 셋째, 그들은 죄를 통제할 필요성을 강조했다. 넷째, 그들은 형벌을 경고했다.

청교도는 죄를 정의하기 위해서 하나님의 도덕률을 사용했다

랄프 베닝(Ralph Venning, 1621-1674)은 1665년에 런던을 휩쓸었던 페스트 전염병 이후에 4년 동안 런던에서 사역했던 유명한 설교자였다. 그는 『페스트 중의 페스트』(The Plague of plagues)라는 제목의 책을 썼는데 매우 적절한 표제였다. 인류를 모두 죽이는, 죄의 페스트와 같은 전염병은 없기 때문이다. 육체의 죽음은 첫 번째 죽음이다. 죄의 페스트는 두 번째 죽음의 원인이기도 하다. 자신들의 죄 가운데서 죽는 자들은 모두 지옥의 영벌을 받는다. 베닝은 네 가지 부분으로 이 주제를 분류하였다. 첫째는 죄의 정체, 둘째는 죄의 극악성, 셋째는 죄에 대한 증언, 넷째는 적용이다. 베닝은 이 적용에서 죄책과 죄의 능력으로부터 피할 수 있는 복음을 설명한다. 그는 이 강해에서 죄의 정의부터 내린다.

> 죄는 율법을 어기는 것이다. 율법은 선한 하나님의 법이다. 죄는 율법의 존재를 전제한다. 율법이 없다면 범법도 없기 때문이다(롬 4:15). 죄가 있는 곳에 율법도 있고 또한 율법을 범하는 범법이 있다. 죄를 범하는 자는 율법을 범하는 자이다. 죄는 불법이기 때문이다(요일 3:4). 이것이 우리들의 본문이 가리키는 죄다. 이것은 로마서 7장 7절에서 분명하다. 율법은 생각과 말과 행위로 짓는 악행을 금지할 뿐 아니라 선을 행할 것을 권고한다. 그러므로 선한 명령을 받지 않는 것도 금지된 악을 행하는 것과 마찬가지로 죄다.

에드워드 레이놀즈(Edward Reynolds, 1593-1676)는 헬라어에 능통한 탁월한 설교자였다. 그는 웨스트민스터 총회에서 봉사하였으며 『죄의 극악성』(The Sinfulness of Sin)이라는 책을 썼다. 그 내용은 주로 로마서 7장 9절의 강해이다. "전에 율법을 깨닫지 못했을 때에는 내가 살았더니 계명이 이르매 죄는 살아나고 나는 죽었도다"(롬 7:9). 레이놀즈는 인간이 율법의 문자는 가지고 있어도 그 능력과 정신은 없을 수 있음을 보여 준다. 그러나 성령이 율법을 취하고 그 사람이 죄 가운데 있음을 확신시킨다.

율법은 세 가지 방법으로 죄에게 활력과 힘을 부여한다. 첫째, 저주와 의무를 지워서 영혼이 죄책으로 대심판을 받도록 구속한다. 둘째, 율법이 자극이 되게 한다. "죄가 율법으로 말미암아 기회를 탔다. 이것은 계명으로 인해서 죄로 심히 죄 되게 하려는 것이다." 셋째, 확신에 의해서 죄의 광대성을 양심에 드러나게 한다. 뱀이 눈 속에 있을 때에는 죽은 것 같지만 열을 받으면 살아나듯이 죄도 무지에 덮여 있을 때에는 죽은 듯하다. 그러나 깨어나면 인간은 자신이 사망의 입 속에 있다는 사실을 알게 된다.

청교도들은 대부분 사람들에게 죄를 깨닫게 하기 위해서 율법에 대한 설교를 많이 강조했다. 윌리엄 퍼킨스(William Perkins)는 참된 회개는 복음의 은혜로 말미암는다고 믿었다. 그러나 그는 이 이유 때문에 율법에 대한 설교를 무시하는 자들을 반대했다. 안소니 버게스(Anthony Burgess)는 "순수하고 철저한 율법 준수의 의무는 모든 추한 것들을 드러낸다. 이런 의미에서 율법적인 설교자가 되고 또한 율법적인 청중이 되는 것이 좋다"고 말하였다. 그는 율법 설교가 '하나님의 목회자들이 자기들의 회중에게 해야 하는 큰 사역'이라고 보았다. 그는 이어서 율법 설교의 중요성을 역설했다. "인간은 율법에 의해서 자신들의 죄를 반드시 깨달아야 한다. 이것은 간단한 문제가 아니다. 그러나 하나님의 율법을 설교함으로써 감추어진 비밀스런 죄들이 드러날 것이다. 오직 하나님의 율법 설교를 통해서 자신의 죄들을 보게 될 것이다."

청교도는 원죄의 진리를 강해했다

토마스 굿윈(Thomas Goodwin)은 『죄와 형벌에 있어 중생되지 못한 자가 갖는 하나님 앞에서의 죄책』(*An Unregenerated Man's Guiltness Before God in Respect of Sin and Punishment*)이라는 대작에서 문제의 핵심인 원죄로 바로 들어간다. 그는 로마서 5장 12절로 시작한다. "그러므로 한 사람으로 말미암아 죄가 세상에 들어오고 죄로 말미암아 사망이 들어왔나니 이와 같이 모든 사람이 죄를 지었으므로 사망이 모든 사람에게 이르렀느니라." 굿윈은 로마서 1-3장의 강해를 통해 죄가 한 사람의 예외도 없이 온 세상을 덮쳤다고 증언한다. 그는 원죄와 죄책의 진리를 확립한 다음에 부패가 어떻게 인간의 모든 기능과 이해력, 감정, 양심, 의지를 휘덮었는지를 보여 준다.

청교도의 원죄론은 데이빗 클락슨(David Clarkson), 토마스 왓슨(Thomas Watson), 존 플레이블(John Flavel), 존 오언(John Owen)에 의해서도 강해되었다. 그리고 동일한 전통에 따른 후세대의 사람들인 토마스 보스턴(Thomas Boston)과 조나단 에드워즈(Jonathan Edwards)도 원죄론을 강론했다. 원죄론을 요약한 가장 명료한 정의는 웨스트민스터 대교리 문답에 나온다.

질문 : 인간이 타락한 죄악의 상태는 무엇인가?

답변 : 인간이 타락한 죄악의 상태는 아담의 첫 번째 범죄의 죄책에서 기인한다. 아담은 의 안에서 창조됐다가 그 의를 상실하였고 자신의 본성이 부패되어 완전히 불구가 되었다. 그는 영적으로 선한 모든 것에 반대편이 되고, 모든 악에 전적으로 계속해서 편향되었다. 이것을 일반적으로 원죄라고 부르는데 여기서 모든 실질적인 불법이 유래한다.

웨스트민스터 신앙고백의 6장 4항에서도 유사한 문구가 나온다. 현대어로 된 1689년 침례교 신앙고백의 해당 항목은 다음과 같다.

인간이 저지르는 실질적인 죄들은 우리의 첫 조상들에 의해서 옮겨진 부패한 본성의 열매이다. 이 부패로 인해서 모든 인간은 전적으로 모든 악에 편향되어 있다. 죄가 인간을 불구로 만든다. 인간은 모든 선한 것에 완전히 무력해졌으며 사실상 선의 반대편이 되었다.

아담에게서 태어난 자는 모두 아담의 죄책과 부패를 타고난다. "선한 모든 것의 반대편이 됐다"는 구절은 모든 인간이 죄악으로 나쁘게 되었다는 의미는 아니다. 이 세상에는 굉장히 많은 분량의 선이 존재한다. 이 선은 하나님의 자비의 덕택이다. 우리는 이것을 일반 은총이라고 부른다. 하나님의 일반 은총은 많이 오해되고 있다. 이 세상에 그처럼 선한 것이 많다면 위에서 서술한 죄에 대한 어두운 견해는 옳은 것이 아니라고 보기 때문이다. 그러나 옳다. 인간의 타락은 너무도 뚜렷하다. 20세기의 2차에 걸친 세계대전을 생각해 보라. 나치 정권에 의해 조직된 유태인 대학살을 생각해 보라(6백만 명의 유태인들이 강제 집단 캠프에서 사라졌고, 바람직하지 못한 계급으로 분류된 또 다른 6백만 명이 죽음을 당하였다). 스탈린 밑에서는 1천8백만 명이 죽음의 캠프에서 사라졌다. 캄보디아와 르완다/브룬디, 유고슬라비아의 학살을 비롯하여 동(東)티모르(East Timor)에서의 살해가 인간의 극심한 타락을 입증한다. 세계 역사는 죄와 고통의 이야기이다. 만약 성령이 죄를 억제하고 통제하는 놀라운 능력을 발휘하지 않는다면 인간 생활은 도무지 견딜 수 없을 것이다.

그럼 인간의 모든 기능이 부패됐다면 믿고 회개하라고 설득할 필요가 어디에 있겠는가? 그 대답은 성령이 설교와 기독교 문서를 사용하여 어둠의 영역에 침투한다는 것이다. 성령은 중생의 영이시다. 성령은 성경의 진리 선포를 사용하여 인간의 마음을 사로잡고 회심케 한다. 성령은 세상을 죄와 의와 다가올 심판에 대해서 책망한다(요 16:8).

아담은 구체적인 율법을 받았다. 그는 전 인류를 대표하였다. 그의 범법 행위로 인해서 그의 죄책이 그의 모든 후손에게 입혀졌다. 토마스 왓슨은 이 첫 번째 범죄에는 불신, 감사가 없는 것, 불만, 자부심, 불순종, 도둑질, 주제 넘은 것, 조심이 없는 것(생각을 않거나 고려하지 않는 것), 살해 등의 많은 죄가 포함되었다고 지적했다. 살해가 포함된 것은 아담이 분명하게 금단의 열매를 먹으면 죽게 될 것이라는 경고를 받았기 때문이다. 그러므로 그의 죄 때문에 그는 자신의 후손들을 살해하였다. 왓슨은 그의 목록에서 불신을 제일 첫 번째로 언급하였다.

스티븐 챠녹(Stephen Charnock)은 요한복음 16장 9절의 말씀인 "죄에 대하여라 함은 그들이 나를 믿지 아니함이요"라는 본문을 강해하면서 불신이 모든 죄의 머리라고 주장하였다. 또한 그는 하나님이 인간에게 불신의 죄를 깨닫게 하기 위해서 최고의 높은 수단을 사용하셔야 한다고 말하였다. 모든 죄 중에서 불신이 가장 해롭다. 왜냐하면 유일한 처방에 대한 죄이기 때문이다.

아담은 자신의 불순종과 죄 안에서 우리 모두의 자리에 서 있었다. 그가 행한 것은 사실상 그의 모든 후손들이 각 사람마다 모두 행한 것이었다. 토마스 맨턴은 이렇게 표현한다. "우리는 아담의 눈으로 금단의 열매를 보았다. 우리는 아담의 손으로 그 열매를 따서 아담의 입으로 먹었다. 다시 말해서 우리는 마치 우리 자신들이 그곳에 있었고 그의 행위에 동조한 것처럼 그러한 행위에 의해 망하게 되었다."

원죄는 쉽게 이해할 수 있는 진리가 아니다. 네덜란드의 대신학자인 헤르만 바빙크(Herman Bavinck)는 원죄는 두 번째 가장 큰 수수께끼라고 말하였다. 첫 번째 수수께끼는 존재의 기원이다. 바빙크는 죄의 기원은 분명 인간이 이해를 하기 위해서 지고 가는 짐 중에서 가장 무거운 십자가라고 덧붙였다.

청교도는 죄를 통제할 필요성을 강조했다

존 오언의 죄의 통제에 대한 강해는 고전에 속한다. 그는 로마서 8장 13절의 강해에서 아래와 같이 대지를 잡았다.

1. 행해야 할 의무 : '몸의 행실을 죽이라'
2. 지칭하는 대상들 : '너희', '너희가…죽이면'
3. 주어진 약속 : '너희가 살리니'
4. 사용되는 수단 : '영으로써'
5. 조건 : '너희가 …죽이면'

오언은 크리스천은 평생 동안 내재하는 죄의 능력을 억제시키는 일을 해야 한다고 강조한다. "우리의 영적 삶의 활기와 능력과 위로는 육신의 행실들을 억제하는 데 달려 있다." 그는 통제되지 않은 죄 속에 깔려 있는 능력에 대해서 엄중한 경고를 한다.

죄는 항상 정상을 노린다. 죄는 시험과 유혹을 위해 일어난다. 죄는 그냥 두면 목표하는 죄의 정상까지 올라간다. 깨끗하지 못한 생각이나 눈길은 할 수만 있으면 어느 때든지 간음이 된다. 모든 불신의 생각도 그냥 두면 무신론이 된다. 욕정이 일어나는 것을 그냥 두면 악행으로 치닫는다. 이것은 만족을 모르는 무덤과 같다. 죄의 기만성은 처음에는 점잖아 보인다는 것이다. 그러나 자기 길을 가게 두면 사람의 마음을 완고하게 하고 파멸로 이끈다.

또한 오언은 히브리서 3장 13절을 인용하면서 '죄의 기만성'을 지적하였다. 죄가 광야의 이스라엘 백성들을 기만하여 그들의 마음을 완고하게 한 사실을 기억하라.

토마스 맨턴은 로마서 6장 14절을 강해하면서 죄의 사악성을 지적하였다. "죄가 너희를 주장하지 못하리니 이는 너희가 법 아래에 있지 아니하고 은혜 아래에 있음이라."

우리 속에는 아직도 죄가 있다. 죄는 우리와 함께 태어나고 함께 자란 가슴의 원수이다. 그래서 잘 경계하고 항상 저지하지 않으면 잡초처럼 자기 마음대로 자라서 애써 심은 화초들을 질식시킨다. 우리는 이 저주스러운 룸메이트를 우리 몸의 장막이 무너질 때까지는 완전히 제거할 수 없다. 우리가 지닌 질그릇의 집이 허물어져서 흙이 될 때까지 죄는 우리 속에 남아 있다. 마치 담벽에 붙은 담쟁이덩굴처럼 담이 무너져야만 우리 속에 내재하는 죄도 무너질 것이다.

죄의 통제는 마음의 생각에까지 미친다. 오바다이어 세지윅(Obadiah Sedgwick)은 "나를 숨은 허물에서 벗어나게 하소서"(시 19:12)라는 구절을 다음과 같이 설명한다. 숨은 죄들은 씻겨지지 않으면 드러나게 된다. 당신이 그것들을 뿌리에서부터 억제하지 않으면 곧 열매가 달려 밖으로 나오는 것을 보게 될 것이다. 불은 집안에서 먼저 붙는다. 끄지 않으면 불길이 밖으로 나온다. "욕심이 잉태한즉 죄를 낳고 죄가 장성한즉 사망을 낳느니라"(약 1:15).

때때로 우리는 교회의 큰 인물들이 죄에 넘어지는 모습을 보고 충격을 받는다. 이것은 어떤 신자도 죄를 통제해야 할 필요성에서 면제되지 않는다는 사실을 상기시킨다. 죄를 억제하려면 흔히 큰 고통을 받는다. 제레마이어 버로우즈(Jeremiah Burroughs)의 『악중의 악』(The Evil of Evils)이라는 대저(大著)에 나오는 원칙에 따르면 최대의 고통보다 최소의 죄 안에 더 많은 악이 있다. 그는 히브리서 11장에 서술된 영웅들은 그들의 믿음을 부인하기보다는 가장 혹독한 고난을 택했다고 지적한다.

청교도는 영벌을 경고했다

랄프 베닝(Ralph Venning)은 예수님이 우리 죄를 지고 가기 위해서 내려간 지옥을 서술한다. "그는 온갖 종류의 고난을 겪으셨다. 그는 머리끝에서 발끝까지 고통을 받았다. 그는 영혼의 고난도 받았다. 그는 십자가에서 '나의 하나님, 나의 하나님, 어찌하여 나를 버리시나이까?'라고 부르짖었다. 그는 고난들과 함께 온갖 역경에 빠져 있었다. 그리스도의 고난이 주는 가장 큰 교훈은 죄의 사악성에 대한 최대의 증거라는 것이다."

우리의 죄를 지고 가는 그리스도의 속죄 사역은 놀라운 성취를 하였다. 우리의 모든 죄가 마땅히 받아야 할 형벌이 어떤 것인지 알 때 그리스도의 대속이 이룬 크나큰 성취를 헤아릴 수 있다. 베닝은 죄의 결과로 오는 무서운 고통을 담대히 증언한다. "지옥은 모든 형벌과 슬픔과 아픔과 진노와 보복과 불과 어둠의 센터이다…이러한 고통들은 휴식이 없이 영속된다…오랫동안 죄악 된 삶을 살았던 자들과 회개의 기회가 더 많았던 자들과 더 많은 지식을 가졌던 자들과 하나님께 등을 돌린 배교자들은 더 넘치는 고통을 받게 될 것이다."

랄프 베닝은 성경 본문이 자체의 능력을 드러내게 하는 훌륭한 은사를 가진 사람이었다. 다음은 마태복음 25장 41절에 대한 실례이다.

선고를 받은 자들 : '왼편에 있는 자들'
선고 : '나를 떠나라'
그들의 상태 : '저주를 받음'
고통 : '영원한 불'
함께 있는 무리 : '마귀와 그 사자들'

존 플레이블(John Flavel)은 인간의 영혼에 대한 설교에서 죄책의 무게를 언급하였다. "모든 죄책은 그리스도가 없는 죄인들의 양심 속에 모아져서 이 세상에 사는 동안 거대한 죄의 창고를 만든다."

조지 스윈녹(George Swinnock, 1627-1673)은 '죄인들의 최종 선고'라는 제목을 붙인 마태복음 25장 41절의 감동적인 강해에서 율법을 어긴 자들의 죄책을 노출시켰다. "율법의 하나라도 어기면 율법 전체를 어기는 것이다. 사랑이 없는 자는 율법 위반자다. 율법 전체를 묶어 주는 끈을 끊었기 때문이다."

> 죄에 대한 성경적인 이해 없이 우리는 인생의 대 주제들을 정확하고 신실하게 다룰 수 없다.

리처드 아담스(Richard Adams)도 같은 본문으로 강해하면서 결론을 내린다. "우리 주님은 지옥에서 영혼과 몸을 모두 멸망시킬 수 있는 예수님 자신을 두려워하라고 강력히 촉구하셨다. 그러므로 우리는 속히 회개로써 죄에서 피한 뒤에 우리가 받았어야 할 형벌을 통해 드러내신 그리스도의 한없는 사랑을 붙잡아야 한다. 오, 우리 영혼을 그리스도의 보혈로 씻어 영원한 불이 우리를 사로잡지 않도록 하자."

Appendix
Appendix
Appendix

부록

청교도들은 속이 좁은 사람들이었는가?

침례교인들과 청교도들은 어떤 관계인가?

옥스퍼드와 케임브리지 대학교

스코틀랜드의 종교개혁

청교도와 웨스트민스터 총회

청교도의 지속적 영향

청교도들은 속이 좁은 자들이었는가?

오늘날 대부분의 사람들은 청교도들이라고 하면 검은 옷을 입고 즐겁게 사는 것을 혐오한 편협한 무리들로 생각한다. 이것은 청교도에 대한 대중적인 풍자이다. 레란드 라이켄(Leland Ryken)은 청교도의 실체를 학적으로 조사하고 규명한 뒤에 『세속적 성자들 : 청교도의 정체』(*Worldly Saints-The Puritans as they Really Were*)라는 제목으로 출판하였다. 그는 이 책에서 청교도에 대한 그릇된 정보들을 시정하였다. 그는 잉글랜드 청교도와 뉴잉글랜드 청교도로 알려진 미국에 정착한 청교도들을 함께 다루었다. 그러나 나는 이 책에서 잉글랜드 청교도에 한정시켰다. 뉴잉글랜드 청교도가 나름대로의 특징을 가진 것은 사실이다. 그래서 라이켄의 관찰은 대서양 양편의 청교도들의 성격을 균형 있게 이해하는 데 도움이 된다.

라이켄의 평가를 간략하게 소개한다.

- **청교도들은 성관계를 반대했다.** 이것은 말도 안 된다.
- **청교도들은 웃는 적이 없고 즐거운 삶을 반대했다.** 이것은 부분적으로 사실이다. 청교도들은 심각한 사람들이었다. 그러나 그들

은 이런 말을 한 사람들이었다. "하나님은 우리의 슬픔보다 우리의 기쁨을 훨씬 더 원하신다."

- **청교도들은 단조롭고 유행에 뒤떨어진 옷을 입었다.** 사실이 아니다. 청교도들은 당시의 계급과 시대에 따른 복장을 했다.
- **청교도들은 스포츠와 레크리에이션을 반대했다.** 대체로 사실이 아니다. 많은 자료를 검토해 본 결과 청교도들은 사냥, 낚시, 일종의 축구 게임, 볼링, 독서, 음악, 수영, 스케이팅, 활쏘기 등과 같은 다양한 취미 생활을 하였음이 드러났다.
- **청교도들은 부자가 되는 일이라면 무엇이든지 행하는 일의 노예였다.** 대체로 사실이 아니다. 청교도들은 사실상 부유함의 위험들을 지나칠 정도로 두려워하였다.
- **청교도들은 예술을 적대시하였다.** 부분적으로 사실이다. 그러나 현대인들이 생각하는 정도는 아니었다. 청교도들이 교회에서 음악과 예술을 제거했다는 사실에서 이런 오해가 발생했다. 하지만 이것은 음악이나 예술 자체를 반대하기 때문이 아니고 로마 가톨릭 형태의 예배와 의식에 대한 반대였다.
- **청교도들은 지나치게 감정적이고 이성을 격하시켰다.** 넌센스다. 그들은 머리와 가슴의 균형을 목표로 삼았다.
- **청교도들은 혈압으로 고통을 받는 70세 이상의 노인들에게나 어필이 된 구식 운동이었다.** 전혀 틀린 말이다. 청교도주의는 젊고 박력 있는 운동이었다. 씨 에스 루이스(C. S. Lewis)는 초기 청교도들을 "젊고, 용감하고, 진보적인 지성인들로서 매우 인기가 있는 신시대의 사람들이었다"라고 이야기하였다.
- **청교도들은 몸과 물질 세계를 혐오했다.** 사실이 아니다.

- **청교도들은 자기들의 견해에 동의하지 않는 자들을 참지 못하였다.** 현대적 수준에서 보면 사실이다. 그러나 그들 당시의 수준에서 보면 그렇지 않다. 16세기와 17세기에는 어떤 그룹도 전적인 종교적 관용과 정치적 관용을 수용할 준비가 되어 있지 않았다.
- **청교도들은 지나치게 엄격했다.** 사실인 경우가 적지 않다. 사무엘 워드(Samuel Ward)의 일기를 보면 자신의 실패 목록과 자기 비판이 나열되어 있다. 이중에는 기도하지 않고 잠들기, 하나님에 대해서 생각하지 않고 잠들기, 자원 기도를 하지 않는 것 등이 포함되어 있다.
- **청교도들은 종교의 이름으로 정상적인 인간의 감정을 억눌렀다.** 전혀 그렇지 않다. 청교도들은 따뜻한 인간적 감정을 가졌다.
- **청교도들은 사람의 외형적 행동만 보고 판단한 율법적인 도덕주의자들이었다.** 원래의 청교도들에게는 대체로 사실이 아니다.
- **청교도들은 지나친 자기 혐오에 빠졌다.** 부분적으로 사실이다. 코튼 매서(Cotton Mather)는 이런 형태의 모습들을 일기에 기록했다. "크리스쳔은 언제나 자신에 대해서 겸비한 생각을 가져야 하고 자신을 낮추는 반성을 해야 한다. 자신을 계속 혐오하고 또한 자신의 혐오스런 상황들에 민감해야 한다. 크리스쳔은 하나님을 기쁘게 하는 일을 하는 자이다."
- **청교도들은 교육을 반대한 무지한 자들이었다.** 전혀 사실이 아니다. 그들보다 교육에 더 열성을 보였던 기독교 운동은 아직 역사상에 나타나지 않았다.

침례교인들과 청교도들은 어떤 관계인가?

존 번연은 설교와 삶의 방식과 저술에 있어 청교도주의의 대표적인 모범이다. 앞에서 이미 지적했듯이 번연은 비국교도였기 때문에 그의 교회 관계는 엄밀하게 말해서 청교도가 아니었다. 그는 국교회와의 타협을 싫어했기 때문에 12년 간의 옥고를 치렀다.

침례교인들은 청교도에서 자랐는데 1640년대와 1650년대에 크게 성장하였다. 우리는 앞에서 핸서드 놀리즈(Hanserd Knollys)와 헨리 제시(Henry Jessey)의 삶에서 이러한 성장을 살펴보았다. 청교도 시대에서 발생된 침례교인들의 출현에 대해서 마이클 헤이킨(Michael Haykin) 교수는 『키핀, 놀리즈, 키치』(*Kiffin, Knollys and Keach*)라는 저서에서 상세하게 다루었다. 그는 매우 흥미로운 필치로 3K들의 생애를 서술하였다. 그중에서 핸서드 놀리즈(1599-1691년)에 대해서 잠시 소개한다.

그는 케임브리지의 캐서린 홀(Catherine Hall)에서 신학을 하고 린컨셔(Lincolnshire)에서 목회에 들어갔다. 그러나 그는 1635년에 청교도의 확신 때문에 잉글랜드 국교회와 관계를 단절하였다. 그는 같은 해에 미국으로 건너갔다가 1641년에 귀국하였다. 그는 침례교인들과 함께 사역했는데 나중에 가장 두드러진 침례교 리더의 한 사람이 되었다. 그는 1646년 침례교 신앙고백의 서명자들 가운데 한 사람이다. 놀리즈는 런던에서 약 1천 명이 모이는 침례교 대형 교회에서 목회하였다.

1677년 런던 침례교 신앙고백이 작성되기까지의 발전 과정에 대한 기록은 『침례교 유산』(*Our Baptist Heritage*)이라는 책에 실려 있다. 1688년에 상황이 호전되자 이미 공식적으로 작성됐었지만 널리 배포하는 것이 부적절했었던 신앙고백을 발간할 수 있게 되었다. 1677년 신앙고백은 1689년 신앙고백으로 알려졌는데 이는 단지 당시에 널리 배포가 됐기 때문이다. 웨스트민스터 신앙고백은 청교도의 교리를 대변한다. 침례교인들은 그들의 신앙고백을 웨스트민스터 신앙고백과 회중교회의 신앙고백(사보이 선언)에 나오는 청교도 양식에서 따왔다. 청교도 이야기에서 한 가지 흥미 있는 것은 지도급의 비장로교 사역자들의 상당수가 사보이 선언(The Savoy Declaration)에 관련됐다는 사실이다. 이들은 존 오언, 토마스 굿윈, 필립 나이, 윌리엄 브리지, 조셉 카릴, 윌리엄 그린힐, 존 하우이다. 사보이 선언에는 120개의 교회가 대표되었다.

세 개의 청교도 신앙고백서들은 본질적으로 동일하다. 단지 교회 조직과 침례 부분만 차이가 있을 뿐이다.

박해와 끝내지 못한 개혁

'청교도들의 이야기'는 쉼 없는 박해와 방해의 연속이었다. 왕권 복귀와 찰스 2세의 등극 이후로 상황은 여러 면에서 더 악화되었다. 무서운 박해가 1688년 혁명기에 이를 때까지 계속됐다. 1660년에서 1689년까지의 기간을 다룬 역작으로는 마이클 워츠(Michael Watts)의 『비국교도』(The Dissenters)를 들 수 있다. 이 저서는 정상급의 학적 연구서로 독자의 마음을 사로잡는다.

청교도와 독립교회주의자와 침례교도들의 박해는 4세기에 콘스탄틴과 함께 시작된, 교회와 국가의 불경한 동맹 역사에 나오는 또 하나의 한심스런 장(章)에 불과하다. 교회와 국가의 연합은 사실상 다음 1천 년의 기독교의 얼굴을 바꾸어 놓았다. 16세기의 종교개혁은 부분적이었다. 재침례파(Anabaptists)라고 불리는 유럽 대륙의 침례교인들은 개혁을 끝까지 하길 원했기 때문에 교회를 국가로부터 분리시키려고 시도하였다. 츠빙글리(Zwingli)와 루터(Luther)는 세상 권력의 지원 없이는 개혁에 성공할 수 없다고 보았다. 실용적인 견지에서 보면 그들은 옳았다.

기독교는 강제성을 띨 수 없다. 제자 됨은 본질적으로 자원성에 의한 것이다. 레오너드 베르두인(Leonerd Verduin)은 『종교개혁자들과 그들의 의붓자식들』(The Reformers and their Stepchildren)이라는 책과 『잡종의 생태』(The Anatomy of a Hybrid)라는 책에서 진정한 교회와 세속 교회 사이의 투쟁을 서술하였다. 즉 세상으로부터 불려 냄을 받은 집합체로서 교회가 성경적인 위치를 유지하려고 자유를 찾으면서 세속적 혹은 권위적인 기독교와 싸우는 모습이다. 이 저서들은 역사와 이슈를 선명한 필치로 설명한 고전적인 작품들이다.

헨리 8세 이후로 군주의 성품이나 능력에 상관없이 국가의 최상권과 권위가 잉글랜드의 기독교 교회 위에 군림하는 것이 허용되었다. 그리스도의 교회에 있는 장로와 집사는 모두 모범적인 영적 품성을 가져야 한다는 디모데전서 3장의 말씀에 비추어 보면 이것은 너무도 말이 되지 않는다는 것을 알 수 있다. 교황이 헨리 8세에게 '믿음의 수호자'라는 명예를 수여했을 때 왕은 기뻐서 어쩔 줄을 몰랐다. 곁에 있던 궁중 어릿광대가 한마디 던졌다. "나와 당신이 서로 수호를 해 주고 믿음은 혼자 자신을 수호하라고 합시다." '청교도들의 이야기'에서 우리는 정치적 권력의 이해 관계 때문에 크리스천이 많은 고난을 당했음을 보았다. 잉글랜드 국교회는 군주가 머리라는 전통이 있다. 현재 찰스 왕자는 왕위 계승자이다. 만약 그가 왕이 되면 자동적으로 그는 잉글랜드 국교회의 머리가 된다.

제임스 맥골드릭(James McGoldrick)과 마이클 헤이킨(Michael Haykin) 같은 교수들이 입증한 것처럼 16세기 유럽 대륙의 재침례파들과 잉글랜드의 침례교인들 사이를 연결시킬 수 있는 역사적 증거가 빈약하다. 그럼에도 이 양편 침례교도들은 교회는 부름을 받고 모인 집단이라는 성격과 침례는 믿는 자들만이 받는 것이라는 개념에 굳게 동의한다. 또한 교회와 국가의 분리와 양심의 자유를 굳게 견지하였다.

헤이킨은 그의 저서인 『키핀, 놀리즈, 키치』(*Kiffin, Knollys and Keach*)에서 17세기 중반의 잉글랜드에 두 종류의 침례교인들이 나타난 것을 추적하였다. 알미니안 혹은 제너럴 침례교도(General Baptists)는 소그룹을 이루었고, 청교도들이나 칼뱅주의 침례교도들은 존 번연의 청교도 전통을 따라 대그룹을 형성하였다. 전세계의 침례교도들은 다시 그들의 뿌리를 찾고 청교도가 남긴 풍성한 유산을 재발견하고 있다.

옥스퍼드와 케임브리지 대학교

독자들은 청교도들이 거의 모두가 옥스퍼드나 케임브리지 대학교에서 교육 받은 것을 눈여겨보았을 것이다. 요즘의 상황에서 보면 이것은 퍽 훌륭하게 들린다. 케임브리지와 옥스퍼드는 1백 개 이상의 영국 대학들 위에 군림하는 최고 명문 대학들이다. 오늘날 옥스퍼드나 케임브리지 대학에 들어가려면 최고 점수를 받아야 하고 특별 입학 시험에 합격해야 한다. 아니면 장학금을 받아야 한다.

독자들에게 좀 놀라운 뉴스가 될지는 몰라도 청교도 시대의 잉글랜드에서는 별다른 선택의 여지가 없었다. 옥스퍼드와 케임브리지가 유일한 대학들이었기 때문이다. 학적 수준과 교육 방식도 각 대학 내에서 큰 차이가 있었다. 나는 앞에서 존 오언(John Owen)의 생애를 스케치하면서 그가 부총장으로 있을 때 개혁할 일이 많아 어려움을 겪은 이야기를 언급했었다(총장은 대부분 대학교의 명성을 높여 줄 만한 유명 인사이고 부총장은 실제적인 행정을 맡는 자이다).

옥스퍼드와 케임브리지 대학교의 출현에 대해서는 적지 않은 신화들이 있다. 이것은 알란 코반(Alan B. Cobban)의 저서인『중세기 잉글랜드 대학교 : 옥스퍼드와 케임브리지』(*The Medieval*

English Universities : Oxford and Cambridge)에서 해명되었다. 코반은 이 대학교들은 앞서 세워진 프랑스의 파리나 볼로냐(Bologna) 대학교들처럼 대학교의 위상을 서서히 세워 나갔다. 옥스퍼드와 케임브리지는 1209년 직후에 대학교가 되었다. 대학교가 설립되기 전에 고등 교육은 대성당 학교들에서 제공되었다. 14세기의 잉글랜드 인구는 세 번째 대학교를 세울 정당한 사유가 되지 못하였다. 더구나 옥스퍼드와 케임브리지에서 예술, 법률, 신학, 의학의 네 분야를 모두 다루었기 때문에 또 다른 대학이 필요하지 않았다.

종교개혁이 일어날 때까지 옥스퍼드와 케임브리지 대학교들은 로마 가톨릭 교회의 관장 아래 있었다. 대학이라는 시스템이 생겼는데 이것은 더햄(Durham) 대학교를 제외하고는 옥스퍼드와 케임브리지의 특성이다. 각 대학은 기본적으로 독립했지만 중앙 행정만은 공동 관심사를 위해 함께 처리한다. 대학들은 원래 왕이나 왕비, 고관과 귀족들에 의해서 설립되고 기증되었다.

옥스퍼드 대학교 안에는 약 40개의 대학들이 있다. 몇 개 대학의 설립 연대를 참고로 적어 본다. 이 대학들이 얼마나 오래되었고 또 어느 정도가 비교적 새것에 속하는지 알 수 있을 것이다. 발리올(Balliol, 1263), 머턴(Merton, 1264), 맥덜린(Magdalen, 1458), 워드햄(Wadham, 1612), 펨브로크(Pembroke, 1624), 워세스터(Worcester, 1714), 리전트 파크(Regent's Park, 1810), 케블(Keble, 1868), 월프스톤(Wolfston, 1965).

케임브리지 대학교 안에는 약 24개의 대학들이 있다. 피터하우스(Peterhouse, 1284), 곤빌 앤드 캐이어스(Gonville and Caius,

1384), 킹즈(King's, 1441), 퀸즈(Queen's, 1448), 지저스(Jesus, 1496), 트리니티(Trinity, 1546), 임마누엘(Emmanuel, 1584), 시드니 서섹스(Sidney Sussex, 1596). 이 마지막 두 대학들은 원래 청교도 대학들로 기증되었다. 또한 두 대학을 더 열거하면 셀와인(Selwyn, 1882)과 처칠(Churchill, 1960)이 있다.

스코틀랜드에도 자랑할 만한 오래된 명문 대학교들이 있다. 즉 세인트 앤드류즈(St. Andrews, 1411), 글래스고(Glasgow, 1451), 애버딘(Aberdeen, 1495), 에딘버러(Edinburgh, 1583)이다.

옥스퍼드와 케임브리지 다음으로 잉글랜드에서 가장 오래된 대학교는 런던 대학교(London University)이다. 학생도 가장 많고 대학과 연구소도 가장 많으며 의대와 치대도 있다. 맨체스터(Manchester, 1851), 뉴캐슬 온 타인(Newcastle-on-Tyne, 1852), 버밍햄(Birmingham, 1900), 리버풀(Liverpool, 1903), 리즈(Leeds, 1904), 셰필드(Sheffield, 1905), 브리스톨(Bristol, 1909), 레딩(Reading, 1926), 노팅햄(Nottingham, 1948) 대학교가 세워진 이후로 잉글랜드의 거의 모든 주요 도시마다 대학교가 세워졌다.

스코틀랜드의 종교개혁

마틴 로이드 존스(Martyn Lloyd Jones)는 1971년 런던의 웨스트민스터 집회(Westminster Conference)에서 '청교도주의의 창시자, 존 녹스'(John Knox, The Founder of Puritanism)라는 제목으로 강연을 하였다. 이 제목은 스코틀랜드에 관한 한 사실이다. 스코틀랜드의 종교개혁은 나름대로의 특성이 있다. 그래서 선명한 이해를 위해 두 개의 독립된 개혁 운동으로 생각하는 것이 좋다. 서로 병행되는 측면도 있지만 잉글랜드와 스코틀랜드의 종교개혁들은 별도로 분리해서 살피는 것이 바람직하다(역주 : 영국이라는 이름은 사실상 남쪽의 잉글랜드, 서쪽의 웨일즈, 북쪽의 스코틀랜드, 서쪽 섬인 북아일랜드를 합친 국명이다. 원래는 모두 독립 국가들이었다. 이 책에서 잉글랜드와 스코틀랜드를 단일 주권국임에도 따로 취급하는 까닭은 실질적으로는 아직도 독특한 전통과 체제를 가진 두 개의 나라로 보기 때문이다. 현재 스코틀랜드에는 자체 문제를 다루는 독립된 의회가 있다. 특히 종교개혁 당시에는 양국이 공식적인 합병을 하지 않았다. 1603년에 스코틀랜드의 제임스 6세가 잉글랜드의 왕위에 올라 양국이 단일 왕권을 누렸으나 의회까지 통합된 것은 1707년의 일이었다. 그러나 양국의 종교,

법률, 교육 제도는 아직도 각자의 전통성을 지니고 있다). 스코틀랜드는 장로교의 나라이다. 잉글랜드는 그런 적이 없었다. 현재 잉글랜드에는 활발한 소수의 장로교회들이 남아 있다. 그리고 수백 개 정도의 교회들이 1689년 침례교 신앙고백(1689 Baptist Confession of Faith)으로 알려진 런던 침례교 신앙고백(London Baptist Confession of Faith)을 그들의 교리적 기반으로 채택하였다. 이러한 교회들이 없다면 청교도주의는 잉글랜드에서 거의 종식됐을 것이다.

스코틀랜드는 신학적으로 성경에 충실한 빛나는 역사를 지니고 있다. 이러한 성경 말씀에 대한 신실성은 더 넓은 지역의 교회들을 윤택하게 하는 은혜로운 증거가 되었다. 잉글랜드의 교회들이 17, 18, 19세기의 장구한 세월 동안 하강할 때 스코틀랜드에서는 장로교의 정통성이 굳게 지켜졌다. 또한 스코틀랜드는 부흥의 역사로도 유명하다. 여기에서 우리가 받아야 할 교훈이 있다. 신앙고백에 대한 신실성은 중요하다. 예로써 특수 침례교(Particular Baptists)가 그들의 청교도 유산인 1689년의 신앙고백에서 멀어져 갔을 때 교회가 하락하기 시작하였다. 그러나 그들이 다시 본연의 위치로 돌아왔을 때 교회는 활기를 찾고 부흥되었다.

존 녹스(John Knox)가 잉글랜드의 종교개혁 발전에 어느 정도 영향을 준 것이 사실이다. 그러나 나는 그를 주로 스코틀랜드 종교개혁의 한 지도자로 보는 것이 타당하다고 생각한다. 잉글랜드에서 전례를 찾는다면 단연 윌리엄 틴데일(William Tyndale)을 청교도의 전주자로 손꼽아야 한다. 잉글랜드 평민들에게 성경책을 쥐어 준 사람은 틴데일이었다. 그는 잉글랜드의 절대적 군주권에 반기를 든 첫 번째 기수였다.

스코틀랜드 종교개혁의 특징은 복음의 수호와 개혁의 진척을 위해 경건한 자들이 상호 도움과 지원을 하기로 결성한 방식에서 두드러진다. '언약'이라고도 하는 이 최초의 결성은 1556년 존 녹스의 지도하에서 만들어졌다.

약 1천 자로 된 국가 언약서(National Covenant)는 1580년에 작성됐는데 이 문서에서 로마 가톨릭의 뿌리와 가지를 모두 부인하였다. '엄숙 동맹 언약서'(The Solemn League and Covenant)는 1630년대의 스코틀랜드의 교회 개혁 지도자였던 알렉산더 헨더슨(Alexander Henderson)에 의해서 작성되었다. 이 언약서는 1643년 스코틀랜드 총회에서 통과되었고 잉글랜드 하원과 웨스트민스터 총회의 공동 회의에서 다시 통과되었다. 서명자들은 스코틀랜드에 개혁 교리를 보존하고, 잉글랜드와 아일랜드의 개혁을 도우며, 로마 가톨릭과 감독교회와 이단들을 포함한 일체의 그릇된 시스템들을 제거하기로 맹세하였다.

일치령(Act of Uniformity) 때문에 잉글랜드에서 2천 명 이상의 목회자들이 교회에서 축출되었다. 이 사건이 스코틀랜드에도 영향을 미쳐 전체 목회자의 3분의 1에 해당하는 4백여 명의 목사들이 강제로 교회에서 쫓겨났다. 콘벤티클즈(conventicles, 비밀집회)라고 불리는 무허가 집회에 모이는 자들에 대해서는 엄중한 조치가 내렸다. 양심에 따라 계속 비밀집회에 참석한 자들은 벌금, 투옥, 추방에 이어 노예로 팔리기까지 하였다. 이 기간을 잉글랜드에서는 비국교주의자들(Dissenters)의 시기라고 부르는데 스코틀랜드의 경우는 언약주의자들(Covenanters)의 시기였다. 1685-8년 사이는 특별히 잔혹한 기간이었는데 '살해의 시기'(The Killing time)라고 부른다. 수많은 사람들이 법이나 민사 재판에 회부되지도 않은 채 군인들에 의해서 죽임을 당하였다. 언약파들은 교리적으로는 웨스트민스터 신앙고백을 수용하였다. 많은 언약파 목회자들이 총살이나 교수형이 아니면 추방을 당하였다. 이러한 살해는 언약파의 지도자들이 거의 다 사라질 때까지 계속되었다. 언약파의 이야기는 알렉산더 스멜리(Alexander Smellie)의 『언약의 사람들』(Men of the Covenant)이라는 책에 기록되었다.

청교도와 웨스트민스터 총회

1950년에 한 작은 스터디 모임이 시작됐다. 이 모임은 청교도 컨퍼런스(Puritan Conference)로 알려졌는데 런던의 웨스트민스터 채플의 뒷방에서 모였다. 이 연례 모임은 1959년경에는 4백여 명이 참석하는 이틀 간의 집회로 불어났다. 제임스 패커(James Packer) 박사와 마틴 로이드 존스(Martyn Lloyd Jones) 목사가 주관자였다. 청교도들에 관한 자료들을 쉽게 얻을 수 있게 되자 참석자들의 수효는 줄어들었는데 여러 해 동안 220명 정도의 수준을 유지하였다. 아직도 12월 중순에 이틀 동안 집회가 열린다. 날마다 세 개의 연구 논문이 발표되고 이어서 폐회 시간을 제외하고 약 1시간의 토의가 따른다. 1970년에는 집회가 없다가 1971년에 다시 모였을 때 이름이 웨스트민스터 컨퍼런스(Westminster Conference)로 바뀌었다. 1956년부터 발표 논문이 해마다 출판되었다. 연구 논문의 수준은 대체로 높은 편이었고 어떤 것들은 탁월하였다. 제임스 패커 박사가 청교도 컨퍼런스에서 발표한 10개의 논문들은 그의 저서인 『하나님의 거인들』(Among God's Giants)에 실렸다. 이 논문들의 가치와 질은 최상급에 속한다. 로이드 존스 목사가 준 19편의 발표문도 『청교도』(The Puritans)라는 제목으로 배너 오브 트루스(The Banner of Truth) 출판사에서 출판되었다.

컨퍼런스의 일부 강론들은 청교도들의 전기이다. 예를 들면 브라이언 프리어는 토마스 굿윈(Thomas Goodwin), 모리스 로버츠는 리처드 십스(Richard Sibbes), 고든 머레이는 올리버 크롬웰(Oliver Cromwell), 아이언 머레이는 리처드 백스터(Richard Baxter), 알란 깁슨은 존 번연(John Bunyan)에 대해 썼다.

이 책을 집필하는 현재까지 해당 자료들은 모두 180편이다. 이 자료들은 청교도를 좋아하는 사람들에게는 매우 가치 있는 자원이다. 1955년에 시작된 《배너 오브 트루스 잡지》(*Banner of Truth Magazine*)와 1970년부터 나온 격월지인 《리포메이션 투데이》(*Reformation Today*)에서 이러한 자료들을 찾을 수 있다.

청교도의 지속적인 영향

지금 내가 청교도 문헌의 부흥에 대해서 무엇을 말하든지 곧 구판이 될 것이다. 왜냐하면 청교도 문헌들을 새로 번역하고 편집하거나 개정해서 찍어 내는 출판 작업이 계속되고 있기 때문이다. 청교도 문헌들을 읽기를 원하는 독자들은 해당 출판사에 연락해 새로 나온 카탈로그를 요청하기 바란다.

청교도에 대한 새로운 관심은 1950년대에 일어나기 시작해서 1960년대에 가속되었다. 배너 오브 트루스(The Banner of Truth) 출판사가 앞장서서 다음과 같은 청교도 문헌 전집을 출판하였다. 존 오언(John Owen, 16권과 히브리서에 관한 7권), 존 플레이블(6권), 토마스 브룩스(6권), 존 번연(John Bunyan, 대형판 3권), 스티븐 챠녹(Stephen Charnock, 5권), 데이빗 클락슨(David Clarkson, 3권), 토마스 맨턴(Thomas Manton, 22권 진행 중), 리처드 십스(Richard Sibbes, 7권), 조지 스윈녹(George Swinnock, 3권), 토마스 왓슨(Thomas Watson)의 『신령한 한 몸』(*A Body of Divinity*), 『십계명』(*The Ten Commandments*), 『주기도문』(*The Lord's Prayer*), 『산상보훈』(*The Beatitudes*), 조지 뉴튼(George Newton)의 요한복음 17장(394쪽의 양장본). 뉴튼은 축출된 청교

도 중의 한 사람이었다.

1997년에 배너 오브 트루스 출판사는 로버트 마틴(Robert P. Martin)의 『청교도 가이드』(*A guide to the Puritans*)를 발간했다. 이것은 청교도들과 그들의 후계자들의 글들을 주제별과 본문별로 찾을 수 있는 색인표이다. 전기, 설교, 성찬, 절기 설교 등을 위해서 참조할 수 있는 매우 유용한 도구이다.

토마스 맨턴(Thomas Manton, 1620-1677)의 22권에 달하는 전집은 1870년에 재발행되었다. 라일(J. C. Ryle)은 소개문에서 청교도들이 그 어떤 시대의 잉글랜드 사람들보다 훨씬 더 국민성의 수준을 높였다고 주장하였다. 1970년대에 미국의 한 출판사가 토마스 맨턴의 전권을 1천 부의 한정판으로 다시 찍었다. 1996년에는 또 다른 미국 출판사인 탠스키(Tanski)에서 토마스 굿윈(Thomas Goodwin, 1600-80)의 강해서를 12권으로 출판하였다.

배너 오브 트루스 출판사는 염가판으로도 다음과 같은 유익한 청교도 서적들을 많이 배포하였다. 존 오언의 『그리스도의 영광과 하나님과의 교제』(*The Glory of Christ and Communion with God*), 『복음의 배교』(*Apostasy from the Gospel*), 존 플레이블의 『섭리의 신비』(*The Mystery of Providence*), 윌리엄 브리지의 『좌절한 자를 위한 격려』(*A Lifting up of the Downcast*), 토마스 브룩스의 『사탄의 계략을 막는 귀한 처방』(*Precious Remedies against Satan's Devices*), 리처드 백스터의 『개혁된 목회자』(*The Reformed Pastor*, 우리말로 '목회자 상'으로 번역됨), 사무엘 바운즈의 『크리스천 자유의 참된 영역』(*The True Bounds of Christian Freedom*), 토마스 브룩스의 『지상의 천국』(*Heaven on*

Earth), 토마스 왓슨의 『회개의 교리』(*The Doctrine of Repentance*), 『모든 것이 합력하여 선이 된다』(*All Things for Good*).

미국에서 세워진 매우 활기찬 청교도 출판사인 솔리 데오 글로리아(Soli Deo Gloria)에서 나온 책들도 적지 않다. 리처드 백스터(4권의 대형판), 존 하우(3권), 윌리엄 브리지(5권), 제레마이어 버로우즈의 『은혜로운 성령의 탁월성』(*The Excellency of a Gracious Spirit*)과 『악 중의 악』(*The Evil of Evils*), 토마스 왓슨의 『폭풍으로 취한 천국』(*Heaven Taken by Storm*)과 『자기 부정의 의무』(*The Duty of Self-Denial*), 로버트 볼튼의 『상처난 양심의 위로』(*A Treatise on Comforting Afflicted Consciences*). 에드워드 레이놀즈(Edward Reynolds)는 웨스트민스터 총회의 한 사람이었는데 시편 110편의 강해서를 썼다. 465쪽에 달하는 이 보고(寶庫)도 출판되었다.

웨스트민스터 신앙고백이 장로교에 끼친 영향과 1689년의 런던 침례교 신앙고백의 영향은 광범위하다. 후자의 신앙고백은 여러 나라 언어로 번역되었다.

그레이스 침례교 미션(Grace Baptist Mission)은 청교도 문헌들의 축약판을 내고 있다. 1999년까지 16종이 나왔다. 청교도 고전들의 축약판을 내게 된 생각은 남인도의 타밀(Tamil)어를 사용하는 크리스천들에게서 시작되었다. 처음에 존 오언의 책인 『죽음 중의 죽음』(*Death of Death*)이 선택되어 『그분의 죽음에 의한 생명』(*Life by his Death*)이라는 제목으로 1981년에 출판되었다. 이 책의 초창기 열매의 하나는 스리랑카(Sri Lanka)에 사는 타밀어를 쓰는 한 힌두교 농부의 회심이었다. 오언의 책들 중에서 4권이 여러 언어로 번역되었다. 예로써, 『그리스도의 영광』(*The Glory of Christ*)은 한국어, 포르투갈어, 스페인어, 타밀어로 출판되었다. 플레이블의 『섭리의 신비』(*The Mystery of Providence*)는 히브리어, 스페인어, 타밀어로 나왔고, 제레마이어 버로우즈의 『크리스천 만족의 진귀한 보배』(*The Rare Jewel of Christian Contentment*)은 알바니아어, 프랑스어, 인도네시아어, 한국어, 페르시아어, 포르투갈어, 스페인어로 번역되었다. 해외의 청교도 서적들의 카탈로그는 계속 늘어나고 있다.